U0616957

高等学校经济管理类专业系列教材

现代物流管理

主　编　方姝琦　王　旭　孙艳平

副主编　翁　瑾　凌斌涛

西安电子科技大学出版社

内 容 简 介

本书以国家职业教育创新型人才的培养要求为基础，根据《国家职业教育改革实施方案》要求编写而成。本书包括现代物流认知、物流系统管理、物流功能活动管理、企业物流管理、行业物流运作与管理、国际物流运作与管理、现代物流管理创新七个项目，强调"工学结合、创新实践"，引导学生"学中做、做中学"，帮助其熟知并掌握现代物流管理的基本理论知识和技能，全面提升创新创业能力。

本书可作为高等学校经济管理类专业的教材，也可作为相关专业技术人员的参考书。

图书在版编目(CIP)数据

现代物流管理 / 方姝琦，王旭，孙艳平主编. —西安：西安电子科技大学出版社，2022.9
ISBN 978-7-5606-6615-0

Ⅰ. ①现⋯　Ⅱ. ①方⋯　②王⋯　③孙⋯　Ⅲ. ①物流管理—高等学校—教材
Ⅳ. ①F252.1

中国版本图书馆 CIP 数据核字(2022)第 150406 号

策　　划　李鹏飞
责任编辑　李鹏飞
出版发行　西安电子科技大学出版社(西安市太白南路 2 号)
电　　话　(029)88202421　88201467　　　　　邮　　编　710071
网　　址　www.xduph.com　　　　　电子邮箱　xdupfxb001@163.com
经　　销　新华书店
印刷单位　咸阳华盛印务有限责任公司
版　　次　2022 年 9 月第 1 版　2022 年 9 月第 1 次印刷
开　　本　787 毫米×1092 毫米　1/16　印　张　14
字　　数　332 千字
印　　数　1～3000 册
定　　价　39.00 元
ISBN 978-7-5606-6615-0 / F

XDUP 6917001-1
如有印装问题可调换

前　　言

　　本书是江苏省高等职业教育高水平院校专业群新形态一体化教材建设的重要组成部分，涵盖了物流行业最新的管理理念及发展动向。本书坚持"就业为导向、能力为本位"，以实际工作岗位任务为基础，融合新的教育理念制订项目任务，利用现代教育技术实现信息化教学资源配套，符合《国家职业教育改革实施方案》的要求。本书以项目为载体、任务为驱动、工单为引领、多元评价为抓手，强调"工学结合、创新实践"。

　　本书具有以下特色：

　　第一，以纸质教材为核心，通过新颖的版式和内容编排，借助互联网技术，形成新形态一体化教材。学生可通过扫描二维码的方式获取资料、微课视频等立体化教学资源，获得更好的学习效果。

　　第二，采用更新颖的教材形式，将岗位工作手册编成项目任务工单，引导学生"学中做、做中学"，全面提升学生的创新实践能力。

　　第三，采用"显隐结合"的思政教育方式，"显"体现在思政园地内容中，"隐"则融入项目任务中，以协同育人理念推进思政教育。

　　第四，强调实用与应用，突出高素质、创新型人才培养的特点。例如，通过企业实例分析，帮助学生掌握物流运输方案的制订策略；结合行业发展，对电商环境下的物流配送渠道建设进行有益的探讨。

　　第五，提供了大量近年来行业、企业的新案例，如构建以国内大循环为主体、国内国际双循环相互促进的新发展格局，菜鸟跨境"闪送"疫苗、搭建全球物流体系、凸显中国力量等，增强了思政教育。

　　本书由镇江高等专科学校财经商贸学院教师方姝琦、王旭和孙艳平主编，翁瑾、凌斌涛担任副主编。具体编写分工如下：方姝琦编写项目一至项目三；王旭编写项目四；翁瑾编写项目五；孙艳平编写项目六；凌斌涛编写项目七。本书在编写过程中参阅了大量的文献、标准及物流知识，得到了许多企事业单位、院校领导、专家及业内人士的大力支持和帮助，在此一并致以衷心的感谢。

　　由于编者水平有限，书中难免存在不妥及疏漏之处，敬请广大读者批评指正

编　　者

2022 年 5 月

目 录

项目一
现代物流认知

项目简介

本项目由两大任务组成：

任务一：物流认知。学习物流的概念、特点、意义及分类。

任务二：物流行业认知。学习物流行业的历史演变、各国物流的发展现状以及未来物流的发展趋势。

项目目标

知识目标

1. 理解物流的概念及意义。
2. 掌握物流的分类。
3. 熟练掌握物流的特点及价值。
4. 了解物流行业的历史演变过程。
5. 了解国外物流的发展情况。
6. 理解并掌握我国物流行业的发展情况及趋势。

技能目标

1. 能运用物流的相关理论知识辨别并分析生活中的物流服务。
2. 能运用物流的相关理论知识分析快递、外卖活动与物流的异同。
3. 能解释并分析物流活动中的系统性、服务性及效用性特点。
4. 能进行物流行业调研工作，撰写物流调查报告。
5. 能进行当地应急物流建设和发展情况调研与分析。

素质目标

1. 培养良好的团队协作精神。
2. 培养良好的人际沟通能力和环境适应能力。
3. 培养领导能力及决策能力。

▶ **思政目标**

1. 树立低碳环保、可持续发展的物流观念。
2. 树立社会主义核心价值观，志愿为祖国发展贡献力量。
3. 培养认真钻研、一丝不苟、不怕辛苦的劳动敬业精神。
4. 树立专业自信，培养积极进取、自强不息的精神。

任务一　物　流　认　知

任务情境

小王、小李和小赵在讨论什么是物流。小王说："我经常在网上购买商品，快递员把商品送到我手上，物流就是快递吧！"小李说："我经常点外卖，外卖员把食品送到我家里，物流就是外卖吧！"小赵则说："我妈妈总通过网络处理家里的旧物件，回收人员上门来收取物品，这就是物流吧！"

请思考：这些社会活动是不是物流？它们与物流有哪些联系与区别？

任务目标

学习本任务后，应理解物流的概念，掌握物流的特点和分类，并能找出各项社会活动与物流的联系与区别。

物流认知微课

任务相关知识

一、物流的定义

快递、外卖及闲置商品回收都是生活中常见的物流活动，它们都是通过运输、包装、配送等手段将物品从供应地送至消费地，在一定程度上反映了物流的内涵。那么，物流的定义是什么呢？

目前，关于物流的准确定义，国内外仍有一定的争议。1998年，美国物流管理协会将物流定义为："物流是供应链流程的一部分，是以满足客户要求为目的，对货物、服务及相关信息在产出地和销售地之间实现高效率和高效益的正向和反向流动及储存所进行的计划、执行与控制的过程。"该定义揭示了物流管理的发展已经到了供应链管理阶段，物流管理活动应当从供应链的角度进行。

我国2021年12月1日实施的《物流术语》(GB/T 18354—2021)将物流定义为："根据实际需要，将运输、储存、装卸、搬运、包装、流通加工、配送、信息处理等基本功能实施有机结合，使物品从供应地向接收地进行实体流动的过程。"同时，该标准中将物品或货物定义为："经济与社会活动中实体流动的物质资料。"

对上述定义的理解包括以下几个方面：

(1) 物流定义中的物品是指一切有经济意义的需要发生空间位移的物质实体，包括原材料、半成品、产成品、辅料、燃料、回收品及废弃物等，其特点是能发生位移，而固定设施则不在此列。

(2) 物流定义中的实体流动是指物品的物理性运动，既包括空间位移也包括时间延续，是一种创造空间价值和时间价值的经济活动。

(3) 物流活动的内容包括运输、储存、装卸、搬运、包装、流通加工、配送、信息处理等，这些活动既是物流经济活动的内容，也是物流服务活动的内容。

二、物流的特点

随着物流活动的不断发展，人们对物流科学的研究也不断深入。人们普遍认为物流具有系统性、服务性和效用性等特点。

(一) 系统性

第二次世界大战期间，美军将现代物流管理理念运用于整个军事后勤系统，将军事物资单元化、组合化，并将仓储、运输、包装、装卸、装备等有机结合在一起，构筑了一个高效、有力的军事后勤保障系统，为最终取得战争的胜利提供了强有力的支持。在此过程中，后勤管理作为一个系统，成功实现了以往单方面的物流活动所不能达成的目标。战后，这一系统成功地运用到了民用领域，将商品运输、储存、包装、装卸等多个环节结合在一起，构成了商品实体流动，在经济领域方面展现出强大的生命力，并被称为物流系统。

(二) 服务性

物流的本质是服务，它是物流企业或者物流供给者为社会物流需求者提供的一项服务业务，以满足顾客及社会的多方面需求为目的。货主企业与客户达成交易后，需要物流服务作为支撑，物流企业则专门为货主企业及其客户提供物流服务。提供良好的物流服务有利于企业参与市场竞争，树立企业良好的品牌形象，也有利于与客户结成长期稳定的战略联盟。

(三) 效用性

物流的效用性表现为时间效用、空间效用以及形质效用。

(1) 时间效用。商品的生产和消费往往存在时间上的差异性，通过有效的物流活动，可缩短时间差、延长时间差或弥补时间差，最终克服这种时间差异，并在特定的时间服务消费者，产生时间效用。

(2) 空间效用。通常，商品的生产地与消费地往往不相同，这便产生了生产和消费的空间性分离。通过有效的物流活动将物质实体在空间上进行位移，可实现商品从生产地流入消费地，最终克服空间性分离，使商品在消费地服务于消费者，形成空间效用。

(3) 形质效用。一般来说，商品的价值是在生产过程中，通过对低价值的原材料、零部件、半成品进行生产、加工，创造出具有高价值产成品来实现的。而在实物流通中，除通过合理的物流活动维护商品价值外，也可通过产品组合的形式改变包装，或者通过流通加工对商品进行尺寸分割等，改变商品的外形、提升商品的质量，从而创造商品的形质效用。

三、物流的意义

物流是国民经济的重要组成部分，具有很强的产业关联度和带动效应。现代综合性物流涉及三大产业中几乎所有的领域和部门，对社会生产及发展起着重要作用，是提高经济效益的重要保证。现代物流的发展程度已成为衡量一个国家现代化水平和综合国力的重要标志之一。发展现代物流，具有确保商流顺畅进行、提高各行业企业运行效率、振兴第三产业、促进经济增长等重大意义。

(1) 确保商流顺畅进行。物流和商流是流通的关键要素，两者相互联系、相互影响。物品所有权发生转移，即形成商流。通常，当商流发生后，物品要从生产地向消费地转移，或从原物主转向新物主，即引起了物流活动。物流活动是商流活动顺利进行的保障，是商流的物质基础。没有物流，商品不能到达消费地，商流就无法完成。

(2) 提高各行业企业运行效率。物流业跨行业的特点，可以极大地减少各类企业，特别是中小企业自办物流的结构重叠的浪费，大大提高社会各个行业、企业物资流动环节的效率。电子商务、网络购物等新兴领域的虚拟交易完成之后的实物流转，也有赖于一个强大、高效的物流平台的支撑。物流业的调整振兴有利于提升其他产业的竞争力，从而提高企业经济的运行质量。

(3) 振兴第三产业。物流业是十大产业调整振兴规划中唯一的第三产业。第三产业发达，标志着社会化大生产、大流通、大市场的日益成熟化。物流业从提升消费者需求、为电商平台提供强大支撑以及吸纳劳动力三个方面促进了第三产业的迅猛发展。物流业的日益强大和成熟，为社会各群体带来了生活和工作的便利，他们对物流服务的需求渐强，依赖性也渐强。而网络购物等新兴领域的虚拟交易完成之后的实物流转，也有赖于一个强大、高效的物流平台的支撑。同时，物流业具有很强的吸纳劳动力的能力，需要从高层的管理、技术支持人才到基层的搬运配送人员等大量的劳动力，是劳动力密集行业，这对于我国这样的劳动力大国来说，尤为宝贵。

(4) 促进经济增长。物流的发展是经济增长的润滑剂，为经济增长提供了保障，也是经济快速增长的前提之一。物流保证社会专业化分工正常运行，使社会化大生产中生产、分配、交换、消费等各环节高效衔接。完善、高效的物流体系，能促进社会专业化分工的展开，能促进货物在空间上的快速流动，加快国民经济循环，从而促进经济增长。此外，在传统物流向现代化物流快速转化的过程中，物流业还可以刺激经济的进一步增长和发展。

四、物流的分类

物流活动在社会经济领域中无处不在，根据不同领域中物流系统的性质以及物流活动的空间范围、在企业经营中所处的阶段、从事主体等标准，物流可以分为不同的类型。

(一) 按物流系统的性质分类

按照物流系统的性质，物流可分为社会物流、行业物流和企业物流三种类型。

(1) 社会物流。社会物流(也称宏观物流)一般指流通领域所发生的物流，是全社会物流的整体。社会物流伴随商业活动发生，关系到社会经济活动的正常开展。因此，采用先进的科学技术，确保物流活动高效、低成本地运行，对提升社会和经济效益起着重要作用。

(2) 行业物流。行业物流是指同一行业中企业的物流活动。近年来，在上下游企业间加强合作的同时，物流企业间的联盟也悄然兴起。物流行业内企业间的相互协作，对促进行业物流系统的合理化具有非常重要的意义，同时也促进了物流产业的发展。

(3) 企业物流。企业物流是指生产和流通企业围绕其经营活动所发生的物流活动。生产企业的经营活动包括采购、生产、销售等环节，每一个环节均需要物流活动进行衔接；流通企业则要通过物流活动将货物按客户要求运至指定目的地。这些企业经营范围内涉及的物流活动即为企业物流。企业物流对降低企业经营成本、增强企业竞争力起关键作用。

(二) 按物流活动的空间范围分类

按照物流活动的空间范围，物流可分为地区物流、国内物流以及国际物流。

(1) 地区物流。地区物流是指在一国疆域内，根据行政区、经济区或地理位置划分的一定区域内的物流。在我国，按行政区来划分，地区物流可分为华北地区物流、华南地区物流等；按经济区来划分，可分为京津冀经济区物流、海峡西岸经济区物流等；按地理位置来划分，可分为长江三角洲地区物流、渤淮海地区物流等。发展地区物流对于提高当地企业物流活动的效率、区域经济发展水平以及人民生活质量有着不可或缺的作用。

(2) 国内物流。国内物流是指主权国家在自己国内开展的、为其整体利益服务的物流活动。物流业是国民经济的重要组成部分，也是我国现代化建设的重要组成部分。应从全局出发进行统筹规划，建立发达的国内物流，使其更好地服务于经济建设。

(3) 国际物流。国际物流是指跨越不同国家或地区之间的物流活动。随着"一带一路"(即"丝绸之路经济带"和"21世纪海上丝绸之路")建设的推进，经济全球化进程进一步加快，国际经济贸易往来越来越频繁，物资流通也越来越发达。提高国际物流的效率、降低国际物流的成本已成为国际物流研究中的重要课题。

(三) 按物流在企业经营中所处的阶段分类

按物流在企业经营中所处的阶段，物流可分为供应物流、生产物流、销售物流、逆向物流及废弃物物流等。

(1) 供应物流。供应物流是指提供原材料、零部件或其他物料时所发生的物流活动。生产企业、流通企业及消费者购入原材料、零部件及生活资料的物流过程均属于供应物流。供应物流合理化，可降低企业被原材料、备件、辅料等占用的流动资金，对企业降低生产成本有着重要的意义。

(2) 生产物流。生产物流是指企业生产过程中发生的涉及原材料、在制品、半成品、产成品等所进行的物流活动。原材料、在制品、半成品、产成品等加工对象按生产工艺流程在各个加工地点之间移动、流转，就形成了生产物流。生产物流均衡稳定，可以使生产加工顺畅进行，缩短工期。因此，生产物流合理化对企业降低生产成本、提高生产效率起着重要作用。

(3) 销售物流。销售物流是指企业在出售商品过程中发生的物流活动。物品从出售者到消费者之间的物流活动属于销售物流。销售物流的效率和效果直接影响客户的满意度，进而影响企业的竞争力，更关系到企业的生存与发展。因此，销售物流合理化对企业来说尤为重要。

(4) 逆向物流。逆向物流是指物品从供应链下游向上游的运动所引发的物流活动。逆向物流可分为退货逆向物流和回收逆向物流两部分。前者是下游客户将商品退回上游商家，后者是将下游废旧物品回收到上游各企业，两者均与常规物流流向相反。逆向物流涉及的物资品种繁多，流通渠道不规则且多变，管理时应注意遵循法治化、社会化、信息化、绿色化等原则。

(5) 废弃物物流。废弃物物流是指将经济活动或人民生活中失去原有使用价值的物品，根据实际需要进行收集、分类、加工、包装、搬运、储存等，并分别送到专门处理场所的物流活动。生产和流通过程中产生的废弃物，如果不妥善处理，还有可能对环境造成污染。废弃物物流虽然没有经济效益，但具有不可忽视的社会效益。因此，开展废弃物物流合理化研究，保障生产生活的正常秩序，是十分必要的。

(四) 按从事物流的主体分类

按从事物流的主体，物流可分为第一方物流、第二方物流、第三方物流及第四方物流等。

(1) 第一方物流(1PL)。第一方物流是指由物质资料提供者自身承担产品或商品送到物质资料需求者手中的物流形式。例如，由原材料或零部件供应商承担供应物流，将商品送至购买方企业内，或由销售商家承担销售物流，将所售商品送至消费者手中的形式，均属于第一方物流。这类企业组织的核心业务是生产和供应商品。这些企业只是为了销售业务的需要而进行了物流业务的投资、经营与管理。

(2) 第二方物流(2PL)。第二方物流是指物质资料需求者自己承担所需物质资料的物流活动的形式。例如，由原材料或零部件购买商承担供应物流，将物品运至本企业内，或由消费者承担销售物流，自取购买商品的形式，均属于第二方物流。这类企业组织的核心业务是物资采购，他们为了采购业务而投资建设了物流业务相关的设施设备，并进行物流运作的组织和管理。

(3) 第三方物流(3PL)。第三方物流是指由物流的供应方和需求方以外的物流企业提供的物流服务。专业物流企业在整合了各种资源后，为客户提供设计规划以及具体物流业务运作等全部物流服务的物流活动，它是企业物流业务外包的产物。

(4) 第四方物流(4PL)。第四方物流是在第三方物流基础上发展起来的供应链整合，是供应链的集成商。它与职能互补的服务提供商一起组合和管理组织内的资源和技术，提出整体供应链解决方案。

 **【思政园地】**

"环保使者"逆向物流

人们在享受丰富商品带来的高品质生活的同时，也造成了大量闲置物品。这些物品很多并未完全丧失使用价值，还可以通过回收，重回消费市场发挥其作用。许多消费者通过闲鱼网、爱回收等回收平台出售或购买闲置物品，在获得实惠的同时，也使这些物品重获价值，从而减少或避免了环境污染。这种回收形式属于逆向物流，它是物流活动的一个分支，包含了将不再被部分消费者需求的闲置物品变成重新投放到市场上的可用商品的整个过程的所有物流活动。闲置物品的回收流程如图 1.1.1 所示。

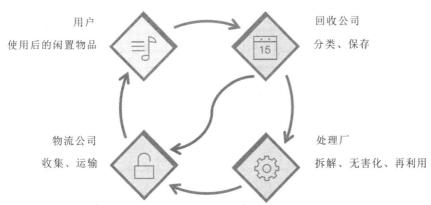

图 1.1.1 闲置物品的回收流程

随着生活水平和文化素质的提高，人们的环境意识日益增强，消费观念发生了巨大变化，顾客对环境的期望也越来越高。另外，由于不可再生资源的稀缺以及环境污染的日益加重，我国制定了许多环境保护法规，为企业的环境行为规定了约束性标准。企业的环境业绩已成为评价企业运营绩效的重要指标。为了改善企业的环境行为，提高企业在公众中的形象，许多企业纷纷采取逆向物流战略，以减少产品对环境的污染及资源的消耗。

学 中 做　　做 中 学

▶▶ 任务工单

编　号	1-1-1	知识点	物流认知	日期	
团队成员姓名					
任务要求	结合任务情境，以团队形式，合理分工，调研所在地区的一家快递或外卖企业，分析其业务特点，对比其与物流的联系及区别，并完成调查报告				
任务目标	运用物流的相关理论知识，辨别并分析生活中的物流服务				

任务实施		企业类型		快递企业	（　　）	外卖企业	（　　　）
		企业名称					
		主营业务					
	企业业务与物流的联系	业务涉及的主要物流环节					
		业务体现的物流特点					
		业务所属的物流类别					
	企业业务与物流的区别	业务范围差异					
		业务对象差异					
		速度时效差异					

任务总结	

▶任务评价

评价内容		自我评价	同学评价	老师评价
知识评价	能说出物流的概念及特点			
	能理解物流的意义及分类			
技能评价	能辨别生活中的物流服务			
	能分析快递、外卖活动与物流的异同			
素质评价	树立低碳环保、可持续发展的物流观念			
	不怕辛苦、脚踏实地进行调研工作			
	具有良好的团队协作和与人沟通的能力			

 【知识锦囊】

知识锦囊 1-1-1　生活中的物流

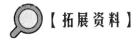 **【拓展资料】**

物流服务创造了价值

　　某折扣店通过互联网商品目录和杂志广告销售计算机软件，希望能与本地零售商竞争。

　　一方面，由于可以实现规模经济，所以折扣店有价格优势。其运作集中在一个地点，使用的是低成本的仓库型空间，而不是高成本的零售型空间。其员工主要包括电话订货的接线员和履行订单、运输货物的仓库管理人员。通过集中管理，其库存与销售量的比率保持在最低水平，同时还提供众多的花色品种，可保持很高的产品可得率。

　　另一方面，零售商也有其优势。零售商对大多数产品都可以即时供货，这对产品到货时间有要求的客户而言，抵消了折扣店的价格优势。为了抵消本地零售商在交货中的优势，折扣店承诺客户可以通过对方付费的电话订货，并在当天履行订单，连夜利用航空快递运送货物，在第二天早晨送到客户家中或工作地点。

　　许多消费者觉得通过折扣店购买与在本地零售商店购买基本上一样快，而且很多情况下还更方便。这样，企业通过物流服务为繁忙的消费者创造了价值。

任务二　物流行业认知

物流行业
介绍微课

任务情境

在抗击新型冠状肺炎疫情的过程中，物流是人民的"生命线"；在企业复工复产中，物流是企业的"生命线"。为避免疫情给国民生活和经济带来严重灾害，物流行业应当如何合理应对？

任务目标

学习本任务后，应了解物流行业的演变及国外物流的发展情况，理解并掌握我国物流行业的发展情况及趋势，能对当地应急物流建设和发展情况进行调研和分析。

任务相关知识

随着现代社会管理技术和方法的进步，物流的目标、方法和手段等出现了新的变化，物流逐渐成为人们研究和讨论的热点。其实物流活动自古就有，早期物流广泛运用于军事和经济生活中。我国现代物流的发展虽然起步较晚，但发展势头迅猛，发展潜力巨大。未来，物流行业的发展将呈现出新的趋势，只有把握行业动态，促进物流业平稳有序发展，才能使其为经济社会进步做出更大的贡献。下面从早期物流、现代物流以及现代物流的发展趋势三个方面来介绍物流行业的相关知识。

一、早期物流

我国古代文献中记载了早期物流在军事中的运用情况。例如：孟子的《南皮县志·风土志下·歌谣》中写道："兵马不动，粮草先行。年年防歉，夜夜防贼。"其中"兵马不动，粮草先行"意为：作战时兵马还没出动，军用粮草的运输要先行一步。如图 1.2.1 所示，古代粮草的地点转移活动属于物流活动的范畴，是物流在古代军事上的典型应用。

图 1.2.1　古代粮草的转移

除军事领域外，我国早期物流也应用于经济生活中。自宋朝起，随着生产力和经济的发展，民间货物运输的规模越来越大。为了满足民众运输货物的需求，明清期间出现了"打行"的行业，后来这种组织渐成规模，被称为"镖局"(如图 1.2.2 所示)，专门负责民间货物的押运工作。当时，被称为"运镖"或"走镖"的活动实质为货物运输，通过水路运输或陆路运输方式，将货物安全运送至指定地点。

物流的概念最早由美国经济学家阿奇·萧提出。1915 年，阿奇·萧在 *Some Problems in a Market Distribution*(《市场流通中的若干问题》)一书中提出"物流是与创造需求不同的一个问题"，并提到"物质经过时间和空间的转移会产生附加价值"。这里所讲的物质的时间和空间的转移以后被称作实物流通。最早有文献记载的物流企业是 1918 年英国犹尼利弗的哈姆勋爵成立的"即时送货股份有限公司"，其目的是在全国范围内把商品及时送到批发商、零售商和用户手中。

图 1.2.2　古代镖局

第二次世界大战期间，美国将运筹学运用于军事领域，对军火的运输、储存和补给进行全面管理，并首次采用了"后勤管理"(logistics management)一词。第二次世界大战后，美国各界逐渐认识到有效的物流管理能带来巨大的经济效益，于是将物流管理的范围逐步从流通领域扩展到包括供应物流、生产物流、销售物流等活动在内的企业物流管理之中，并称其为"整体化物流管理"，从此物流发展进入了现代物流综合管理阶段。

二、现代物流

全球物流绩效指数(LPI)是世界银行每两年发布一次的对各国物流综合绩效进行评价的权威数据信息。它根据六个指标——海关效率和边境管理清关、贸易和运输相关基础设施的质量、运输频次、物流服务质量、及时性、跟踪和定位能力进行分析。根据 2018 年世界银行公布的 LPI 排名，德国稳居第 1 位，日本居第 5 位，中国居第 26 位。下面简要介绍这三个国家的物流发展现状。

(一) 德国物流

物流业是德国的支柱产业之一。德国物流的年营业额占德国 GDP 的 9%左右，创造的就业人数占德国就业总数的 18%～19%，是继汽车制造业与贸易业之后的

德国不来梅港

德国物流园区

第三大行业。德国物流依托高效、完善的交通网络和先进的信息技术，已由传统服务制造、国际贸易运输、仓储管理，逐步发展成为涵盖物流信息处理及科技研发、流程设计、咨询服务等众多领域的现代物流产业。德国物流便捷高效的服务体现在方方面面：在德国几乎任何地方都能获得必需的重要药品，并在 1 小时内重新补足库存；能够准确无误地在 4 小时内为一个汽车厂供应一天装配 1200 辆汽车所需的 35 万个安装零件；每天有 8 万名携带行李的旅客在法兰克福机场转机，甚至有些乘客的转机时间只有 45 分钟。

德国物流的现代化特征体现在以下四个方面：

(1) 重要性，德国物流地位独占鳌头。

(2) 高效性，德国物流便捷高效、服务至上。

(3) 网络化，德国物流发展呈现出覆盖面广及高度组织化的特点，如德国邮政集团的网络已覆盖了 220 个国家和地区的 10 万多个目的地，其旗下的敦豪国际物流集团(DHL)早已家喻户晓。

(4) 低碳环保，德国物流通过征收生态税等一系列措施，致力于降低污染、减少资源消耗。

(二) 日本物流

日本宅配的
发展——以
YAMATO 为例

日本是物流大国，其综合物流水平处于世界前列。从国际海运到宅配运输，日本物流存在于社会生活的方方面面，遍布国家经济的每个角落。具体来说，日本物流具有以下四个特点：

(1) 规范严谨。日本国土交通省、总务省、经济产业省均制定了物流法律法规。例如，为规范道路交通安全，日本颁布了《交通政策基本法》及《物流效率法》。其中对公路运输车辆提出了较为明确的要求：一般车辆中，单车的载重量为 20 t，小型车辆的载重量为 27 t，特种车辆的载重量为 44 t，且其最高速度为 100 km/h。

(2) 无人化、可视化。近年来，日本老龄化越发严重，从事物流行业的人员越来越少，人员成本增加。这种负面情况却促使了新技术在物流行业的应用，如无人机配送、无人驾驶等。同时，日本运用大数据来关联供应链中各企业，再配套相应的政策法规，进一步规范市场行为。

(3) 多样化、专业化。为满足日益变化的市场需求，日本供应链上的企业不断发展销售模式，便利店、电商等都是这些模式的产物。与之相应地，日本发展出了多样化的物流模式：干线运输、城市配送、宅配等，促进了物流行业朝多样化和专业化方向不断迈进。

(4) 效率高、成本低。长期以来，日本通过大量运用自动化系统及信息系统提升物流作业效率，从而降低物流成本。20 世纪 80 年代以后，日本流通业务将准时生产制引入商品流通中，生产者和销售者采用准时制生产、准时流通的运营方式，加快了物流业信息化的步伐。通过信息化，物流企业在出入货统计与验证、库存管理联网、配送信息管理、载货明细表变质、货物追踪情报、运输车辆管理等方面实现了自动化和效率化。

(三) 中国物流

经过改革开放以来的持续快速发展,中国已经成为有全球影响力的物流大国和全球最大的物流市场。"十四五"及未来更长时期,中国的工业化、信息化、市场化、城镇化、全球化、绿色化进程将深入推进,物流业发展的需求、技术供给、制度、资源环境以及国际格局会发生重大变化,中国物流将进入一个崭新的发展阶段。总体而言,中国物流具有以下几个特点:

(1) 规模快速扩展,物流能力提升。中国物流业已经成为国民经济的支柱产业和重要的现代服务业。2013 年,中国物流市场规模首次超过美国,成为全球第一。目前,中国铁路货物发送量、铁路货物周转量、公路货运量、港口吞吐量、集装箱吞吐量、快递量均居世界第一,民航货运量居世界第二。在规模快速扩展的同时,中国的物流能力有很大提升,高速铁路和高速公路的运营里程均居世界第一位,全国营业性通用(常温)仓库面积达近 10 亿平方米,各种类型的物流园区不断涌现。物流基础设施的发展为物流能力的提升奠定了坚实的基础。

(2) 多层次服务共生。在近些年物流业重要性日益显现的态势下,社会资本纷纷进入物流领域。服务产品和服务模式日趋呈现多样性,第三方、第四方、供应链、平台、联盟、O2O、众筹等多种经营模式加快发展。服务空间分布上有同城、区域、全国、跨境等多种类型。服务时限上有"限时达、当日递、次晨达、次日递"等多种类型。物流企业不断开拓业务范围,开展上门取件、代客报关、代客仓储、代发广告、签单返回等时效业务和增值服务;冷链、跨境包裹、社区代收货、智能快递箱、校园快递、农村快递等新兴和专业化业务不断涌现。物流业与电子商务交叉渗透融合进程加快。

(3) 工业物流为主导。从社会物流总额的绝对值构成来看,近年来工业品物流总额在社会物流总额的占比一直在 90% 以上,这表示工业物流在国民经济发展中占据主导地位,是推动社会物流总额增长的主要动力。与消费市场紧密连接、竞争激烈、技术水平要求较高的家电、日用化工、烟草、医药、汽车、连锁零售和电子商务等行业物流需求旺盛,特别是快递业呈现超高速发展。同时,物流装备制造作为智慧物流的重要组成部分,其智能化水平也在大幅提升。智能物流仓储设备(如图 1.2.3 所示)、智能物流分拣机器人(如图 1.2.4 所示)发展迅速,大幅提高了工业物流的效率及服务质量。

图 1.2.3　智能物流仓储设备

图 1.2.4　智能物流分拣机器人

(4) 信息化和智能化滞后。与国际先进水平相比，中国在物流信息化、智能化长期发展战略上尚未形成体系，整体规划能力较低。同时，国内物流还存在中小物流企业的信息化水平较低，先进的信息技术应用较少，应用范围有限，信息化对企业运营生产环节的渗入层次较低，缺乏开放式公共物流信息平台体系和统一的快速反应物流管理信息平台等问题。物流各环节信息化、智能化程度偏低，信息沟通不畅，也造成了库存和运力浪费等不良的后果。

三、现代物流的发展趋势

现代物流呈现出以下几个趋势。

(一) 物流市场集中化

整合社会资源、实现物流管理的系统化和社会化是物流业发展的大趋势。未来，物流企业将通过参股控股、兼并重组、协作联盟等方式做大做强，物流行业将进入一个兼并收购期，这有利于全球物流市场结构逐步从分散走向集中，形成"零而不乱、散而有序"的新业态。生产企业效率较高的内部物流将逐渐独立，或演变为专注于某个产业的第三方物流公司；而效率不高的内部物流将逐渐被淘汰，或外包给第三方物流。不规范或经营不佳的物流企业也将被淘汰，经营较好的物流企业能承接部分生产企业的外包业务，网络型、高效率的物流公司将获得兼并收购和承接市场份额的发展机会。

(二) 绿色低碳、可持续发展

以新能源、环保等新兴绿色产业为代表的"低碳经济"已成为新一轮经济增长的主动力。物流在促进经济发展的同时，也给生态环境带来了一些不利影响。这对物流业的发展提出了新的要求，即必须大力发展以节能减排为内容的低碳物流。

低碳物流是符合绿色物流要求的一种新型物流形态，它要求物流系统的建设要实现低碳：一是在物流活动中尽可能采用保护环境生态的方案，对产生的污染物进行严格的控制和防范，以实现节能减排；二是大力建立生产和生活废料处理的专业化物流污染处理系统；三是在物流运营管理中尽可能通过标准化和循环利用实现低碳环保。

(三) 数智化技术、发展智慧物流

发达国家物流行业的物流技术装备已经达到较高水平，形成了以信息技术、自动仓储技术等现代化专业技术为支撑的技术格局。随着新零售时代的悄然到来，快递业进入新常态，智能设备在物流行业的运用将成为新趋势。大数据产业在物流行业等需求的推动下，市场规模将达百亿级别，基于物联网大数据的智慧物流将是现代物流的发展方向。随着移动互联网技术的成熟，顺应"互联网＋物流"趋势崛起的服务平台已经能够实现车货智能匹配、货物状态实时跟踪、精准货物

推荐等服务功能,并向着生态化、智能化产业链的目标发展。同时,对于"大数据"技术的充分应用,物流路线、选址及仓储等,都有望得到进一步优化,从而达到即时服务的终极目标。

(四) 大力发展应急物流

应急物流是指为应对严重自然灾害、突发性公共卫生事件、公共安全事件及军事冲突等突发事件而对物资、人员、资金的需求进行紧急保障的一种特殊物流活动。应急物流多数情况下通过物流效率实现其物流效益,而普通物流既强调效率又强调效益。

2020 年初暴发的新冠肺炎疫情为全球敲响了警钟,当突发性公共卫生事件发生时,及时调配并快速送达大量防控急需物资以及生活必需物资,成为了战胜疫情的关键。今后,在吸取此次疫情防控期间应急物流中教训的基础上,各国应着力完善工作机制和政策制度,充分挖掘既有交通线路网络、物流枢纽网络、运力资源、信息平台等物流资源潜力,构建平急结合、保障有力的应急物流网络及运力储备体系,以及共享联动的应急物流保障大数据平台,有效增强突发性公共卫生事件国家应急物资物流保障能力。

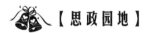

【思政园地】

"抗疫情、促生产"　全力保障物流生命线

2020 年 2 月,为避免疫情对国民经济发展造成严重的次生灾害,中国物流与采购联合会(简称中物联)深入开展行业调研,向党中央、国务院有关部门积极建言献策,向全国物流行业倡议抗疫同时要保产业复工复产、保国家供应链安全。一手抓抗疫,一手抓复工复产,尽全力解决企业复工复产的用工、产业链配套等问题,为打赢疫情防控阻击战提供强有力的保障。

具体措施如下:

(1) 采取发放防疫物资车辆通行证、成立物流应急保障队、设立应急物资中转站等措施,鼓励应急物流企业参与防疫物资保供,尽快解决疫情时期的燃眉之急。

新冠肺炎疫情的突然性暴发造成全国各地特别是湖北省防疫物资储备不足、供应吃紧的情况。面对越来越严峻的疫情防控形势,各级地方物流主管部门加大防控协调配合力度,根据区域实际情况制订《疫情防控期间应急运输车辆保障方案》,为所有防疫物资物流车辆发放通行证,保障防疫物资物流通畅。组织重点物流企业做好应急物资运输保障车准备工作,成立地方物流行业抗击新冠肺炎疫情应急保障队,切实保障防疫物资运输的时效性。

(2) 联合银行、保险等机构紧急出台免息贷款、运费补贴、新冠保险等专项政策,应对应急物流企业成本增加等困难。

地方物流主管部门积极协调有关部门,针对应急物流企业尤其是需进入湖北等重点疫区的物流企业在政策支持、资金支持、司机安全、防护物资保障等方面提供大力支持。对疫情防控期间以自有运力向企事业单位运输口罩、防护服等医用防控防疫物资的物流企业(不含生产企业)给予资金支持,按其实际运输防控防疫物资给予不超过货物运费 40% 的支持或者给企业提供免息贷款并制定资金补贴政策,补贴企业额外成本和费用。

(3) 引导企业创新商业形态,统筹协调物资供给和储备,缓解区域性、短时性生活物资供应紧张,保障居民日常生活供应持续稳定。

地方物流主管部门积极协调相关商贸物流企业,推动电商服务社区"菜篮子""米袋子""油瓶子"工作,全力做好生活性物资组织调度工作,督促重点企业复产,保证货源充足、价格稳定。偏远地区启动蔬菜等应急物资保障措施,组织运输车辆赴原产地调运物资,保障区域粮、油、菜、肉等正常供应。同时鼓励订单式供给、小区集中式供给、网络预订销售等多种适应疫情时期的购货方式,尽最大可能降低交叉感染概率。

(4) 鼓励餐饮企业与商超、电商等企业开展合作,以回购、线上销售等方式为当前形势下的着手点,尽量减少餐饮、食品企业的损失和不必要的资源浪费。

各地餐饮、食品企业基本处于全面关停状态,库存原材料的报废耗损、员工工资(社保)、房租、水电气等方面的持续性消耗给企业带来了灾难性的损失。地方物流主管部门积极协调商超类企业回购餐饮原材料、半成品,鼓励餐饮企业与电商合作开展线上销售业务、拓宽市场渠道,充分发挥政府协调职能。

(5) 制定相关工作方案,协调相关部门在原材料供应、物资运输等方面予以支持,迅速执行对企业的资金扶持并推动各项应支应付业务。

各地生产企业复工,面临复工人数不足、资金短缺、物流受限、原材料供应难等考验。地方物流主管部门根据实际需求适时动员物流企业复工,协调发改、交通运输、科工信、财政、银行等部门在企业原材料供应、物资运输、运输需求上给予支持,保障逐步增加的社会物流需求。

(6) 加紧口岸有序恢复通关,开辟国际物资采购渠道,弥补国内紧缺物资产能缺口;保障原材料顺利查验,助力国际产业链企业复工复产。

我国是全球供应链中的重要环节和关键节点。特殊时期下,地方物流主管部门协调相关口岸有序恢复通关,开通通关"绿色通道",设立进出口疫情防控物资、生活物资、食品、农产品等通关专用窗口,弥补国内紧缺物资产能缺口,为保障防疫物资、生活性物资供应增加了重要途径。设置生产性原料通关专用窗口,为支持全球上下游进出口企业尽快恢复正常生产提供保障,助力全球经济正常有序发展。

(7) 积极出台相关措施,并组织民工专机、专列、专车,运送企业员工到达企业复工。

在企业复工用工困难的情况下,浙江等地物流主管部门协调相关城市企业,开通从中西部地区到用工城市的专列、专车甚至专机,然后再由专车送达厂区的多式联运员工入厂的"绿色通道"。

学 中 做　　做 中 学

▶任务工单

编　号	1-2-1	知识点	我国物流行业发展趋势	日期	
团队成员姓名					
任务要求	结合任务情境，学习"思政园地"内容，以团队形式，合理分工，查阅资料并进行调研，完成所在地区的应急物流行业的现状、问题及对策调查，并完成调查报告				
任务目标	运用物流行业的相关理论知识，查询时事热点内容，分析我国应急物流行业的现状及发展对策				
任务实施	应急物流的概念及特点				
	应急物流的意义				
	所在地区				
	所在地区应急物流发展建设情况	应急物流行业相关组织机构			
		应急物流预案及法律标准建设情况			
		应急物流信息平台建设情况			
		应急物流专业人才队伍建设情况			
	所在地区应急物流发展建设存在的主要问题				
	所在地区应急物流发展建设对策	完善应急物流行业相关组织机构			
		完善应急物流预案及法律标准建设			
		加快应急物流信息平台建设			
		提升应急物流专业人才队伍建设水平			
任务总结					

▶任务评价

评价内容		自我评价	同学评价	老师评价
知识评价	能说出物流行业的演变过程			
	能掌握我国物流行业发展情况及趋势			
技能评价	能分析物流行业的发展趋势			
	能分析当地应急物流的发展情况及对策			
素质评价	热爱祖国，志愿为祖国发展贡献力量			
	养成关注时事动态、关心国家大事的良好习惯			
	一丝不苟、勤勉踏实地进行调研工作			

项目二

物流系统管理

项目简介

本项目由两大任务组成：

任务一：物流系统认知。学习系统的概念、物流系统的概念、模式及特征。

任务二：物流系统要素及要素集成原理。学习物流系统流动及功能要素、要素集成化原理。

项目目标

知识目标

1. 了解系统的概念及一般模式。
2. 理解并掌握物流系统的概念、模式及特征。
3. 了解物流要素集成的目的。
4. 理解并掌握物流系统流动要素及功能要素。
5. 理解并掌握物流要素集成化的方法及作用。
6. 熟练掌握物流系统的分析方法。

技能目标

1. 能运用物流系统的理论知识分析物流活动中的系统三要素。
2. 能自主查阅信息，分析企业的物流系统特征。
3. 能运用物流系统的分析方法，分析物流系统效益背反现象并提出解决方案。
4. 能分析企业的流动要素及要素集成的效果。

素质目标

1. 培养资料调查、分析及总结归纳的能力。
2. 培养团队协作能力、人际沟通能力和环境适应能力。
3. 培养文字表达及报告撰写能力。

思政目标

1. 树立人类命运共同体的系统观念。

2. 树立社会主义核心价值观，增强物流行业责任意识。

3. 培养认真钻研、求真务实的劳动敬业精神。

4. 树立专业自信、培养积极进取的精神素质。

任务一　物流系统认知

任务情境

阿里巴巴集团推出了"平台化、网络化"思维的物流系统"菜鸟网络"，依托天猫、淘宝交易、物流信息的数据网络(天网)，利用分布在全国几大重要区域的巨大仓储中心(地网)，利用信息大数据的优势，布置仓储，调配物流，在多个方面提高了物流快递转运的效率。

菜鸟向卖家提供仓配网络服务、跨境网络服务和基于平台大数据的传统快递服务，商家产品统一入仓，省去揽件及干线成本；向物流企业提供大数据分析及物流云服务，整合分散资源、提升标准化程度。此外菜鸟还推出针对农村卖家及消费者的农村物流，以及面向最终端消费者的菜鸟驿站代收、代寄件服务，解决快递送货上门服务能力不足的问题。

思考：什么是物流系统？物流系统具有哪些特点？

任务目标

系统认知微课

学习本任务应了解系统的概念及模式，理解并掌握物流系统的运行模式及特征，通过实践加深理论知识的理解，并能运用物流系统理论知识分析企业的物流系统特征、效益背反的体现和解决方案。

任务相关知识

一、系统认知

(一) 系统的定义

在现实生活中，系统可以表现出多种不同的类型。目前，国内外学者对于系统一词还没形成一个统一的定义。美国的《韦氏大词典》中，系统是指有组织的和被组织化了的整体，是各种概念和原理综合形成的整体，是由有规则、相互作用、相互依赖的诸要素形成的集合等。

一般系统论的创始人、奥地利生物学家贝塔朗菲把系统定义为：相互作用的诸要素的综合体。

日本工业标准《运筹学术语》中对系统的定义是：许多组成要素保持有机的秩序向同一目标行动的体系。

我国著名科学家、系统工程的倡导者钱学森认为：系统是由相互作用而又相互依赖的若干组成部分结合的具有特定功能的有机整体。这一定义在我国被普遍认可和采用。

我们可以从以下四个方面更好地理解该定义：

(1) 系统由两个或两个以上要素组成。

(2) 系统中各要素之间相互联系、相互作用。

(3) 系统中各要素按一定联系组成整体。

(4) 系统具有特定的功能，向同一目标行动。需要注意的是，系统具有的特定功能或表现出的特定行为，是系统的任何一个组成要素不具备的。

从系统功能看，系统是一个不可分割的整体，如果将其分割，它将失去原来的性质。但在物质世界中，一个系统的任何一部分都可以被看作是一个子系统，而系统本身又可以成为一个规模更大的系统的子系统。相对于系统所处的环境而言，系统具有一定目的和功能并相对独立。

(二) 系统的一般模式

系统的一般模式由"输入、处理、输出"三要素组成，如图 2.1.1 所示。

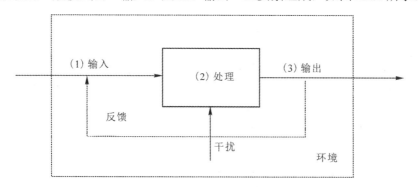

物流系统认知一

物流系统认知二

图 2.1.1　系统的一般模式

可以从以下四个方面来理解系统的一般模式：

(1) 外部环境向系统提供劳动力、手段、资源、能量、信息等，称为"输入"。

(2) 系统利用自身所具有的功能，对输入的元素进行加工转化，形成有用的产品，称为"处理"。

(3) 系统将有用的产品，输送到外部环境中供其使用，称为"输出"。

(4) 在此期间，系统内部环境会进行反馈控制，外部环境会带来干扰。

二、物流系统的概念及模式

物流系统是指在一定的时间和空间里，由所需输送的物料和包括有关设备、输送工具、仓储设备、人员以及通信联系等若干相互制约的动态要素构成的具有特定功能的有机整体。物流系统的目的在于合理衔接物流活动的各环节，实现物资的时间效用、空间效用以及形质效用，以最佳的经济效益提供优质的物流服务。

美国密歇根大学的斯麦基教授倡导物流系统的目标由 7R 组成，即优良的质量 (right quality)、合适的数量(right quantity)、适当的时间(right time)、恰当的场所(right place)、良好的印象(right impression)、适宜的价格(right price)，适宜的商品(right commodity)。物流系统是为实现系统目标按一定联系组成的物流要素统一体。

物流系统是社会系统的一个子系统，具有系统的一般规律。物流系统模式同样具备"输入、处理、输出"三要素，如图 2.1.2 所示。

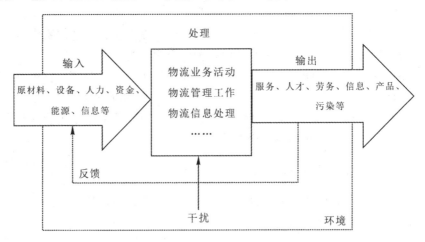

图 2.1.2　物流系统的模式

外部环境可提供人、财、物、信息等资源，输入物流系统，对物流系统产生作用。而物流系统内部可通过运输、仓储、包装、流通加工等物流业务活动、管理活动及信息处理等进行处理转化。处理转化完成之后，物流系统向外部环境输出有效益价值的各种服务、人才、劳务等，同时也不可避免地会输出如污染等负面产品。而外部环境也会对物流系统造成干扰并带来信息反馈，如政府政策的变化会对物流系统带来影响，系统须做出及时调整以应对政策变化。一般来说，物流系统的性质不同，"三要素"的具体内容也会有所不同。例如，物流运输系统输入的服务主要是物品位移，而物流仓储系统输出的主要是物品时间延续。

三、物流系统的特点

物流系统具有一般系统共有的特性，如目的性、整体性、相关性和环境适应性等。此外，物流系统因其规模庞大、结构复杂，还具有一定的独特性。

(一) 以人为主体的"人-机复合"系统

物流系统是一个由人员和物流物资、输送工具、仓储设备、通信联系等多种动态要素组成的"人-机复合"的有机整体。它表现为物流劳动者运用装卸搬运机械、运输及仓储设备、仓库、车站等各种物流工具以及设施设备，作用于物资的一系列生产活动。在物流系统中，人是系统的主体，只有充分发挥人的主观能动性，才能更好地实现人和物的有机结合，提升物流系统的效益和服务质量。

(二) 具有可分性

物流系统具有系统的特性,物流系统任何一部分都可以被看作是一个子系统。如按照物流定义中的七大功能作为分类标准,物流系统可分为七大子系统,分别是:物流运输子系统、物流仓储子系统、装卸搬运子系统、物流包装子系统、流通加工子系统、物流配送子系统以及信息处理子系统。每一个子系统都有一定的功能并相对独立,但又与物流系统不可分割。

(三) 空间和时间跨度大

物流系统是一个地域和时间大跨度系统。随着经济社会的发展,尤其是我国"一带一路"政策的实施和"互联网+"行动的推广,物流活动进一步突破了地域的限制,跨国界、跨洲界发展屡见不鲜。地域跨度的增大,也进一步增加了生产和消费在时间上的差异。而物流系统中的仓储子系统在调节其产需时间差的同时,也使得物流系统本身的时间跨度增大。

(四) 与环境相适应的动态系统

物流系统为满足社会需求,须不断调整供应、生产、销售中的各个物流环节,以适应多变的环境。这就要求物流系统具有足够的灵活性与可变性,在极端环境中,物流系统甚至需要重新设计,并快速重新运转。

(五) 存在"物流效益背反"特性

在物流系统中,"物流效益背反"现象普遍存在,它是物流领域中内部矛盾的反映和表现。根据《物流术语》(GB/T 18354—2021),"物流效益背反"是指一种物流活动的高成本,会因另一种物流活动成本的降低或效益的提高而抵消的相互作用关系。例如,物流系统的服务水平的提升会导致物流成本的增加,而物流包装费用的节省会导致物品在运输和储存过程中损坏率上升。可见,"效益背反"是一种此涨彼消、此盈彼亏的现象,往往会导致整个物流系统效率的低下,最终会损害物流系统的功能要素的利益。

【思政园地】

菜鸟跨境"闪送"疫苗背后 全球物流体系搭建凸显中国力量

2021年6月15日,由阿里巴巴集团旗下菜鸟网络承运的中国产的科兴克尔来福疫苗,从北京出发,在西班牙马德里中转,于当地时间6月15日抵达巴拉圭首都亚松森。这是国际奥委会疫苗项目为巴拉圭奥委会提供的首批中国疫苗。此次跨越南北半球和东西半球的医药冷链运输实际上只是菜鸟网络近期一系列跨境疫苗运输行动的一部分。

此前一天,特立尼达和多巴哥(以下简称"特多")政府采购的首批中国新冠疫苗同样是由菜鸟网络承运,并运抵特多首都西班牙港的。这批疫苗于当地时间

14日下午从北京出发，于同一天抵达特多，实现从中国运往拉美疫苗"当日达"。

实际上，在2021年5月菜鸟网络就已经实现了一天之内将新冠疫苗从中国运抵地球另一边的加勒比海地区，两批疫苗在5月18日从北京出发，全程18个小时就分别运抵特多和萨尔瓦多。即便是乘坐最快的商业航班都需要类似甚至更长的时间，能够高效地将更多新冠疫苗部署到全球更多地区，无疑将有助于更好地解决目前疫情给人们正常生产生活秩序带来的困扰。

菜鸟网络在这样的跨国"闪送"过程中，依托国际物流能力和以往的运输经验，继续采用前半程商业航班和后半程包机直达的组合方式，中途只进行一次中转，无缝衔接了国内外的航空资源。同时，为了保证衔接的时效，菜鸟特意将交接飞机安排在同一停机位，仅停留2小时后菜鸟的两架包机几乎同时起飞，并同时抵达目的地，实现了中国通往中南美洲的在运输时效与航线稳定性方面最优的物资运输。

此外，菜鸟利用其国际医药冷链的温控技术和全球定位技术为疫苗提供全程"VIP服务"，使用单独集装器和冷库对疫苗进行运输和存储，实现了疫苗运输过程中温度和轨迹实时监测可查。本地最后一公里运输距离长、链路复杂，菜鸟利用快速通关系统，配合当地指定清关公司在疫苗起飞前就完成了物资的小时级清关。疫苗抵达后，菜鸟在1小时内完成紧急配送，将疫苗运抵巴拉圭奥委会指定的位于亚松森的冷库，实现新冠疫苗门到门运输的时效新突破。

▶ 任务工单

编　号	2-1-1	知识点	物流系统认知	日期	
团队成员姓名					
任务要求		结合任务情境，以团队形式，合理分工调查一家物流企业，分析其物流系统的模式和特征，并完成调查报告			
任务目标		运用物流系统相关理论知识，分析物流系统案例			
任务实施		企业名称			
		主营业务			
	该企业物流系统要素分析	输入			
		处理			
		输出			
		干扰			
		反馈			
	该企业物流系统具有哪些特征				
任务总结					

编　号	2-1-2	知识点	物流系统"物流效益背反"特性	日期	
团队成员姓名					
任务要求	学习知识锦囊 2-1-1。结合任务工单 2-1-1，以团队形式查阅资料并讨论，判断该企业物流系统哪些方面反映了其"效益背反"特性，尝试提出解决方案，并完成任务总结				
任务目标	运用物流系统"物流效益背反"相关理论知识，分析物流系统案例				

任务实施		企业名称	
		主营业务	
	该企业物流系统的"物流效益背反"特性体现	物流服务和物流成本之间的制约	
		物流各功能要素之间的制约	
		物流成本各环节费用间的制约	
		各子系统的功能和所耗费用间的制约	
	针对该企业物流系统的"物流效益背反"现象的解决方案		
任务总结			

任务评价

	评价内容	自我评价	同学评价	老师评价
知识评价	能说出系统及物流系统的概念和模式			
	能解释物流系统的特征			
技能评价	能分析物流系统的模式和特征			
	能分析物流系统"物流效益背反"特性并提出解决方案			
素质评价	树立人类命运共同体的系统观念			
	具有良好的资料调查、分析及总结归纳的能力			
	具有良好的文字表达及报告撰写能力			

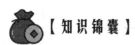【知识锦囊】

知识锦囊 2-1-1 物流系统的"物流效益背反"特性

【拓展资料】

戴尔别具一格的电子商务物流系统构建

电子商务已风靡全球，有些公司利用它已取得了很好的成效，在这方面可以首推戴尔(Dell)公司。该公司在商用桌面 PC 市场上已成为第一大供应商，其销售额每年以 40%的增长率递增，是该行业平均增长率的 2 倍。Dell 公司成绩的取得，在其总裁迈克尔·戴尔的看来，归功于对物流电子商务化的巧妙运用。

Dell 是通过国际互联网和企业内部网进行销售的。在日常的经营中，Dell 仅保持两个星期的库存(行业标准超过 60 天)，其存货一年可周转 30 次以上。基于这些数字，Dell 的毛利率和资本回报率也是相当高的，分别是 21%和 106%。这些都是 Dell 实施电子商务化物流后取得的物流效果。

Dell 开创了电子商务物流的先河。决定 Dell 直销系统成功与否的关键之一，是要建立一个覆盖面较大、反应迅速、成本低廉的物流网络和系统。使用电子商务化物流后，Dell 一方面可以先拿到用户的预付款和运费；另一方面，Dell 是在货运公司将货运到后才与其结算运费。也就是说，Dell 既占压着用户的流动资金，又占压着物流公司的流动资金；Dell 的竞争对手一般保持着几个月的库存，但 Dell 按订单生产的方式没有库存风险，使其具有只保持几天库存的水平，这些因素使 Dell 的年均利润率超对手 50%。

任务二 物流系统要素及要素集成原理

任务情境

京东根据用户的大数据分析，能够预测核心城市各片区的主流单品的销量需求，提前在各个地区物流分站预先发货，客户下单后会在 2 小时左右的时间享受到惊喜的物流服务。这远远超出了原来的 211 限时达、次日达等服务了。这背后是用户大数据＋青龙系统的有效支撑。青龙系统对于京东来说具备重要的战略价值，是驱动京东到家 O2O、敏捷供应链、全品类扩张(特别是生鲜)、末端众包物流等新战略的关键。

思考：物流系统由哪些部分组成？怎样提升物流系统效率？

任务目标

学习本任务应了解物流要素集成的目的，理解并掌握物流系统流动要素及功能要素、理解并掌握物流要素集成化的方法及作用，熟练掌握物流系统的分析方法，能分析企业的流动要素及要素集成的效果。

任务相关知识

物流系统的要素在时间和空间上的集合构成了物流系统。物流系统的目标是要通过相互联系的要素的协同运作才能完成的，通常把这个相互联系的要素的整体形态叫物流系统结构。

物流系统的流动结构微课

就物流系统的结构从不同角度看主要有：流动结构、功能结构、供应链的物流结构、治理结构、网格结构、产业结构等。本任务中将具体介绍物流系统的流动结构、功能结构及网络结构。

一、物流系统的流动结构

物流系统是一个经济流体，与自然流体相比，它受到的影响因素差别较大，但两者的组成有相似之处。本任务将借鉴流体力学中的基本结构和研究方法来研究物流系统。

借鉴流体力学中的概念，物流系统由六大流动要素组成，分别是流体、载体、流向、流量、流程和流速。

(一) 流体

流体指物流中的"物"，即物质实体。流体具有自然属性和社会属性。

流体的自然属性是指其物理、化学、生物属性。物流管理的任务之一就是要保护好流体，使其自然属性不受损坏，因此需要施加一系列的措施和手段。例如，在物流过程中要根据物质实体的自然属性合理安排运输、保管、装卸等作业。

流体的社会属性是指流体所体现出来的价值属性，以及生产者、采购者、物流作业者与销售者之间的各种关系。社会属性与社会宏观经济、国家政策息息相关，在物流过程中要保护流体的社会属性不受影响。

(二) 载体

载体是指流体借以流动的设施和设备，包括基础设施和设备两类。基础设施基本是固定的，如铁路、公路、水路、港口、车站、机场等。设备是以第一类载体为基础，直接承载并运送流体的设备，如车辆、船舶、飞机、装卸搬运设备等，大多是可移动的。物流载体的状况，尤其是物流基础设施的现状直接决定物流的质量、效率和效益。应通过合理进行物流中心选址、提升载体的吞吐量、速度等，进一步提升物流系统的服务质量。

(三) 流向

流向是指流通从起点到终点的流动方向，包括自然流向、计划流向、市场流向和实际流向四种。

(1) 自然流向，指根据产销关系所决定的商品的流向，这表明一种客观需要，即商品要从产地流向销地。

(2) 计划流向，指根据流体经营者的商品经营计划而形成的商品流向，即商品从供应地流向需要地。

(3) 市场流向，指根据市场供求规律由市场确定的商品流向。

(4) 实际流向，指在物流过程中实际发生的流向。

现实中，以上四种流向可能同时存在，也可能彼此间出现偏离。例如，根据市场供求规律，由市场确定的市场流向，往往也是商家商品经营计划而形成的计划流向，也是产销关系所决定的自然流向，而实际发生物流时还需要根据具体情况来确定运输路线和调运方案，这形成最终确定的实际流向。在确定实际流向的过程中，由于受到市场、经营者及载体的限制，流体的是实际流向往往与自然流向相偏离，不能保持完全一致。在掌握流向变化规律的基础上，应合理配置物流资源并做好流向规划，尽可能降低物流成本，提升物流系统效率。

(四) 流量

流量是指通过载体的流体在一定流向上的数量表现。流量与流向是不可分割的，每一种流向都有一种流量与之相对应。因此，参照流向的分类，流量也分为四种，即自然流量、计划流量、市场流量和实际流量。同时，根据自身特性，流量也可分为理论流量和实际流量。

理想状况的物流应该是在所有流向上的流量都均匀分布，这样才可以实现较高的物流资源利用率和较好的物流组织管理。但实际上，在一定的统计期间内，在一个流向上流量达到均衡的物流是不存在的。应通过资源的合理配置、采用合理的物流运行机制等手段尽可能消除物流流向和流量上的不均衡，提升物流系统管理的效率及效益。

(五) 流程

流程指通过载体的流体在一定流向上行驶路径的数量表现。流程的分类与上述流向的分类基本类似，可以分为自然流程、计划流程、市场流程与实际流程。

另外，还可以像流量的分类那样，将物流流程分为理论流程和实际流程。理论流程往往是所有可行径路径中的最短路径。制定实际流程时，应设法缩短运输里程，尽可能降低物流成本。

(六) 流速

流速是指通过载体的流体在一定流程上的速度表现。流速与流向、流量、流程一起构成了物流系统的四个数量特征，是衡量物流效率和效益的重要指标。一般来说，流速快，意味着物流时间的节约和物流成本的降低，从而提高了物流系统价值。

物流系统的六要素——流体、载体、流向、流量、流程和流速之间有极强的内在联系。例如，流体的自然属性决定了载体的类型和规模，流体的社会属性决定了流向和流量，载体对流向和流量有制约作用，载体的状况对流体的自然属性和社会属性均会产生影响。

物流的六要素中的每一个要素都需要以物流系统的整体优化为前提进行要素集成和优化。要以物流系统的整体目标来确定任何一个要素的目标，使各要素互相配合，即使有些要素本身没有实现最优化，但可以实现整个物流系统最优。

二、物流系统的功能要素

物流系统的功能要素指的是物流系统所具有的基本能力，这些基本能力有效地组合、联结在一起，形成物流系统的总功能。根据物流的定义，物流系统的功能要素有运输、仓储、包装、装卸搬运、流通加工、配送、物流信息等。其中，运输功能要素和仓储功能要素是物流系统中的主要功能要素。

(一) 运输功能要素

运输实现物品空间位置的转移，创造了物流的空间价值。另外，通过使物品流动，缩短或延长物品的运输时间，运输还能创造物品的时间价值。因此，运输是物流系统中最重要的功能要素之一。

(二) 仓储功能要素

仓储主要是指在一定场所对物品进行储存并对其数量、质量进行管理控制的综合活动，包括接货入库、拣货、出库、安全保存、库存管理等活动。仓储环节具有创造物流时间价值的功能。

(三) 包装功能要素

包装具有保护产品、方便储运、促进销售的作用，涉及产成品包装，在制品、半成品包装，以及物流过程中分装、再包装等活动，对物流系统具有一定的影响。对包装活动的管理，既要考虑保护产品、方便储运、促进销售，还要考虑包装费用的合理化、包拆装的便利性以及包装废弃物的回收处理等因素。

(四) 装卸搬运功能要素

装卸搬运是实现输送、保管、包装、流通加工等物流活动之间有效衔接的活动。装卸搬运在整个物流环节中发生得最频繁。频繁的装卸搬运活动带来了较高的物流运输成本，也使产品损坏的概率增加。对装卸搬运活动的管理，要确定最恰当的装卸搬运方式，力求减少装卸搬运次数、减少移动距离，以实现降低产品破损率、提高作业效率的目的。

(五) 流通加工功能要素

流通加工是指在流通阶段进行的商品的组装、再包装、分割、贴标签等一系列简单加工活动。其作用是完善商品的使用功能，提高商品的附加价值。流通加工活动不仅存在于社会流通过程中，也存在于企业内部的流通过程中。

(六) 配送功能要素

配送是直接面向消费者提供的物流服务功能，以订单处理、配货、拣货、送货等形式最终完成社会物流，并最终实现资源配置。与运输功能相比，配送更强调它的顾客服务功能，是集经营、服务、社会集中库存、分拣、装卸搬运于一身的物流活动。

(七) 物流信息功能要素

物流信息功能包括对物流各项活动中相关信息的采集、信息传递、信息处理和决策等活动，是物流系统重要的功能要素。现代物流活动的管理和决策是建立在对信息准确而全面把握的基础上的，物流作业效率的提高同样也离不开物流信息的支持，如运输工具的选择、运输路线的优化、订单处理、库存决策等。

三、物流要素集成化原理

以系统论为依据，物流工程与管理的基本原理中，关于物流系统内部结构的原理有三个，分别是物流要素集成化原理、物流组织网络化原理和物流接口无缝化原理。其中物流要素集成化原理是物流系统化最重要的原理之一。

(一) 物流要素集成化原理的概念及目的

集成是一些孤立的事物或元素通过某种方式集中在一起，产生联系，从而构成一个有机整体的过程。要素集成是对各要素进行整合，形成"一体化"的有机整体的过程。何明珂在《物流系统论》中指出，物流要素集成是指通过一定的制度安排，对物流系统功能、资源、信息、网络要素及流动要素等进行统一规划、管理和评价，通过要素之间的协调和配合使所有要素能够像一个整体一样运作，从而实现物流系统要素之间的联系，达到物流系统整体优化的目的的过程。

理解物流要素集成原理的要点有以下三点：

(1) 物流系统的多个要素，如功能要素、流动要素、信息要素等都应该进行集成。

(2) 物流要素集成应通过一定的制度安排，进行统一规划、管理和评价，实现要素之间的协调和配合。

(3) 物流要素集成是以物流系统整体优化为目的的。

物流要素集成化和物流系统化是现代物流发展的重要趋势。进行物流要素集成化主要有以下四个目的：

(1) 传统储运业需要向现代物流业转变，从单一的储运服务转向综合的物流服务。随着经济社会的发展，客户对物流服务的要求变得越来越多样化，不再满足于功能单一的运输或仓储业务，他们需要的是集成的、系统化的物流服务。因此，传统储运业需要实现向现代物流的转变，就必须将那些孤立的要素进行集成，实现物流系统的整体优化，从而满足市场需求。

(2) 分散的物流资源要素需要在统一的原则指导下进行协调和最佳配置。经济的全球化使得物流系统的跨时域特性和跨地域特性更加突出，物流系统的组成要素更多、构成更加复杂。在庞大的物流系统中，物流要素处于分散状态，而物流系统化要求将这些分散的要素进行协调，这就使得物流要素的集成非常必要。

(3) 物流要素运作效率需要通过整合得到提高。物流企业及生产企业、销售企业大多进行自主经营及独立核算，各企业内部的物流要素在分散运作下出现效率低下、效益不高等问题。物流要素的运作须以整体和系统的方式开展，进行统一规划、运作和协调，进一步提高物流系统效率。

(4) 激烈的市场竞争促使单个物流企业必须与供应链上的优秀企业进行要素整合。随着市场竞争的激烈化，21 世纪的市场竞争已转化为供应链与供应链的竞争，企业必须以供应链的方式组织起来参与竞争。物流企业也必须参与由优秀制造商、分销商组成的供应链，将自己的资源要素与供应链上其他企业的要素进行集成和协调，才能得到持续的发展。

(二) 物流要素集成的方法

物流系统要素集成的方法有很多，常见的是总成本分析法和系统目标优化法等。

1. 总成本分析法

物流总成本是指实现物流需求所必需的全部开支，它是有效管理物流过程的关键。物流系统的总成本是由物流系统的要素成本构成的。采用总成本分析法就是考虑在完成特定的物流任务时需要的所有要素的成本，而不是只计算其中一两项成本。物流系统的总成本包括了运输费用、仓储费用、包装费、流通加工费用等，但是针对某项具体的物流任务，其成本组成会有所差异。

物流总成本分析法把物流看做一个整体，以减少物流总成本为目标来管理运作，可以有效管理和实现真正意义上的降低成本。物流总成本是物流系统运作的主要指标，但物流总成本本身并不能反映企业的物流运作好坏。

2. 系统目标优化法

物流系统目标优化是指确定物流系统发展目标，并设计达到该目标的策略以及行动的过程。它依据一定的方法和原则，对物流系统要素进行优化组合，从而达到优化物流系统的目的。物流系统目标总体可概括为两大基本目标：物流服务目标和物流成本目标。如前面任务中提到的，物流服务和物流成本存在效益背反。因此，协调两者矛盾，寻求两个平衡，在优化物流系统过程中具有重要意义。常用的物流系统目标优化的具体方法有博弈论、统计决策及目标规划法等。

(三) 物流要素集成的结果

物流要素集成的结果归纳为以下几种形式。

1. 纵向一体化

纵向一体化也可称为要素一体化，是将物流系统需要的要素纳入一个资本所有和控制之下，由该资本对物流系统进行规划、设计，并且由该资本对这些要素进行经营和管理。这是要素集成的最高形式，其实现形式有企业并购、企业自我扩张。

2. 建立供应链

在物流系统中，许多要素分属于不同的所有者，如车辆、配送中心、仓库等可能属于上下游中不同的企业。这些企业可以通过互相投资、参股、签订长期的战略联盟协议等方式建立供应链，从而实现物流要素的集成。

3. 横向一体化

横向一体化可以是不同企业之间形成的横向一体化，也可以是企业内部不同部门之间的横向一体化。前者是指在不改变要素产权关系的情况下，将企业各自拥有的物流资源向物流要素集成者开放并与其他要素的所有者开展物流业务合作，共同利用这些资源，如共用车辆和仓库等，在实现物流资源要素并享的同时也实现了资源与其他物流要素的集成；后者指企业不同部门之间共享不同的物流资源，从而实现物流要素的集成。

4. 引入第三方物流

在物流市场上，在完善的法律保障的前提下，引入第三方物流来进行物流系统管理。通过价格和竞争机制来调节物流要素的供给和需求，也是物流要素集成的常见形式。

 【思政园地】

200 多辆车支援！河南 20 多家物流公司支援郑州救灾

"紧急通知：因郑州突发暴雨，接漯河交通局海事局和应急管理局通知，有可能明天支援郑州，请有应急物流车辆支援能力的企业接龙……"

这一则暖心的通知发自 2021 年 7 月 20 日深夜，倡议者是漯河市物流与采购联合会(简称漯物联)会长李成路。

大灾大难前，其他行业可以按下暂停键，作为国民经济的物流却不能停。

为此，在郑州遭遇暴雨时，李成路在漯物联的群里发出了倡议书。从当天夜里到第二天上午，他就募集了近 20 家物流企业共计 200 多辆车，待命支援郑州。

很多企业积极响应，包括双汇物流 50 辆车，泰威物流 30 辆车，立业快运 15

辆车，顺安物流 10 辆车，翔通物流 10 辆车，顺捷物流 10 辆车等。

李成路表示，在整个过程中，一些漯河物流企业仍在积极报名中。支援险情严重的地区，物流企业义不容辞。

郑州暴雨如注的 7 月 20 日，诚通物流和宇鑫物流都接到了郑州市交通运输局的通知，让他们带车前往支援常庄水库。

当天晚上，诚通物流 10 辆车，宇鑫物流 5 辆车，分别从新郑，郑州东区前往常庄水库，但路上因为积水太深，高速路和陇海高架没法上桥，导致两家物流公司的车都未如期到达现场支援。其中，宇鑫物流两辆车上还装有编织袋。

即便如此，宇鑫物流副董事长王琳，诚通物流运行副总经理齐永华均表示，只要前方一线有需要，随时待命。

▶**任务工单**

编　号	2-2-1	知识点	物流系统流动要素及要素集成原理	日期	
团队成员姓名					
任务要求	根据知识锦囊 2-2-1 的内容，以团队形式，合理分工，查找京东物流系统相关资料，分析其案例中物流系统流动要素、要素集成的体现及效果，并完成任务总结				
任务目标	运用物流系统流动要素相关知识，分析物流企业流动要素及要素集成的效果				
任务实施	京东物流系统流动要素分析	物流系统流动要素名称	案例中的具体对应内容		
		流体			
		载体			
		流向			
		流量			
		流程			
		流速			
		六大流动要素之间的关系			
	京东物流系统要素集成体现				
	京东物流系统要素集成的效果				
任务总结					

任务评价

	评价内容	自我评价	同学评价	老师评价
知识评价	能说出物流系统的流动要素及功能要素			
	能理解并掌握物流要素集成原理			
技能评价	能分析物流活动中的物流系统要素			
	能分析物流系统要素之间的关系			
	能分析物流系统要素集成的重要性及作用			
素质评价	树立社会主义核心价值观，具备物流行业社会责任意识			
	认真钻研、求真务实地完成任务工单			
	具有一定的资料整理能力及写作能力			

 【知识锦囊】

知识锦囊 2-2-1　京东物流，高效响应！

【拓展资料】

打造国内国外物流畅通"双循环"

在当前构建国内大循环为主体、国内国际双循环相互促进的新发展格局中，加快畅通物流大通道已经成为重要发力点。不少地方提出加快建设国际物流枢纽，蓄势打造新物流大通道。与此同时，在新基建领衔下，以智慧物流支撑新发展格局建设的步伐也在加快。

专家表示，围绕畅通"双循环"，新物流大通道将加速成型。随着政策红利持续释放，物流行业将迎来新的变革机遇。

当地时间 2021 年 8 月 31 日晚 6 时许，在比利时列日机场，一架来自中国的满载着近百吨商品的货机徐徐降落。这是菜鸟网络开通的杭州到列日洲际航线的一架货机。在菜鸟跨境包裹网络中，像这样来自中国的大型物流货机几乎每天都有一班或两班降落在列日机场。

列日机场是位列欧洲货运吞吐量第五的货运机场，已经成为菜鸟海外部署的重心。菜鸟在这里建设了集仓储、转运以及电子关务为一体的 ehub(数字贸易枢纽)，通过洲际航线、中欧班列连接中国和欧洲，并以列日为中心部署覆盖欧洲核心国家的卡车网络。

让源源货流畅通内外，已经成为构建国内大循环为主体、国内国际双循环相互促进的新发展格局的重要支撑。

中国物流与采购联合会公布的数据显示，2021年1月至7月物流总需求延续复苏态势，物流总额增速由负转正，物流运行呈现向好态势，全国社会物流总额为149.7万亿元，同比增长0.5%。海关总署数据显示，2021年7月份我国货物贸易出口额1.69万亿元，增长10.4%，延续了6月份的向好态势。

"要形成国内大循环为主体、国内国际双循环相互促进的新发展格局，顺畅的现代物流体系不可或缺。"中南财经政法大学数字经济研究院执行院长盘和林表示，不管是国内大循环，还是国内国际双循环，循环本身意味着生产、分配、流通、消费等各个环节顺畅联通，其中作为主要环节的流通具有重要意义，而流通最重要的就是物流。

盘和林表示，我国是制造业大国和货物贸易出口第一大国，但目前国际快递物流和航空货运发展程度并不能与之相匹配。尽快补齐我国在运力、物流节点建设等方面的短板已迫在眉睫。在提升运力方面，既要增加货机数量、物流航线，也要加快建设航空枢纽、铁路枢纽以及航路枢纽。在提升国内基础设施的同时，应加强海外网络控制能力，完善海外物流服务网络。

思考：请结合物流要素集成原理，尝试为打造国内国外物流畅通"双循环"提出建议。

项目三
物流功能活动管理

项目简介

本项目由七大任务组成：

任务一：运输管理。学习运输的概念、特点及作用，五种基本运输方式及多式联运的特点，合理化运输的措施。

任务二：仓储管理。学习仓储的概念、分类和作用，库存管理方法。

任务三：包装管理。学习包装的概念、功能和分类，各种包装技法及其应用范围，包装合理化措施。

任务四：装卸搬运管理。学习装卸搬运的概念、作用和类别，装卸搬运活性，装卸搬运作业内容及方法，装卸搬运合理化措施。

任务五：流通加工管理。学习流通加工的概念、作用和类型，流通加工与生产加工的区别和联系，流通加工的合理化措施。

任务六：配送管理。学习配送与运输的区别和联系，配送的基本流程，配送在物流系统中的作用，配送模式，配送合理化措施。

任务七：物流信息管理。学习物流信息的概念及作用，物流管理信息系统，常见物流信息技术的概念及应用。

项目目标

知识目标

1. 理解运输的概念、特点及作用，掌握五种基本运输方式和多式联运的概念及其优缺点以及运输合理化的措施，熟练掌握制定、选择运输方案的方法。

2. 理解仓储的概念、仓储的分类、仓储的积极与消极作用，掌握并熟练运用库存管理方法。

3. 理解包装的概念及功能，了解包装分类，理解各种包装技法及其应用范围，掌握包装合理化措施。

4. 理解装卸搬运的概念及作用，了解装卸搬运类别，理解装卸搬运活性，掌握装卸搬运作业内容及方法，掌握装卸搬运合理化措施。

5. 理解流通加工的概念和作用以及流通加工与生产加工的区别和联系，了解流通加工的类型，掌握流通加工的合理化措施。

6. 理解配送的概念，配送与运输的区别和联系，了解配送的基本流程，理解配送在物流系统中的作用，掌握配送模式和配送合理化措施。

7. 理解物流信息的概念及作用，了解物流管理信息系统，掌握常见物流信息技术的概念及应用。

▶ 技能目标

1. 能运用运输管理的相关知识，制定不同任务情境下的运输方案，分析运输事故原因并提出预防措施。

2. 能运用 ABC 分类法及经济订货批量法解决实际仓储问题。

3. 能运用包装材料、技法及合理化相关理论知识，完成茶叶包装设计。

4. 能运用装卸搬运理论知识提出案例企业装卸搬运环节优化对策。

5. 能进行企业调研，运用流通加工合理化知识，提出企业流通加工环节的优化对策。

6. 能运用节约里程法优化配送线路。

7. 能运用物流信息管理相关知识，分析京东"青龙系统"的信息技术应用及效果。

▶ 素质目标

1. 培养良好的团队协作精神、创新精神。

2. 培养良好的学习能力，精益求精的品质。

3. 培养运用理论知识分析、解决实际问题的能力。

4. 培养不断总结、不断提升自我的能力。

▶ 思政目标

1. 树立社会主义核心价值观。

2. 树立公平竞争、爱岗敬业的物流职业道德观。

3. 具有不怕苦不怕累，踏实肯干的劳动精神。

4. 树立适度、环保、创新的包装观念。

5. 具有民族自豪感。

6. 树立适度、经济、环保的流通加工观念，具有物流行业社会责任感。

7. 树立实现"碳达峰、碳中和"目标的配送环保观念。

8. 树立诚信消费观念、建立良好的个人信用。

任务一　运输管理

任务情境

某物流公司有数批业务：少量精密仪器，要求 2 天内从北京运往昆明；一批木制桌椅，需由山东某铁路线不发达的山区运往广州；2 箱急救药从南京运到重庆；100 万吨煤炭需从山西运到秦皇岛；10 万吨钢材需从重庆运到武汉；3 个集装箱的羽绒服需从日本运到贵州。这几批货物选择哪种运输方式更为合理？你能为该物流公司制定运输方案吗？

任务目标

学习本任务应当理解运输的概念、特点及作用，了解多式联运的概念、意义及分类，掌握五种基本运输方式及其优缺点，了解不合理的运输形式，掌握运输合理化的措施，熟练掌握制定、选择运输方案的方法，制定不同任务情境下的运输方案，能通过分析运输事故深刻体会合理运输的重要性。

任务相关知识

运输是物流系统中至关重要的一个功能要素，被形象地比喻为物流的"动脉"。传统的运输管理重视的是运输本身的合理化，没有将其同物流系统整体的合理化联系在一起。现代物流体系逐步发展，运输系统正逐渐融入其中，成为社会物流体系的一个重要组成部分。

一、运输的概念

物流是物品实体的物理性运动，这种运动改变了物品的空间和时间状态。运输承担了改变物品空间状态的主要任务，是改变物品空间状态的主要手段。广义的运输是指人或物品的空间位移，狭义的运输是指利用设备或工具，在不同地域范围内(如两个城市、两个工厂之间)，完成以改变人和物的空间位移为目的的物流活动。

根据我国《物流术语》(GB/T 18354—2021)的定义，运输是利用载运工具、设施设备及人力等运力资源，使货物在较大空间上产生位置移动的活动。

二、运输的特点

(一) 物流运输具有广泛性

物流运输贯穿于一切经济单位的生产过程。通过物流运输，可以把原材料、能源等从供应地运往生产地；可以把在制品、半成品运往加工地；也可以把产成品运往消费地。物流运输几乎和所有的生产经营活动产生了直接或间接的联系，在整个社会化再生产各环节衔接中具有较强的广泛性。物流运输的连续程度对企业的连续生产、物资的持续供给、商品的快速流通都有着重要的意义。

(二) 物流运输产品具有服务性

物流运输与工农业生产不同。工农业生产活动改变劳动对象的物理、化学、生物属性，从而得到新的产品。而在物流运输中，具有劳动技能的人们使用劳动工具(如车、船、飞机及其他设施)和劳动对象(货物)进行生产，改变劳动对象的空间位置，创造其空间价值和使用价值。物流运输虽然不创造新的实体产品，但把价值追加到被运输的货物上，实现货物所在场所的变更。因此，物流运输也是生产过程，具有生产的本质属性。物流运输产品，实质是货物的空间位移，即运输服务。运输服务与被运输的实体产品结合在一起，其生产和消费是同一过程。对物流从业者来说是运输的生产过程，而对用户来说则是对运力的消费过程。

(三) 物流运输产品具有非储存性

物流运输的产品是边生产边消费，它是无形的，不具有物质实体。物流运输产品既不能储存，又不能调拨，不能储备以防不时之需，也不能在地区间调剂余缺，只能通过调整运力适应社会对运力需求的变化。在物流活动中，当满足需求时，应充分考虑节省运力、降低运输成本；当遇到灾害、疫情等突发情况，社会急需大量运力时，应尽一切能力调动物流运输资源，尽快满足社会需求。

(四) 物流运输方式具有可协调性

虽然不同的物流运输方式使用不同的运输工具，在不同的线路上进行运输生产活动，但它们对社会具有相同的效用，即都实现了物品的空间位移。物流运输产品的同一性使得各种运输方式之间可以相互补充、协调、替代，形成一个有效的综合物流运输系统。

三、运输的作用

(一) 运输是促进社会化再生产的前提条件

物流运输具有广泛性，连接了生产与再生产、生产与消费环节，连接着国民经济各部门，连接着不同国家和地区，使得社会化再生产不断进行。运输是促进和加速社会化再生产的前提条件。

(二) 运输可以创造空间价值和时间价值

同种物品由于空间场所不同，其使用价值的实现程度会有所不同，其效益的实现也不同。通过运输，将物品运到其使用价值最高的地方，就能最大限度发挥物品的潜力，实现资源的优化配置。因此，运输通过改变物品的地点和位置创造了物品的空间价值，也提高了物品的使用价值。

运输可以对物品进行临时储存。当仓库空间有限或物品在仓库卸货再装货的成本更高时，利用运输工具储存也是一种可行的选择。同时，运输能保证物品在适当的时间到达消费者手中。这两种情况下运输都创造了物品的时间价值。

(三) 运输能促进社会分工

运输是商品的生产和销售之间不可或缺的联系纽带。高效的运输体系能真正实现生产和销售的分离，促进社会分工的开展。

(四) 运输是"第三利润源"的主要源泉

在资源和人力两大传统领域的利润取得越来越困难的时候，各国普遍开始将降低物流成本作为新的利润增长点，开始重视物流领域的利润潜力，即重视"第三利润源"。从表 3.1.1 中的数据可见，2019—2020 年我国社会物流总费用结构中，运输费用均超过 50%，是我国社会物流总费用的最大组成部分，具有巨大的利润挖掘潜力。通过运输的合理化措施，减少运输时间、降低运输能耗，进一步降低物流总成本，是"第三利润源"的主要源泉。

表 3.1.1　2019—2020 年我国社会物流总费用结构统计

年 份	2019 年		2020 年	
项目名称	物流费用(万亿元)	占比(%)	物流费用(万亿元)	占比(%)
社会物流总费用	14.6	100	14.9	100
运输费用	7.7	52.74	7.8	52.33
保管费用	5.0	34.25	5.1	34.24
管理费用	1.9	13.01	1.9	13.43

四、运输方式及其特点

运输方式微课

物流运输可以选取多种运输方式，既可以单独采用基本运输方式之一，也可以采用多种基本运输方式的集合形式，即多式联运方式。各种运输方式各有特点，应根据实际情况进行合理选择。

(一) 基本运输方式及其特点

按照运输方式的不同，基本运输方式可以分为公路运输、铁路运输、水路运输、航空运输及管道运输五种，如图 3.1.1 所示。

公路运输

铁路运输

水路运输

航空运输

管道运输

图 3.1.1　五种基本运输方式

五种基本运输方式的含义及设施设备各有不同，详见表 3.1.2。

表 3.1.2　五种基本运输方式的含义及设施设备

运输方式	含　义	设施设备
公路运输	广义指利用一定的运载工具(如汽车、拖拉机、畜力车、人力车等)沿公路实现货物空间位移的过程；狭义指汽车运输，物流中的公路运输专指汽车货物运输	运输车辆、公路、汽车站场
铁路运输	指利用机车、车辆编成列车沿铺设轨道载运货物的运输方式	机车车辆、线路、铁路站场、信号设备
水路运输	指利用船舶、排筏和其他浮运工具，在江、河、湖泊、人工水道以及海洋上运送货物的一种运输方式	船舶、港口、航道
航空运输	简称空运，是使用飞行器运送客物的运输方式	航空港、航空器(主要指飞机)、航空线网
管道运输	指利用管道，通过一定的压力差完成气体、液体和粉状固体运输的一种运输方式	管道、储存站、压力站、控制中心

五种基本运输方式的优、缺点及适用范围如表 3.1.3 所示。

表 3.1.3　五种基本运输方式的特性

运输方式	优 点	缺 点	适用范围
公路运输	机动灵活，可实现"门到门"运输，中途几乎没有中转和装卸，项目投资较少	运输能力小，成本较高，容易受气候和道路条件的制约，准时性差，能耗高，对环境污染较大	中短距离的独立运输，其他运输方式的补充和衔接
铁路运输	运量大，成本低，速度快，准时，运送范围广，能耗低，环境污染程度小	受铁路线限制，灵活性较差，货损率较高，项目投资大，建设周期长	大宗、低价值货物的中长距离运输，大批量、时间性较强的普通货物运输，散装货物、罐装货物运输
水路运输	运量大，成本低，运距长，项目投资小，对环境污染小	速度慢，受港口、气候等因素的影响大	运距长、运量大、时间性不强的大宗货物运输，集装箱及远洋大批量货物运输
航空运输	速度极快，安全性高，运输范围广，不受地形限制，货物包装要求低，项目投资大	运量小，成本极高，受气候因素影响较大，需要公路运输方式配合	国际货物运输，特殊物品运输(包括高价值、低重量、小体积物品，鲜活易腐物品、紧急需求物资、邮件等时间要求严格的物品)
管道运输	运量大，运费低，安全可靠，连续性强，受气候影响小，不污染环境，占地少	运输功能单一，灵活性差，项目建设投资大，运输量不足时成本显著增加	运输原油、天然气、煤浆等定点、单向、量大的流体货物

(二) 多式联运

1. 多式联运的概念

根据我国《物流术语》(GB/T 18354—2021)中的定义，多式联运是指"货物由一种运载单元装载，通过两种或两种以上方式连续运输，并进行相关运输物流辅助作业的运输活动"。联运经营人以一个单一的多式联运合同，使用两种或两种以上的运输方式，负责将货物从指定地点运至交付地点。多式联运经营人对运输的全过程负责，实行一票到底的便捷服务，有效缩短了货物的运输时间，实现了合理化运输。

2. 多式联运的作用及意义

多式联运主要有以下三大作用。首先，多式联运手续简化，给货主带来了便利。不论路程多远，运输环节多少，货主只需要办理一次托运，使用一张货运提单就可以把货物从起点运到终点，大大简化了货物在运输中的手续，节约了人力和物力资源。第二，多式联运可以保证货物流通的连续、畅通。采用多式联运的货物运输，可以提高装卸效率，加快周转，减少货物的在途时间，加速货物流通。第三，多式联运可以提高社会经济效益。多式联运通过合理组织多种运输方式，可以提升运输效率，提高社会经济效益。发展多式联运，可以充分发挥多种运输方式的优势，使之相互协调、相互配合，是建立综合运输体系的重要途径。

3. 多式联运的分类

多式联运的常见分类具体而言是：按照参与联运全程的各种运输方式相互结合的状况，可将其划分为铁-水联运、公-水联运、公-铁联运、铁-公-水联运、铁-公-航联运等；按照联运区域，可将其划分为国内多式联运和国际多式联运；按照组织方式，可将其分为协作式多式联运和衔接式多式联运。协作式多式联运是指两种或两种以上运输方式的运输企业，按照统一的规章或商定的协议，共同将货物从接管货物的地点运到指定交付货物的地点的运输。衔接式多式联运是指由一个多式联运企业综合组织两种或两种以上运输方式的运输企业，将货物从接管货物的地点运到指定交付货物的地点的运输。

五、运输合理化

降低物流运输成本是获取"第三利润源"的重要手段，运输合理化也是物流系统合理化的重要内容。运输合理化，就是指在实现物资产品实体从生产地至消费地转移的过程中，充分有效地运用各种运输工具的运输能力，以最少的人、财、物消耗，迅速、按质、按量和安全地完成运输任务。

(一) 不合理的运输表现形式

1. 违法超限运输

违法超限运输是违法行为，应坚决禁止。超限运输是指被运输的设备、构件

运输合理化微课

或货物，其外形尺寸、高度、重量、长度超过了运输部门或交通部门所规定的范围，而采用了特殊措施来进行运输作业。根据《超限运输车辆行驶公路管理规定》，大件运输车辆有下列情形之一的，视为违法超限运输：载运可分载物品的超限运输车辆行驶公路的；未经许可擅自行驶公路的；车辆及装载物品的有关情况与《超限运输车辆通行证》记载的内容不一致的；未按许可的时间、路线、速度行驶公路的；未按许可的护送方案采取护送措施的。

我国综合运输体系中的主要交通运输方式是公路运输。违法超限运输给我国经济社会发展带来的危害主要有以下几个方面：

第一，超限超载运输严重危及交通安全，容易引发道路交通事故。据统计，载重货车道路交通事故中有 75%以上是由于超限超载运输引起的，50%的群死群伤性重特大道路交通事故与超限超载有直接关系，全国公路每年因车辆超载造成的损失超过 300 亿元。超限超载运输已经成为与超速、酒后驾车并行的三大"杀手"之首。

第二，超限超载运输严重破坏公路、桥梁设施，增加养护、维修费用，缩短其使用寿命。超限运输这种短期行为所取得的经济利益是以损害公路为代价的，是一种"窃取"国家公路建设资金的行为，使人民群众的公共利益受到极大伤害。

第三，造成国家规费大量流失，影响公路建设资金的筹措。据不完全统计，每年因公路车辆超限超载运输而少缴、漏缴的交通规费有 4 亿元左右，这直接影响政府对公路建设资金的再投入，严重影响以收费还贷、以路养路收费公路的运行和养护。

第四，扰乱交通运输业正常秩序，破坏行业公平竞争。不法运输企业通过超限运输恶意竞争，互相压价，导致市场运价降低，更导致运价越低越超限超载的恶性循环。这会严重损害遵章守法的运输企业的利益，破坏行业公平竞争。

2. 空驶

空驶是指因调运不当、货源计划不周、不采用运输社会化造成的空车无货载行驶，是不合理运输的表现。空驶有以下三种情况：能利用社会化的运输体系却不利用，而依靠自备车送货提货，这往往会出现单程重车、单程空驶的不合理运输现象；由于工作失误或计划不周，造成货源不实，使得车辆空去空回，形成双程空驶；由于车辆的过分专用，无法搭运回程货，只能单程实车、单程回空周转。

3. 对流运输

对流运输也称"相向运输"或"交错运输"，指同一种货物在同一线路上或平行线路上做相对方向的运送，与对方运程的全部或一部分发生重叠交错的运输，如图 3.1.2 所示。在运输过程中，距离较远的平行线路上发生的对流运输，或者在不同的时间发生的对流运输均具有一定的隐蔽性，在设计运输方案时需要特别注意避免。

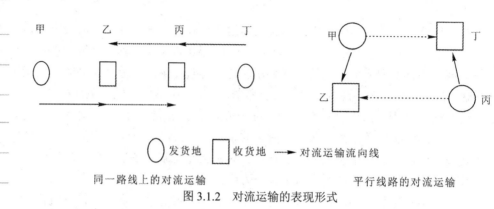

同一路线上的对流运输　　　　　　　　　　　　平行线路的对流运输

图 3.1.2　对流运输的表现形式

4. 迂回运输

迂回运输是指货物绕道而行的运输现象，也就是平常所说的"近路不走，走远路"，如图 3.1.3 所示。迂回运输有一定的复杂性，不能简单处理。只有当计划不周、地理不熟、组织不当而发生的迂回，才属于不合理运输。如果最短距离有交通阻塞、道路情况不好或因对噪声、排气等有特殊限制而不能使用时发生的迂回，不能称作不合理运输。

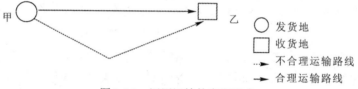

图 3.1.3　迂回运输的表现形式

5. 过远运输

过远运输是指选择供货单位或调运物资时舍近求远，本可以采用近程运输却未采取，结果拉长了运距导致浪费，如图 3.1.4 所示。

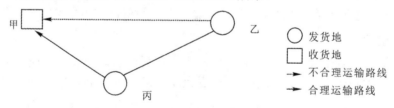

图 3.1.4　过远运输的表现形式

6. 重复运输

重复运输有中途重复装运和同时运进又运出两种形式，如图 3.1.5 所示。重复运输的最大问题是增加了非必要的中间环节，会延缓流通速度，增加费用，增大货损。

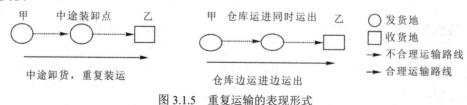

中途卸货，重复装运　　　　　　　　仓库边运进边运出

图 3.1.5　重复运输的表现形式

7. 倒流运输

倒流运输是指货物从销售地或中转地向产地或起运地回流的一种现象，如图3.1.6所示。其不合理程度要甚于对流运输，其原因在于往返两程的运输都是不必要的，形成了双程的浪费。

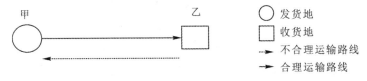

图 3.1.6　倒流运输的表现形式

8. 运力选择不当

运力选择不当是指未发挥各种运输工具的优势，不正确地利用运输工具而造成的不合理现象，如弃水走陆、铁路或船舶运输距离过近、运输工具承载能力选择不当等。

9. 托运方式选择不当

对于货主而言，可以选择最好托运方式而未选择，造成运力浪费及费用支出过多的一种不合理运输，如应当直达运输而选择了中转运输。

以上不合理运输中，违法超限运输应坚决杜绝。需要注意的是，其他不合理运输的情况，主要是从局部而言的。在实际情况中，必须将其放在整个物流系统中进行综合判断。否则，很可能出现效益背反现象。因此，只有从系统角度出发进行综合判断，才能有效避免效益背反，实现整体最优。

(二) 实现运输合理化的措施

1. 遵守法律法规，禁止违法超限运输

《超限运输车辆行驶公路管理规定》已于 2016 年 9 月 21 日起在全国施行。根据该规定，违法超限运输车辆，禁止行驶公路，否则将承担相应的法律责任。物流运输企业应严格遵守法律法规，大件运输车辆应当依法办理有关许可手续，采取有效措施后，按照指定的时间、路线、速度行驶公路，不得因逃避交通规费、不正当竞争铤而走险，试图挑战禁令。

2. 合理规划运输形式

开展直达运输和配载运输是合理规划运输的两大主要形式。

直达运输可以减少中转环节及换装，从而缩短运输时间，节省装卸费用，降低中转货损。在生产资料、生活资料运输中，通过直达建立起稳定的产销关系和运输系统，有利于提高运输的计划水平，从而大大提高运输效率。

配载运输是充分利用运输工具的载质量(即载重量)和容积，合理安排装载物品的一种运输方式。配载运输往往是轻重货物混合配载，在以重质物品运输为主的情况下，同时搭载一些轻泡物品，可以在不增加运力也不减少重质物品运量的情况下，解决轻泡物品的运输问题。

3. 选择合适的运输方式，提高运输工具的实载率

在选择货物运输方式时，应充分考虑货物性质、运输时间、运输成本、运输环境等因素，合理选择某种单一运输方式或进行多式联运。虽然货物运输费用的高低是选择运输方式时要重点考虑的因素，但不能仅从运输费用本身出发，而必须从物流总成本的角度出发，结合物流的其他费用综合考虑，追求系统最优，避免效益背反。

实载率有两个含义：一是单车实际载重量与运距之乘积和额定载重量与行驶里程之乘积的比率；二是一定时期内车船实际完成的货物周转量(以吨·千米计)占车船额定载重量与行驶里程乘积的百分比。提高实载率可充分利用运输工具的额定能力，减少车船空驶和不满载行驶的时间，减少浪费，从而实现运输合理化。配载运输也是提高实载率的有效途径，可将多个客户需要的货物或一个客户需要的多种货物实行配装，以实现运输工具的容积和载重量的充分合理利用。

4. 采用先进的运输技术和装备

运用先进的科学技术和装备是实现运输合理化的重要途径。例如，采用现代化物流信息系统对物流运输的载体进行追踪与管理，大幅度提高了物流运输的效率；选择"和谐号""复兴号"等高速铁路列车作为运输工具，加快了物流运输的速度等。

5. 发展社会化运输体系

运输社会化是指发展运输的大生产优势，实行专业分工，打破中小物流运输企业自成运输体系的状况。实行运输社会化，可以统一安排运输工具，避免空驶、对流、倒流、重复运输、运力不当等多种不合理运输形式，可以实现运输规模效益，降低运输成本，是运输合理化非常重要的措施。

【思政园地】

高架桥下不能承受的生命之重

2019年10月10日傍晚6点左右，江苏省无锡市锡山区312国道上的上海方向K135处的锡港路上跨桥出现桥面侧翻。事故共造成3人死亡，2人受伤。

经调查，本起事故的直接原因为：两辆重型平板半挂车严重超载、间距较近(荷载分布相对集中)，偏心荷载引起的失稳效应远超桥梁上部结构稳定效应，造成桥梁支座系统失效；梁体和墩柱之间产生相对滑动和转动，从而导致梁体侧向滑移倾覆触地。

高架桥侧翻，是桥不能承受超载货车的碾压。而高架桥下，是我们每一个人不能承受的生命之重。此次无锡高架桥侧翻事故涉及道路安全治理、交通治理、物流经济生态体系改善等重大课题。要从根本上解决现有问题，需要从多个方面同时着手，包括对物流运输企业进一步加强法律管理，严格对道路、桥梁安全进行常规化的定期排查和维护，加强对货车密集通过路段的限行和管理，对超载超

限车辆进行严格的监管和执法。

▶ 任务工单

编　号		3-1-1	知识点	运输方式及其特点	日期	
团队成员姓名						
任务要求		学习知识锦囊 3-1-1，结合任务情境，以团队形式查阅资料并讨论，选择各批货物的运输方式，制定运输方案				
任务目标		运用运输方式相关理论知识，制定不同情况下货物的运输方案				
任务实施	业务一：少量精密仪器 2 天内从北京运往昆明	物品种类	运输量	运输距离	运输时间	运输费用
		运输方案：				
	业务二：一批木制桌椅从山东某铁路线不发达的山区运往广州	物品种类	运输量	运输距离	运输时间	运输费用
		运输方案：				
	业务三：2 箱急救药从南京运到重庆	物品种类	运输量	运输距离	运输时间	运输费用
		运输方案：				
	业务四：把 100 万吨煤炭从山西运到秦皇岛	物品种类	运输量	运输距离	运输时间	运输费用
		运输方案：				
	业务五：10 万吨钢材从重庆运到武汉	物品种类	运输量	运输距离	运输时间	运输费用
		运输方案：				
	业务六：3 个集装箱的羽绒服从日本运到贵州	物品种类	运输量	运输距离	运输时间	运输费用
		运输方案：				
任务总结						

编　号	3-1-2	知识点	运输合理化的措施	日期	

团队成员姓名		

任务要求	结合思政园地内容，以团队形式查阅资料并讨论，导致该事故的直接和间接原因是什么，尝试提出预防措施并完成任务总结
任务目标	运用物流运输合理化相关理论知识，分析运输事故案例

任务实施	查阅资料来源		
	案例事故的简要情况介绍		
	事故后果		事故类型： 事故伤亡情况： 直接经济损失：
	事故原因分析	直接原因	
		间接原因	
	事故教训		
	预防措施		
任务总结			

任务评价

	评价内容	自我评价	同学评价	老师评价
知识评价	能说出运输的概念、作用和特点			
	能掌握运输的五种基本方式及多式联运的概念、特点及适用范围			
	能掌握运输合理化的策略			
技能评价	能分析并合理制定不同情况下的运输方案			
	能结合实际情况提出合理运输的策略			
素质评价	树立社会主义核心价值观			
	树立公平竞争、爱岗敬业的物流职业道德观			
	能进行任务总结并不断提高自身能力			

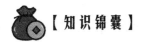 【知识锦囊】

知识锦囊 3-1-1　合理选择运输方式

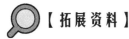 【拓展资料】

新基建赋能交通运输新发展

2020年，交通运输部印发了《关于交通运输领域新型基础设施建设的指导意见》(简称《指导意见》)。

《指导意见》强调，以技术创新为驱动，以数字化、网络化、智能化为主线，以促进交通运输提效能、扩功能、增动能为导向，推动交通基础设施数字转型、智能升级，建设便捷顺畅、经济高效、绿色集约、智能先进、安全可靠的交通运输领域新型基础设施。

交通新基建的基本内涵，应该包含三个要素：融合、协同和创新。物联网、大数据、人工智能、工业互联网等信息技术的广泛应用，为传统意义上的交通运输产业融合创造了条件；协同就是从综合交通实际发展需求出发，推动传统基础设施、载运工具和运输服务全产业链的数字化转型和智能化升级，建成更高品质、更安全、更绿色、更经济和更便捷的现代化高质量综合交通运输网；创新就是不断提升交通运输的科技研发等级，推进重大交通科技基础设施整体性、系统性、集成性的大规模研究，如车路协同、供应链、路网安全等方面，聚焦新技术、新工艺、新材料和新模式，成果转化和应用，提升交通运输全行业、全领域的服务能力和质量。

交通运输是生产要素流动的基本载体，交通新基建将数字化的交通基础设施和网联化的运输服务体系有机结合，改变了运输的形态和方式，大大提高了资源配置的效率。

请思考：交通新基建会为物流运输带来哪些机遇和挑战？

任务二　仓　储　管　理

 任务情境

某电子商务企业保持有10种商品的库存，有关资料如图 3.2.1 所示。企业经理苦苦思索，如何对这些库存商品进行有效的控制和管理呢？你能提出意见和建议吗？

商品编号	单价(元)	年需求量	商品编号	单价(元)	年需求量
A	7	200	F	1	400
B	9	1000	G	6	40
C	2	700	H	8	480
D	5	55	I	6	300
E	3	4000	J	4	1000

图 3.2.1　某电子商务企业库存

任务目标

学习本任务应当理解仓储的概念，了解仓储的分类，理解仓储的积极与消极作用，掌握并熟练运用库存管理方法，运用 ABC 分类法及经济订货批量法解决实际仓储问题。

任务相关知识

仓储的概念及作用微课

仓储随着物资储存的活动而产生，随着生产力的发展而发展，是商品流通的重要环节之一，也是物流活动的重要支柱。仓储，是指以改变"物"的时间状态为目的的活动，是通过仓库或特定场所对物品进行储存、保管及控制的管理活动，能有效克服物品生产和消费在时间上的差异，创造时间价值，获得更好的效用。

一、仓储的概念

《物流术语》中仓储的定义为："利用仓库及相关设施设备进行物品的入库、储存、出库的活动。"仓储的对象必须是实体物质，可以是生活或生产资料。仓储是在一定的时期和场所，以适当的范式通过入库、在库和出库的管理，对物品进行储藏、保护、控制的活动。

二、仓储的分类

仓储按不同的标准，可分为不同类别。其中较为常见的是以下分类方法。

(一) 按经营主体分类

1. 自营仓储

自营仓储是由企业自建并为自身服务的仓储形式，主要用于储存本企业的物品，如原料、半成品、产成品等，为其生产或流通等经营活动提供支持。自营仓储的建设和管理均由本企业承担，具有高效可靠的优点，但成本相对较高。

2. 营业仓储

营业仓储是仓储经营人以其拥有的仓储设施，向社会提供仓储服务。它面向社会,以经营为手段,以盈利为目的,是一种专业仓储单位。与自营仓储相比,营业仓储的使用效率较高。第三方物流企业提供的仓储服务属于营业仓储。

3. 公共仓储

公共仓储是公用事业的配套服务设施,主要为车站、码头等公共交通枢纽提供配套仓储服务,主要目的是保证公共交通枢纽的货物作业和运输顺畅进行。对租用方而言,公共仓储也类似于营业仓储的服务形式,但其仓储费往往不单独收取,而是包含在运费中。

(二) 按仓储功能分类

1. 生产型仓储

生产型仓储为生产领域服务,主要为生产型企业提供储存、保管原材料、半成品、产成品及辅助用品等服务。

2. 流通型仓储

流通型仓储为流通领域服务,主要为流通型企业及公共交通枢纽提供原材料、半成品及产成品等的储存保管服务。流通型仓储一般储存期较短,追求周转效益。

3. 加工型仓储

加工型仓储是商品保管和加工相结合的仓储活动。仓储保管方可根据存货方的要求对货物进行一定的加工。现代仓储地点往往也是适宜加工的最佳地点。

(三) 按保管条件分类

1. 普通仓储

普通仓储一般是指不具备特殊保管条件的仓储形式,具有一般功能的保管场所和设施,自然通风,可常温保管普通物品。普通仓储设施设备和库房建造都较为简单,适用范围较广。

2. 专用仓储

专用仓储是指专门用来储存某一类型物品的仓储形式。部分物品因其特殊性质,在储存时需要在特殊的环境下专门保管,以避免发生不良的物理化学反应,保证物品质量不受损坏。常见的专用仓储有恒温恒湿仓储、冷藏仓储、冷冻仓储等。

3. 危险品仓储

危险品仓储主要是指为具有易燃性、易爆性、腐蚀性、有毒性和放射性等对人体或建筑物有一定危险的物资提供仓储服务的形式。这类仓储必须配备防火、防爆、防虫等专门设备,其建筑构造、库内布局均有特殊要求,且必须远离工厂和居民区。

三、仓储的作用

仓储作为社会生产各环节之间"物"的停滞，对国民经济的作用具有"两面性"，既有积极作用，也有消极作用。

(一) 仓储的积极作用

1. 维护商品的使用价值

仓储对在库商品进行储存、保管及控制，其基本要求是商品数量准确、质量完好。同时，还要针对每一种商品的自然属性，提供适当的储存环境，延缓商品在库期间发生质量损耗的速度，维护商品的使用价值。

2. 平衡供求关系

社会经济活动中，商品生产与消费一般不能完全同步，会存在时间上的差异。而供给和需求之间的时差矛盾，可通过仓储进行调节。当供给大于需求时，可将暂时过剩的商品存入仓库中，避免商品大量涌入市场导致跌价损失；而当需求大于供给时，则可调出仓库中的商品库存，满足社会需求，防止因货物短缺而哄抬物价。仓储可以平衡供求关系，维持正常的经济秩序。

3. 增加企业利润

企业进行仓储合理化管理，可以降低采购成本和生产成本、节约仓储管理成本，增加销售利润和企业利润。有了仓储做保障，企业在采购时可采用最佳订货批量，获取价格折扣，从而形成较低的采购成本；在生产中可以使生产计划更合理，实现均衡生产，避免临时增加员工或加班加点生产，从而降低生产成本；对仓储活动进行合理化管理，可以降低储存投入，在有利时机进行商品销售，增加企业利润。

(二) 仓储的消极作用

1. 导致企业管理成本上升

企业在仓库、货架等仓储设施设备的投资建设中须投入一定的资金，而商品的在库管理也需雇佣专职的保管人员及装卸搬运人员等，这样企业的仓储活动势必产生一定的成本费用，包括土地租赁费用、投资建设费用、人员工资福利等。而在库的原材料、半成品及产成品也会占用企业资金，导致企业产品成本及管理成本上升。

2. 造成在库商品的价值损失

商品在出入库过程中进行装卸搬运时有可能造成物理及化学损伤，会降低甚至失去商品的使用价值。存储期间的商品也可能因环境因素或自身性质造成商品质量变化(如挥发、老化等)，也会面临偷盗、鼠咬虫食等安全风险。除此之外，还会因错过有利的销售期而发生陈旧损失和跌价损失，造成质量衰减。

3. 导致企业机会成本增加

企业库存建设及商品库存会占用企业的流动资金，而仓储管理不当则会形成大量资金沉淀，企业将为这部分资金支付较高的贷款利息。然而，这部分资金如进行其他合理项目的投资则会产生更高的企业收益。一方面是高昂的贷款利息，一方面是收益损失，企业将面临较高的机会成本。

综上所述，仓储既有积极作用，也有消极作用。我们在物流管理中应采用合理的仓储管理方法，充分发挥其积极作用，尽可能避免或消除其负面影响，提升企业利润，增加国民经济收益。

四、仓储合理化

(一) 仓储合理化的标志

仓储作业微课

合理的仓储管理活动具有质量、数量、时间、结构、分布及费用六大标志，具体说明见表 3.2.1。

表 3.2.1　仓储合理化的六大标志

仓储合理化标志	说　明
商品质量标志	保证仓储商品的使用价值是仓储合理化的主要标志
商品数量标志	应采用科学的决策方法，制定出仓储商品合理的数量范围，仓储数量过大或过小，均会造成企业管理成本增加、利润降低
商品储存时间标志	商品储存时间往往用库存周转速度指标来反映；库存周转速度越快，商品储存时间就越短，反之周转速度越慢，储存时间则越长；商品储存时间应控制在一个合理的范畴，过长或过短都对企业经营管理不力
商品储存结构标志	相关性较强的商品之间的数量比例关系更能反映商品储存结构的合理性，它们之间应保持一定的合理比例
商品储存分布标志	不同地区商品储存数量的比例关系可以反映出这些地区市场需求及变化，应根据各地区市场需求满足程度来调整商品的储存分布，实现商品储存分布合理化
商品储存费用标志	商品储存费用包括仓储固定成本(如设施设备占用资金)和可变成本(如仓库运营成本)，可用这些费用的高低来判断仓储合理与否

(二) 仓储合理化的措施

1. 合理控制库存数量

为使库存数量在一定合理的范围内，库存控制管理必不可少。根据《物流术语》，库存控制，即存货控制，是指"在保证供应的前提下，使库存物品的数量合理所进行的有效管理的技术经济措施"。根据库存物品之间的关联程度，可将库存分为独立需求库存和相关需求库存两大类。独立需求库存控制可通过确定订货点、订货量及订货周期来进行。常见的方法有订货点法及经济订货批量法等。相关需求库存控制则可通过物流需求计划(MRP)系统、准时制生产(JIT)系统等进行。

2. 分类控制库存物品

库存物品种类繁多，品质各异，价值也不尽相同。为了使企业资源得到更有效的利用，使企业将管理的重点放在重点物品上，对库存物品进行分类管理是十分重要的。物品分类管理又称 ABC 管理法，根据《物流术语》，其定义是："将库存物品按照设定的分类标准和要求分为特别重要的库存(A)类、一般重要的库存(B)类和不重要的库存(C)类 3 个等级，然后针对不同等级分别进行控制的管理方法。"企业应用 ABC 管理法，针对重要性不同的物品，给予不同程度的管理，既能保证供应，又能节约订购和储存费用。

3. 实现"快进快出"，加速库存周转

库存周转速度加快，可加快资金周转，降低货损，提高仓库吞吐能力，降低仓储成本。企业及时准确地把握供求信息，将周转快的货物置于便于存取之处，可以加快周转、降低劳动消耗和仓储成本。此外，企业常见的加速库存周转的方法还有采用单元集装存储，建立快速自动化分拣系统等。

4. 采用"先进先出"的作业方式

"先进先出"的作业方式，可有效保证商品的储存周期不至于太长。传统机械式的货架中，贯通式货架、重力式货架等可将存货和取货进行分离，同时确保货物在货架通道中自行按序排队，确保先进的货物先被取出。"双仓法"可在两个货位中对同一货物进行轮换存取，适合库存量较大、资金占用不大的非重点管理物品。现代仓储管理中，多利用计算机存取系统，通过软件排序，实现"先进先出"与"快进快出"相结合，进一步降低仓储成本。

5. 采用现代化信息技术，优化仓储定位与监测

快速、准确地确定储存商品的位置，有利于节约劳动消耗、有效防止差错和提高作业效率。射频识别技术(RFID)和电子标签辅助拣货系统(CAPS)能准确、迅速地扫描并检索货物所在的位置，引导人员或系统进行拣货，大大提高了商品存取的速度并可减少差错。通过对储存商品的数量和质量进行及时监测，可掌握商品储存的实际情况。将条码技术、图像扫描技术、光电识别系统及计算机监控系统结合起来，可准确自动显示储存商品的数量及状态，用户只需登录计算机查询即可获取商品信息，大大降低了人工成本及差错率。

【思政园地】

做好防疫物资应急保障仓库"守库人"

河北省唐山市应急管理局全天候驻守防疫物资应急保障仓库。自疫情发生以来，23 名驻库"守库人"经手物资逾百万件，错误率为 0，保证了唐山市 3 个防疫物资仓库对各种应急防疫物资的平稳有序供应。

❖ 23 名机关人员在急建的 3 个应急库"守库"

"你好，都已经清点清楚了，请在入库单上签字"，唐山市防汛抗旱物资储备站副站长朱强将刚入库的 32 台热成像仪入库单开具好，开始办理相关的入库手续。他在面积最大的一个应急保障仓库负责开具物资接收入库单和出库单，这是他"守库"的工作之一。

朱强是唐山市应急管理局应急物资保障仓库的 23 名"守库人"中的一员。从大年初一开始，他就被抽调到刚成立的应急保障仓库。

疫情突发后，为了保障特殊时期全市防疫物资的平稳供应，在市委市政府的领导下，唐山市应急管理局迅速反应、积极应对、科学组织，根据全市疫情研判情况，决定紧急建立防疫物资仓库。他们毅然结束春节假期，从大年初一开始，就协调应急保障仓库的设立地点，并从局内抽调 23 名人员，由市应急保障组副组长、市应急管理局局长于兴维带队入驻应急保障仓库大库和 2 个医用物资库，负责库房的正常运营。23 名应急人迅速转换身份，化身为特殊时期的最忙"守库人"。

一处闲置已久的库房被确定为应急保障仓库。该局连夜对库房进行了清理，并迅速出台了《应急保障物资库房管理规定》《出入库单填写及相关注意事项》《应急保障物资支领程序》等一整套的规定和要求，所有的人员也兵分两路，驻守大库和 2 个医用物资库。

❖ 24 小时值守，保证物资收库、发放

虽然从事物资管理工作已 20 多年，朱强说，自己还是第一次遇见这么紧张又高强度的工作状态。除了对存放条件有特殊要求的医用物资，全市所有由发改委和工信部门采购的防疫物资都在朱强所工作的应急保障仓库内保存、管理、发放。为了保证物资的及时收库和发放，应急保障仓库要求必须是 24 小时值守。虽然制定了轮班值守的时间表，但所有人每天的工作时间都在 12 个小时以上，赶上物资多的时候，加班到后半夜也是常有的事。"所有运送来的物资都需要人力卸货，有一次到了 581 桶消毒酒精，全部都是我们一点点搬到库房的，别看库房不大，一天下来脚都能走出泡。"朱强说。

和应急保障仓库一样，驻医用物资库的 6 名驻库人员，要在 2 个医用物资库每天往返数十次。驻医用物资库负责人黄永乐介绍，6 名驻库人每三天就要轮一次夜班，有时候夜班一宿要跑三五趟，一次忙完至少得 1 个小时。位于华润唐山医药库和国药唐山医药库的两个仓库间大概有 5 分钟的车程，有时晚上遇到送物资或支领物资的情况，驻库人员的私车就成了值班拉人搬货的公车，赶上不会开车的，就要小跑着往返于两库之间。

平时没有收付物资的工作，3 个仓库还要随时进行库房清点。局长于兴维经常参加清点物资。为了保证不出丝毫差错，像口罩这样的物资都要一包一包数。

物资的收取和支领严格，审批也同样严谨。作为市应急保障组的副组长，于兴维负责对来支领物资的单位进行审核。一次一家单位来领物资，他敏锐地发现有的物资他们刚领过，最后只批给了他们实际需要的物资。

据统计，从 3 个物资仓库累计发放各类防护器材约 160 万件、各类生活物资100 余吨、医疗器械 153 台(套)，几无差错。

任务工单

编　号	3-2-1	知识点	ABC 管理法	日期	
姓　名					
任务要求	根据知识锦囊中 ABC 管理法知识点，回答任务情境中的问题				
任务目标	运用 ABC 管理法知识，优化企业仓储管理				

任务实施

一、计算每种商品的品种数及年耗用金额，并按年耗用金额从大到小排序：

序号	商品编号	品种数	年耗用金额
1			
2			
3			
4			
5			
6			
7			
8			
9			
10			

二、计算累计年耗用金额及累计百分比：

序号	商品编号	品种数	年耗用金额	累计年耗用金额	累计百分比
1					
2					
3					
4					
5					
6					
7					
8					
9					
10					

任务实施

三、根据累计百分比，确定商品所属类别：

序号	商品编号	累计百分比	类别
1			
2			
3			
4			
5			
6			
7			
8			
9			
10			

四、根据商品类别，制定相应的管理策略：

类别	商品编号	管理策略
A		
B		
C		

任务总结

续表二

编　号	3-2-2	知识点	经济订货批量	日期	
姓　名					
任务要求	学习知识锦囊 3-2-2 经济订货批量，回答问题 问题：某企业每年需要耗用 1000 件某种物资，现已知该物资的单价为 20 元，同时已知每次的订货成本为 5 元，每件物资的年储存费率为 20%，求经济订货批量、年订货总成本及年储存总成本				
任务目标	运用经济订货批量原理，确定企业独立需求库存的最佳订货批量				
任务 实施	D =　　　　　　　C =　　　　　　　P =　　　　　　　H =				
	经济订货批量的公式为：				
	求出任务企业经济订货批量：				
	年订货总成本公式为：				
	求出任务企业年订货总成本：				
	年储存总成本公式为：				
	求出任务企业年存储总成本：				
任务 总结					

任务评价

评价内容		自我评价	同学评价	老师评价
知识评价	能说出仓储的概念和分类			
	能理解仓储的积极与消极作用			
技能评价	能分析各种物流仓储的作用			
	能运用仓储管理的方法解决实际问题			
素质评价	树立社会主义核心价值观			
	具有不怕苦不怕累，踏实肯干的劳动精神			
	能查阅资料、整理总结，具备良好的学习能力			

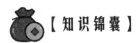 【知识锦囊】

知识锦囊 3-2-1　ABC 管理法　　　　　　知识锦囊 3-2-2　经济订货批量法

 【拓展资料】

数智化物流布局　助力打造"智惠"乡村

商务部表示,"十四五"时期,将把县城作为农村商业的切入点,强化县城的中心地位,发挥镇的重要节点功能。通过重点改造升级一批综合商贸服务中心和物流配送中心,强化县城综合商业服务能力。

2021 年 6 月 9 日,京东物流宣布在西藏地区正式落地首个大型智能物流仓,这也成为京东联合当地企业打造的"电子商务进农村综合示范整区推进项目"的核心基础设施。据悉,通过全渠道数智化农业生态布局,京东借助于农产品流通大平台,正持续向全产业链开放营销、数据、智能供应链、智能物流等核心能力,推动农业农村产业带经济数智化升级。

此外,拼多多也正通过建构"农货智能处理系统"+"轻仓储"模式,解决农产品物流链条长、中间环节多和两端收益低的问题。

在此次峰会上,菜鸟发布"繁星计划",宣布将加大投入乡村物流基础设施建设,助力乡村振兴,包括在 100 个农产品核心产区建设上行物流中心,让超过 500 个县城物流中心具有农产品上行物流服务能力。

"在菜鸟乡村体系中,我们正用一个更易被大家接受的服务标准、操作标准操作电商包裹。"菜鸟乡村事业部总经理熊健表示,随着共配网络持续扩大,随着快递进村整个体系不断丰满,公司通过智能化分拨中心和基于硬件设备创新等技术手段帮助末端网点在共配中心提升能效。经测算,配送中心操作效率将提升 10% 至 15%,站点操作效率将提升 30% 至 40%。

请思考:物流系统中的仓储功能可以单独存在吗?为发挥物流系统的最优效用,仓储管理需要跟哪些物流系统中的其他功能活动管理配合进行?

任务三　包　装　管　理

任务情境

茶叶是日常生活中的常见物品,具有非常强的吸附性和吸湿性,极易吸湿受潮而产生质变，或者吸附异味导致使用价值下降。如果茶叶保管不当，在水分、温度、湿度、光、氧等因子的作用下，会引起不良的生化反应和微生物的活动，从而导致茶叶质的变化。那么厂商在进行茶叶包装时，如何进行合理包装呢？

任务目标

学习本任务应当理解包装的概念及功能，了解包装分类，理解各种包装技法及其应用范围，掌握包装合理化措施，运用包装材料、技法及合理化相关理论知识，完成茶叶包装设计。

任务相关知识

包装是物流活动的基础。商品经过生产领域、流通领域、消费领域时，都需要与需求相适应的包装，才能以完整的质量和数量来满足消费目的。在生产及流通过程中，包装都具有特殊的地位。它位于生产的终点和社会物流的起点，贯穿整个流通过程。

一、包装的概念

包装是物流系统的功能要素之一。国家标准《物流术语》(GB/T 18354—2021)对包装的定义是："为在物流过程中保护产品，方便储运，促进销售，按一定技术方法而采用的容器、材料及辅助物等的总体名称。也指为了上述目的而采用容器、材料和辅助物的过程中施加一定技术方法等的操作活动。"

根据定义，包装具有静态和动态两层含义。静态含义是指能合理容纳物品、保护商品、促进商品销售的物体，如包装容器。动态含义是指采用一定技法包装商品的工艺操作过程。

物流系统中各功能要素均与包装有关，物流也受到包装的制约。应从物流系统整体角度出发，对包装进行合理化管理，从而优化包装、提升物流系统效益。

二、包装的功能

根据包装的定义，包装主要有保护产品、方便储运以及促进销售三大功能。商品包装往往同时具备这三大功能，但其功能侧重点不同。

(一) 保护产品

包装的保护产品功能是指，包装能起到防止产品在流通过程中受到质量和数量上的损失的作用，主要体现在以下三个方面。

1. 保护产品不受机械损害

适当的包装材料、包装容器和包装技法，能保护商品在运输、装卸、堆放过程中受到颠簸、冲击、震动、碰撞、摩擦、翻滚、跌落(如由于操作不慎造成包装跌落)时不受损伤，不发生变形、渗漏和挥发，防止物资的散失和丢失。此外，在库房进行储存堆码时，包装也能减少最底层货物承受的堆压等外界作用力，保护商品质量不受损害。

2. 保护产品不受环境损害

商品包装能在一定程度上起到阻隔水分、潮气、光线及空气中各种有害气体的作用，能保证商品在流通和储存过程中抵御外界温度、湿度、风吹、雨淋、日晒、尘埃、化学气体等不良因素带来的危害，保护商品在流通中的安全，不发生物理、化学、生物学变化，确保产品质量和数量。

3. 保护产品不受鼠咬虫食

鼠、虫及其他有害生物对产品有很大的破坏性，适宜的包装具有有效的隔离作用，能阻止生物侵害，保护商品不发生鼠虫啃食、霉烂等变质现象。

(二) 方便储运

在物流活动全过程中，合理的包装会为商品所经过的流转环节提供巨大的方便，从而提高物流活动的效率和效果。商品包装的方便储运功能主要体现在以下两个方面。

1. 方便储存保管

从商品验收的角度看，产品包装的组合化、定量化对于节约验收时间，加快验收速度也起到了十分重要的作用；从搬运的角度看，商品出入库时，包装的标准化规格尺寸，可以更便捷地使用装卸搬运设备，提高出入库效率；从堆码的角度看，结实、标准化的商品包装能够承受一定压力，便于商品堆码并可达到一定的安全高度，能够充分利用库房容积；从商品在库保管的角度看，商品包装便于维护商品本身的使用价值，并且包装的文字及图案标志使仓库的设施设备更方便识别，便于分拣和盘点。

2. 方便运输

包装的规格、形状、重量的性质与货物运输关系密切。标准化的包装与运输载体的货仓更具吻合性，也更有利于装卸搬运设施设备的使用，提高了运输效率。包装上的分类标志和收发货标志等便于商品快速准确装运，安全准时地到达目的地。

(三) 促进销售

合理的商品包装能起到指导消费、激发消费者购买欲望的作用。

1. 指导消费

商品包装上的文字及图案，介绍了商品的名称、品牌、性能、用途、规格、数量、产地、保质期、使用方法、注意事项、生产厂家和经销商等信息。商品包装充分传达了商品信息，有利于销售企业分类陈列商品，也有利于消费者更快速地找到目标商品、了解并比较商品，从而起到指导消费的作用。

2. 激发消费者购买欲望

精美的商品包装，特别是独特富有创意的包装造型、色彩、文字和图案，能刺激消费者的感官，引起消费者共鸣，激发消费者的购买欲望。同时，便于提携、消费使用和回收再利用的商品包装也深受消费者青睐，容易吸引"回头客"，引起较为持续的购买行为。

三、包装的分类

为了适应多种商品的不同特性，以及运输工具和装卸搬运工具的多种尺寸，商品包装在形态、材质、技法上出现了多种变化，从而导致现代商品包装种类繁多、复杂多样。按照不同的分类标准，包装可分为多种类别。

(一) 按包装在流通中的作用分类

按包装在流通中的作用，可将其分为工业包装和商业包装。工业包装又称运输包装，是指以满足运输、仓储要求为主要目的的包装(GB/T 18354—2021)，在商品流通过程中，起到方便货物装卸搬运、运输和储存保管，提高物流作业效率，保护产品的作用。工业包装一般结构坚固、外形规则、实用性强、包装费用低廉，如图3.3.1所示。

商业包装又称销售包装，是指与商品一同销售，以促进销售为主要目的的包装。商业包装一般外形美观、商品信息丰富、包装单位适于零售购买和携带、便于柜台陈列，如图3.3.2所示。

图3.3.1　工业包装　　　　　　　　　图3.3.2　商业包装

(二) 按包装的层次分类

按包装的层次可将其分为个包装、中包装和大包装。个包装又称小包装，是指一个商品为一个销售单位的包装形式。个包装直接与商品接触，在生产中与商品装配成一个整体，以销售为主要目的，一般随同商品销售给顾客。个包装起着直接保护、美化、宣传和促进商品销售的作用。常见的个包装如图3.3.3所示。

中包装又称内包装，是指若干个单体商品或包装组成一个小的整体包装。它是介于个包装与外包装的中间包装。中包装属于销售包装，在销售过程中，一部分随同商品出售，一部分则在销售中被消耗掉。在商品流通过程中，中包装起着进一步保护商品、方便使用和销售的作用，方便商品分拨和销售过程中的计量和陈列，方便包装组合等。常见的中包装如图 3.3.4 所示。

图 3.3.3　个包装　　　　　　　　　　　　图 3.3.4　中包装

外包装又称工业包装或大包装，是指商品的最外层包装。在商品流通过程中，外包装起着保护商品、便运输、装卸和储存等方面的作用。常见的外包装如图 3.3.1 所示。

(三) 按包装使用的次数分类

按使用的次数，包装可分为一次用包装、多次用包装和周转用包装。一次用包装是指只能使用一次，不再回收复用的包装。常见的一次用包装有一次性蔬果盒等，如图 3.3.5 所示。多次用包装是指回收后经适当的加工整理，仍可使用的包装，如塑料制手提蛋糕包装盒等，如图 3.3.6 所示。周转包装是指工厂和商店用于固定周转多次复用的包装容器，如周转箱等，如图 3.3.7 所示。

图 3.3.5　一次用包装　　　　　图 3.3.6　多次用包装　　　　　图 3.3.7　周转用包装

(四) 按包装材料分类

包装的材料丰富多样。根据包装材料，包装可分为纸质包装、塑料包装、木质包装、金属包装、玻璃包装、天然野生材料包装、复合材料包装等。

纸质包装因其成本低、能制成各种形状、便于印刷、具有适宜的强度、对环境无害等优点，应用十分广泛。

塑料包装的优点有质轻、抗震防潮、防锈蚀、易加工等，也是商品常用的包装类型。

复合材料包装是用两种或两种以上不同的材料复合在一起而制成的包装材料进行包装。复合材料主要有纸与塑料、塑料与铝箔以及纸和塑料与铝箔、塑料与木材、塑料与玻璃、纸与金属等。复合材料具备不同材料的优良性能，使包装材料具有更好的机械性能、气密性、防水、防油、耐热或耐寒性，是现代包装材料的一个发展方向。图 3.3.8 为利乐包，是饮料、牛奶和酸奶的常用复合

利乐包介绍

包装技法微课

材料包装形式。

图 3.3.8　利乐包

四、包装的技法

商品包装技法是指商品包装时采用的技术和方法。包装技法与包装的各种功能密切相关，尤其与保护产品的功能关系密切。采用合理的包装技法，可以有针对性地保护不同特性的商品质量。常用的包装技法有很多，本章将重点介绍缓冲技法、防潮技法、真空技法、充气技法、脱氧技法和无菌技法，其余常见的包装技法可参见包装技法微课的视频内容。在进行商品包装时，为了取得更好的保护效果，有时也将两种或两种以上的技法组合使用。

(一) 缓冲技法

缓冲包装是指为了减缓商品受到冲击和震动，确保其外形和功能完好而设计的具有缓冲减震作用的包装，也称为防震包装。一般的缓冲包装有三层结构，即内层商品、中层缓冲材料和外层包装箱。缓冲材料在外力作用时能有效地吸收冲击力，及时分散作用力而保护商品。

(二) 防潮技法

防潮包装是采用具有一定隔绝水蒸气能力的材料，制成密封容器，运用各种技法阻隔水蒸气对内装商品的影响。防潮包装适用于易受潮湿影响，不允许或限制允许含有水分的制品，如医药品、食品、皮革、纤维制品等。在防潮包装材料中金属和玻璃最佳，塑料次之，纸板、木板最差。防潮包装的基本方法有：在内装物外面包裹防潮纸、塑料薄膜等；在包装容器内壁加衬防潮纸、塑料薄膜等；采用密封包装容器，容器内预先排湿，抽成真空或充气、放干燥剂等。

(三) 真空技法与充气技法

真空技法即将食品装入包装袋，抽出包装袋内的空气，达到预定真空度后，完成封口工序。真空技法的主要作用是除氧，使好氧型微生物失去氧气而无法生存，从而起到防止商品变质的作用。

充气技法在国外称 MAP 或 CAP，是采用二氧化碳气体或氮气等不活泼气体置换包装容器中的空气的一种包装技术，因此也称为气体置换包装。这种包装方法是根据好氧性微生物需氧代谢的特性，在密封的包装容器中改变气体的组成成分，降低氧气的浓度，抑制微生物的生理活动、酶的活性和鲜活商品的呼吸强度，达到防霉、防腐和保鲜的目的。

在食品的包装中，常综合使用真空和充气技法，形成真空充气包装。真空充气包装即把食品装入包装袋，抽出包装袋内的空气达到预定真空度后，再充入氮气或其他混合气体，然后完成封口工序。真空充气包装的主要作用有除氧、抗压、阻气、保鲜等，能更有效地使食品长期保持原有的色、香、味、形及营养价值。采用真空充气包装的食品有松脆易碎食品、易结块食品、熟食类食品、有尖锐棱角的食品等。图 3.3.9 所示为面包的真空充气包装。

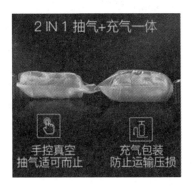

图 3.3.9　面包真空充气包装

(四) 脱氧技法

脱氧包装技术是继真空包装和充气包装之后出现的一种新型除氧包装技术。脱氧包装是在密封的包装容器中，使用能与氧气起化学作用的脱氧剂，从而除去包装容器中的氧气，以达到保护内装物的目的。脱氧包装技术适用于某些对氧气特别敏感的物品，包装形式如图 3.3.10 所示。

图 3.3.10　食品脱氧包装

(五) 无菌技法

无菌技法是将产品、容器、材料或包装辅助物灭菌后，在无菌的环境中进行充填和密封的一种包装技法。无菌技法在医疗用品包装中广泛使用，它的主要作用有以下几个：阻隔微生物，防护产品来自外界的伤害；保持产品的无菌性和完整性直到产品被使用；易于开启和无菌传递；明确标识产品、产品信息与警示。无菌医疗包装是无菌医疗器械的一个关键的且不可分割的组成部分，是无菌医疗器械及医患人员安全的基本保证。有效的无菌包装系统是确保医疗器械的安全性与有效性，减少医疗相关性感染的发生，保护患者与医护人员的健康与生活的第一道防线。图 3.3.11 为医用外科口罩无菌包装。

图 3.3.11　医用口罩无菌包装

五、包装合理化

包装合理化是指在包装过程中使用适当的材料和技术，制成与物品相适应的容器，节约包装费用，降低包装成本，既满足包装保护商品、方便储运、有利于销售的要求，又要提高包装的经济效益的包装综合管理活动。目前，包装合理化正朝着适应化、标准化、绿色化、智能化的方向发展。

(一) 适应化

合理的商品包装应适应商品特性，采用与之相适应的包装材料和技术，使包装符合商品性质的要求。包装容器也要与内装商品相适应，包装费用应与商品相吻合，避免过分包装。包装还要适应运输条件，能确保商品在流通过程中的安全，根据不同的运输方式，选择利用相应的包装容器和技术。

(二) 标准化

包装标准化是针对包装质量及其相关方面，由一定的权威机构所发布的统一规定。对商品包装的包装容重、包装材料、结构造型、规格尺寸、封装方法等加以统一规定，进行标准化包装，形成集装化、系列化和通用化，有利于提高包装生产率，便于被包装商品的识别和计量，也利于节约材料、降低成本，保证包装质量和商品安全。

(三) 绿色化

合理的商品包装要做到绿色、环保。材料、容器和技术对商品、消费者和环境而言，都应当是安全的、卫生的、绿色的；在选材和制作上，需遵循可持续发展规律，能实现节能、低耗、高功能、防污染、可持续性回收利用、安全降解等。

(四) 智能化

物流信息化的一个重要基础就是包装智能化。智能包装通过对包装材料的更新换代升级、包装结构的改造、被包装物信息管理的整合，实现被包装物的人性化及智能化的要求、目的或效能。智能包装的开发可涉及保鲜技术、水溶膜包装技术、二维码技术、包装性与结构创新技术、便携包装技术、纹理防伪技术、磁共振射频防伪识别技术、食品安全溯源方案技术等。利用这些先进技术，智能包装几乎可应用于所有的产品领域，包括电子产品、食品、饮料、医药、生活用品等领域，为产品保护、服务、信息等方面提供强大的帮助。

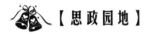 【思政园地】

打造中国包装诚信　圆我包装强国之梦

上海国际包装·印刷城，位于上海市普陀区西北综合物流园区的中心地段，是我国目前唯一的包装印刷综合产业基地，中国第一个包装印刷中央商务区行业CBD，也是我国包装行业为迎接全球化打造的战略平台。

自觉讲诚信，这对一个企业来说是难能可贵的。在上海国际包装·印刷城运营之初，就把以前在温州的创业精神带过来，对员工言传身教，把诚信作为做人做事的宗旨。

为了让上海国际包装·印刷城成为行业"品牌航母"，在设计阶段就曾数易其稿，着眼长远规划。在破土动工时，上海国际包装·印刷城商住楼二层以上原来与业主协定的是砖混结构，但那样的话，不符合现代办公的个性化要求，因此该公司主动改工程为全框架，这一举措意味着该公司放弃的利润就是一千万，但保有了诚信这块金字招牌。包装企业要以质量和服务说话，诚信才是真正的包装，是包装界真正的包装。

该企业让利土建总造价的 1%，共计 100 万元人民币作为各施工标段施工质量、安全、进度的奖励基金，分 6 次对工程的基础、构架、装饰等施工阶段进行考核评奖，开展创优夺杯的竞赛活动，力争白玉兰奖，以保证工程质量符合中国包装印刷综合产业基地和中国包装印刷行业 CBD 的品牌要求。

上海国际包装·印刷城在发展中不断完善，与世界先进的管理与服务接轨，也意味着其正在全力打造中国包装诚信品牌。今天所做的一切努力，都在表达一个美好的愿望：让中国从一个举世公认的包装大国转变成举世公认的"包装强国"。

学 中 做　　做 中 学

▶任务工单

编　号	3-3-1	知识点	包装材料、技法、包装合理化	日期	
团队成员姓名					
任务要求		结合任务情境，选择一种类型的茶叶，以团队形式查阅资料并讨论，判断茶叶的商品特性及储运条件，选择适合的包装材料、容器及包装技法，制定茶叶的包装形式，并完成任务总结			
任务目标		运用包装材料、技法及合理化相关理论知识，完成茶叶包装设计			

任务实施	茶叶类型		绿茶( )　红茶( )　黄茶( )　黑茶( ) 白茶( )　乌龙茶( )　花茶( )　药茶( )
	该类型茶叶的商品特性		
	该类型茶叶的储运要求		
	选择合适的包装材料	选择包装材料	
		选择该材料的理由	
	选择合适的包装容器	选择包装容器	
		选择该容器的理由	
	采用合适的包装技法	采用的包装技法	
		采用该技法的理由	
	描述茶叶包装设计方案		
	分析该茶叶包装的益处		
任务总结			

▶任务评价

评价内容		自我评价	同学评价	老师评价
知识评价	能说出包装的概念及分类			
	能理解包装的技法及适用范围			
	能掌握包装的合理化措施			
技能评价	能分析各种包装材料、包装技法的利弊			
	能运用包装的理论知识设计实际商品的包装方案			
素质评价	树立适度、环保、创新的包装观念			
	树立敬业、诚信的社会主义核心价值观			
	具有团队精神，精益求精的品质			

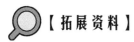【拓展资料】

电子纸开启智能包装新时代

继智能型手机平板电脑，智能手环后，包装已成为互联网、物联网向智能化方向进一步纵深拓展的重要组成部分。在此趋势下，电子纸显示技术的普及开启了以物联网为基础的新型产品应用和商务模式。

智能化包装与互联网的结合，可利用云端存储、云计算、大数据分析等技术，带领商品进入智能化生产，并通过实时信息采集实现从检测、追踪到智能验货等自动化流程，营造出新的价值链和生态圈。此模式通过提供个性化需求服务，提升产品的附加价值，从而构建新型产业链商业模式，是目前整个包装行业的大势所趋。

即使是在当前集成成本仍然偏高，给广泛使用带来一定限制的不利环境下，大量的实例证明通过嵌入式 RFID 智能包装的整合，能够实现对单一产品进行管理和跟踪的功能，从而给供应链产业带来巨大的利益。为此 E Ink 开发出一套监控时间/温度的显示器模组，搭配 RFID，可监控产品在整个供应链过程中所经历的环境温度变化，如图 3.3.12 所示。E Ink 显示模组可提供关于产品暴露温度的不可逆记录，同时通过电子纸屏幕显示出来，从而实现来对温度敏感的产品，如药物、疫苗、医疗诊断套组、血液、血液产品及人工晶体等产品的监控。E Ink 的时间/温度监控显示器模组不需要额外的阅读机器便可提供即时警讯资讯，显示画面时不须消耗任何电力，且于阳光下依旧清晰可读。

E Ink 推出智能型药盒电子纸显示器模组，可用于用药提醒与自动化用药记录管理。E Ink 的电子纸显示器模组可将上一次用药时间记录显示于药盒上，并按照预设时间通过药盒上的显示器模组自动提示下次服药的时间，如图 3.3.13 所示。用药记录储存在 IC 卡内建的存储器中，可经由无线传输技术将服药记录回传到医院的远端健康管理系统，实现远距医疗，云端照顾的愿景。

图 3.3.12　E Ink 监控时间/温度的显示器模块　　　图 3.3.13　E Ink 用药记录显示器模块

最后，智能化包装在行销部分，为了突显产品客制化以及差异化优势，透过 QR code 和 NFC 与消费者的智能手机结合来提供虚拟互动的行销内容，已是品牌业者逐渐采用的包装应用模式。其目的是透过智能包装将用户与品牌产品做最直接的联系，提升品牌产品用户黏度。

请思考：现代包装的智能化发展有哪些领域？你能介绍一到两项最新的智能化包装吗？

任务四　装卸搬运管理

任务情境

　　某企业由于搬运设备的现代化程度低，只有几个小型货架和手推车，大多数作业仍处于人工作业为主的原始状态，工作效率低，且物品易损坏。另外，仓库设计得不合理，造成长距离的搬运，并且库内作业流程混乱，重复搬运情况严重到大约有 70% 的无效搬运。多次的搬运，既损坏了商品，也浪费了时间。那么，应当如何改进该企业的装卸搬运活动呢？

任务目标

　　学习本任务应当理解装卸搬运的概念及作用，了解装卸搬运的类别，理解装卸搬运活性，掌握装卸搬运作业的内容及方法，掌握装卸搬运的合理化措施，运用本任务理论知识提出针对案例企业装卸搬运环节的优化对策。

任务相关知识

　　在物流活动中，装卸搬运本身并不产生新的价值，但它是物流活动各环节的桥梁和纽带，装卸搬运作业在物流活动中占有较大比重。

一、装卸搬运的概念

　　装卸搬运是物品装卸和物品搬运两项作业的统称。根据《物流术语》(GB/T 18354—2021)，装卸是指"在运输工具间或运输工具与存放场地(仓库)间，以人力或机械方式对物品进行载上载入或卸下卸出的作业过程"，而搬运是指"在同一场所内，以人力或机械方式对物品进行空间移动的作业过程"。装卸指物品在指定地点进行以垂直移动为主的作业，而搬运是指物品在同一场所内进行水平移运动为主的作业。搬运的"运"与运输的"运"的区别之处在于，搬运是在同一地域的小范围内发生的，而运输则是在较大的范围内发生的，两者之间并无一个绝对的界限。

　　通常，物流领域将装卸搬运这一整体活动称作"货物装卸"，而在生产领域中将其称之为"物料搬运"。在实际操作中，装卸与搬运是密不可分的，因此，在物流科学中并不过分强调两者的差别而是将其作为一种活动来对待。

　　在物流过程中，装卸活动作为各个物流环节的衔接，是不断出现和反复进行的，它出现的频率高于其他各项物流活动，且装卸活动所消耗的人力也很多，因此，装卸费用在物流成本中所占的比重也较高。以我国为例，铁路运输的始发和到达的装卸作业费用大致占运费的 20% 左右，在船运中占 40% 左右。对装卸搬运

装卸搬运微课

进行合理的组织设计和操作管理，有利于降低物流成本，减少物流过程的损耗，提升物流系统的效益。

二、装卸搬运的作用

(一) 装卸搬运在物流活动中起衔接和支持作用

装卸搬运作为物流系统的功能要素之一，是衔接其他物流主要环节的桥梁。例如，运输、保管、包装和流通加工等物流环节，都是靠货物的装上卸下、移送和分类等装卸搬运活动连接起来的。物流的各个活动之间或者同活动的不同阶段之间，都必须有装卸搬运作业进行衔接。正是由于装卸搬运把物流的各个环节连接成为连续的流，才使物流过程真正浑然一体。

装卸搬运对其他物流活动起到支持作用，影响着其他物流活动的质量和速度。例如，装车不当会引起运输过程中的损失；卸放不当会引起货物在下一阶段活动的困难。许多物流活动只有在高效的装卸搬运支持下才能实现高效率，从而保障生产经营活动的顺利进行。高效的物流活动要求安全、可靠、及时的装卸搬运服务来进行支持。

(二) 装卸搬运是生产和流通领域的重要组成部分

装卸搬运是生产和流通领域中不可或缺的部分，并且对生产和流通的效率有制约作用。生产领域的装卸搬运必须与生产活动的节拍一致，因为均衡是生产的基本原则，所以生产领域的装卸搬运作业也必须是均衡、稳定和连续的，否则会严重影响生产的节奏。而流通领域装卸搬运的作业对象是随机的，货物品种、形状、尺寸、重量、体积、包装、性质等千差万别；作业时间的波动性、突发性也较强。这就要求流通领域的装卸搬运作业能适应多变的作业对象及作业时间，否则将影响流通作业效益。

(三) 装卸搬运是提高物流系统效益的关键

在物流系统活动中，装卸搬运活动是频繁发生的，因而装卸搬运活动的成本是影响物流效益的重要因素。随着工业生产规模的扩大和自动化程度的提高，物料搬运费用在工业生产成本中所占的比例越来越大。据有关资料统计，每生产 1 吨的产品，往往需要 252 吨次的装卸搬运，其成本为加工成本的 15.5%。美国工业产品生产过程中的装卸搬运费用占成本的 10%～30%，德国企业物料搬运费用占其营业额的 1/3，日本物料搬运费用占国内生产总值的 10.73%。合理选择装卸搬运方式及设备，尽可能减少装卸搬运次数，避免商品损失，是降低装卸搬运成本，提高物流系统效益的关键。

三、装卸搬运的类别

(一) 按照使用的物流设施设备分类

按照物流设施、设备不同，装卸搬运可分为铁路装卸、港口装卸、汽车装卸、仓库装卸以及车间装卸等。

(1) 铁路装卸。铁路装卸是指对火车车皮进行装进及卸出，其特点是一次作业就能实现一车皮货物的装进或卸出，很少有像仓库装卸时出现的整装零卸或零装整卸的情况。

(2) 港口装卸。港口装卸包括码头前沿的装船，也包括后方的支持性装卸搬运。有的港口装卸还采用小船在码头与大船之间"过驳"的办法，因而其装卸的流程较为复杂，往往经过几次装卸及搬运作业才能最后实现船舶与陆地之间货物过渡的目的。

(3) 汽车装卸。汽车装卸即对汽车进行的装卸作业。由于汽车装卸批量不大，加上汽车具有机动灵活的特点，因而可以减少或省去搬运活动，直接利用装卸作业达到汽车与物流设施之间货物过渡的目的。

(4) 仓库装卸。仓库装卸是指在仓库、堆场、物流中心等处所进行的装卸搬运作业，如堆垛拆垛作业、分拣配货作业、挪动移送作业等。

(5) 车间装卸。车间装卸搬运是指在企业车间内部各工序之间进行的各种装卸搬运活动，一般包括原材料、在制品、半成品、零部件、产成品等的取放、分拣、包装、堆码、输送等作业。

(二) 按装卸对象集散程度分类

按装卸搬运集散程度，装卸搬运可分成散装货物装卸、单件货物装卸和集装货物装卸等。

(1) 散装货物装卸。散装货物装卸是对煤炭、建材、矿石等大宗物资，以及谷物、水泥、化肥、食糖等物资采用的装卸。

(2) 单件货物装卸。单件货物装卸是对具有箱、袋等包装形态的物品进行人工单件、逐件装卸搬运的方式。

(3) 集装货物装卸。集装货物装卸是指将物资通过托盘、集装箱等工具先行集装，再对集装件进行装卸的方式。

(三) 按装卸搬运作业方式分类

按装卸搬运作业方式的不同，装卸搬运可分为吊上吊下、叉上叉下、滚上滚下、移上移下和散装散卸五种类别。

(1) 吊上吊下方式。该方式采用各种起重机械从货物上部起吊，依靠起吊装置的垂直移动实现装卸，并在吊车运行的范围内或回转的范围内实现搬运，或依靠搬运车辆实现小范围搬运。由于吊起及放下属于垂直运动，这种装卸方式属垂直装卸。

(2) 叉上叉下方式。采用叉车从货物底部托起货物，并依靠叉车的运动进行货物位移，搬运完全靠叉车本身，货物可不经中途落地直接放置到目的处。这种方式垂直运动不大，而主要是进行水平运动，属水平装卸方式。

(3) 滚上滚下方式。利用叉车或半挂车、汽车承载货物，连同车辆一起滚装上船或上车，到达目的地后再从车船上开下，称"滚上滚下"方式。滚上滚下的装卸搬运方式主要应用在港口装卸中，是一种水平装卸方式。它需要有专门的船舶，即为滚装船(见图 3.4.1)，对港口、码头也有不同要求。

(4) 移上移下方式。在两车之间(如火车及汽车)进行靠接，然后利用各种方式，不使货物垂直运动，仅靠水平移动从一个车辆上转移到另一车辆上，称移上移下方式。移上移下方式需要使两种车辆水平靠接，因此，对站台或车辆货台有特殊要求，并配合移动工具(如图 3.4.2)实现这种装卸。

图 3.4.1　滚装船　　　　　　图 3.4.2　固定式液压装卸台

(5) 散装散卸方式。散装散卸方式是对煤炭、矿石、水泥、化肥等散装货物进行装卸，一般从装点直到卸点，中间不再落地。这是集装卸与搬运于一体的装卸方式。散装散卸常用的具体作业方法有重力法作业、倾翻法作业以及气力输送法作业。

四、装卸搬运作业

(一) 装卸搬运作业的内容

装卸搬运作业的内容主要有装卸、搬运、分拣、堆码和配货五个方面。

(1) 装卸作业，将货物装上货运汽车、铁路货车、货船、飞机等运输工具或从运输工具上卸下的作业活动。

(2) 搬运作业，对物品进行短距离的移动，包括水平、垂直、斜行搬运或组合几种方式的搬运移动活动。

(3) 分拣作业，将物品按品种、出入库先后顺序进行分门别类堆放的作业活动。

(4) 堆码作业，是在货物分拣之后，将物品从预先放置的场所移送到运输工具或仓库内的指定位置，再按要求进行码放、堆垛等作业的活动。

(5) 配货作业，是把分拣出来的物品按规定的配货分类要求集中起来，然后批量移动到分拣场所指定位置的作业活动。

(二) 装卸搬运作业方法

根据装卸搬运对象的不同，装卸搬运可分为单件作业、单元作业和散装作业，其作业方法各有不同。

1. 单件装卸搬运作业

单件装卸搬运是指对非集装按件计的货物逐个进行装卸操作的作业方法。单件作业对机械装备、装卸条件要求不高，机动性较强，可在很广泛的地域内进行而不受固定设施、设备的地域局限。

单件作业可采取人力装卸、半机械化装卸及机械装卸，由于反复作业次数较多，容易出现货损。单件作业适用于体积过大、形状特殊、具有特殊属性的单件货物，以及多种类、少批量的包装杂货。

2. 单元装卸

单元装卸是指"用托盘、容器或包装物将小件或散装物品集成一定质量或体积的组合件，以便利用机械进行作业的装卸方式"(GB/T 18354—2021)。单元装卸是把多件单件物品集中起来作为一个运送单位，即集装单元，放置在集装设备上进行机械装卸的作业方式。单元装卸一次作业装卸量大，装卸速度快，装卸时基本不接触货体，可以提高装卸搬运效率，减少装卸搬运损失，节省包装费用，提高客户服务水平。

根据使用的装载工具，可以将单元装卸划分为托盘物品装载、全程托盘物品装载和集装箱物品装载三种方式。托盘物品装载是将多个单件物品集中在托盘上作为运送单位的单元装卸方式。全程托盘物品装载是指从发货地至目的地的整个物流过程全部采用托盘进行物品装载的作业方式，即物品在全程物流过程中一直装放在托盘上进行装卸、搬运和保管。采用该方式可以缩短装卸作业时间，防止物品破损，降低物流成本，同时，也易于实现装卸作业的标准化、机械化和自动化。集装箱物品装载是指把一定数量的单件物品集装在一个特定的箱子内作为一个运送单元进行一系列运输、保管、装卸的作业方式。与托盘物品装载方式相比，该方式易于实现各种形状物品的集装化。这种广泛使用的物品装载方式通常包括整箱货装箱和拼箱货装箱两种装箱方式。

3. 散装作业

散装作业是指对大批量粉状、粒状货物进行大包装散装、散卸的装卸方法。装卸可连续进行，也可采取间断的装卸方式，但是都需采用机械化设施、设备。散装作业方法主要有气力输送装卸、重力装卸和机械装卸等。

五、装卸搬运合理化

(一) 装卸搬运合理化目标

装卸搬运合理化的目标主要有距离短、时间少、耗力省、费用小、质量高。

(1) 距离短。装卸搬运的距离越短越好。距离越长，费用就越高；距离越短，费用就越低。

(2) 时间少。装卸搬运时间是指货物的装卸搬运从开始到完成所经历的时间段。如果能压缩装卸搬运时间，就能大大提高物流速度，及时满足客户的需求。

(3) 耗力省。装卸搬运需要消耗动力和人力，而人力成本往往高于自动化机械耗能成本。在装卸搬运中，应对其进行合理规划，尽可能减少搬运次数，减小动力和人力消耗；同时，尽可能多地采用自动化机械设施设备，节约人力消耗，降低人工费用。

(4) 费用小。合理规划装卸搬运工艺，提高装卸作业的机械化程度，尽可能实现作业连续化，进而显著降低装卸搬运成本。

(5) 质量高。高质量的装卸搬运作业，意味着按要求将一定数量、品种的货物安全及时地装卸搬运到指定位置。这是装卸搬运合理化的最终目标，也是提供优质物流服务的关键内容。

(二) 装卸搬运合理化途径

1. 消除无效装卸搬运

无效装卸搬运不能增加物品的实用价值，反而会增加物品破损的可能性，因此要尽可能予以消除。例如，尽量减少装卸搬运次数，尽可能缩短搬运距离，以减少人力、物力的浪费和货物破损的可能性；实现包装的轻型化、实用化，避免过度包装，减少无效负荷；努力提高被装卸物品的纯度，对有些货物可去除杂质后再进行装卸搬运；充分发挥装卸搬运机械设备的能力和装载空间，中空的物件可填装其他物品后再进行装卸搬运；采用集装方式，进行多式联运，避免单件货物的反复装卸搬运。

2. 实现集装单元化

将散放物品规整为统一格式的集装单元(如托盘、集装箱、集装袋等)，称为集装单元化。这是实现装卸搬运合理化的一个重要途径。实现集装单元化具有以下作用：一是由于搬运单位变大，可以充分发挥机械的效能，提高搬运作业效率；二是单元化装卸搬运方便灵活；三是负载大小均匀，有利于实现作业标准化；四是有利于保护被搬运物品，提高装卸搬运质量。

3. 选择高效的机械化设备

在进行装卸搬运作业时，尽可能采用高效率的机械化、自动化设备，改善装卸搬运条件，提高装卸搬运效率。装卸搬运机械设备大多在以下情况使用：超重物品的搬运；搬运量大、耗费人力多或人力难以操作的物品搬运；粉体或液体的物料搬运；速度太快或距离太长，人力不能胜任的物品搬运；装卸作业高度差太大，人力无法操作的物品搬运。今后，即使在人可以操作的场合，为了提高生产率、安全性、服务性和作业的适应性，也应将人力操作转变为借助机械化设备来实现。同时，要通过实现集装单元化形成机械设备最合理的装卸搬运量，使机械设备能充分发挥效能，达到最优效率，实现规模化装卸搬运。

4. 提高装卸搬运活性

物品进行搬运装卸作业的方便性以装卸搬运活性表示。物品所处的状态不同，其活性就不一样，即装卸搬运的难易程度。如果货物所处的状态不需要经过过多的准备工作就能很容易转变为下一步的装卸搬运，那么它的活性就高；反之，活性则低。通常，活性指数分为0~4共五个等级。散放在地上的货物要运走，需经过集中(装箱)、搬起(托盘堆码)、升起(装车)、运走(搬运)四次作业，作业次数最多，最不易装卸搬运，因此它的活性指数最低，为 0；集中存放在箱中的货物，只有进行后三次作业才可以运走，装卸搬运作业较方便，其活性指数为 1；货物装箱后处于堆码在托盘上的状态，其活性指数为 2；货物处于装在无动力车上的状态，其活性指数为 3；而处于运行状态的货物，因为不需要进行其他作业就能运走，其活性指数最高，为 4，具体如表 3.4.1 所示。

表 3.4.1　装卸搬运活性指数

放置状态	需要进行的作业				活性指数
	集中(装箱)	搬起(托盘堆码)	升起(装车)	运走(搬运)	
散放在地面上	√	√	√	√	0
成批或置于容器内(装箱)	×	√	√	√	1
集装化(托盘堆码)	×	×	√	√	2
置于搬运机械上	×	×	×	√	3
处于搬运动态	×	×	×	×	4

5. 从物流系统角度出发优化装卸搬运

物流系统活动中，各功能要素共同组成一个整体，体现物流系统整体的功能。各环节相互联系，相互制约。不能仅从装卸搬运功能要素的单一方面考虑优化，应将其作为物流系统的一部分，从系统角度考虑综合效益，从而达到系统最优。

【思政园地】

货舱 1.3 米，每天跪行搬运，感谢重庆机场装卸工为旅途负重前行

货舱仅有 1.3 米，跪行作业是常事，有的工人膝盖"跪"出了茧疤。为防晒伤，装卸师傅们穿着长袖和长裤，衬衣上还要套一件反光背心以确保作业安全，加之货舱内不透风，他们的衣服是搬一次湿一次。据了解，飞机一般有两个货舱口，每个货舱口要配备 3 名工人，一人将货物从板车搬上舱口，另两人在门口接应，再放进货舱码好。货舱高度仅 1.3 米，有的不足一米，装卸货需半蹲着进行。装卸工在机舱口需要弯着腰装卸货物，一天弯腰最少 1500 次，一个人一天要接差不多二三十次航班的货物，总重量至少达到 10 吨。

47 岁的装卸工王世福卷起裤腿给记者看他的膝盖，刚从机舱装完货物下来的他膝盖还有一些红色的印迹。王师傅说，"机场内空间小，钻进货舱只能跪着搬货物，二三十分钟下来，走路时腰杆都直不起，不过我坚持锻炼身体，这些体力活我还吃得消。"阳光直射水泥地，腾起阵阵热浪，地表温度不会低于五十度，对于这样的工作环境，他们早已习以为常。

时至下午 1 点，正是一天中最热的时候。

"这么热，能不能戴一顶太阳帽呢？"答案是否定的。金祯鑫解释，一旦飞机进风口把帽子吸进去，后果不堪设想。

在机场停机坪的工作，除了忍受高温，还要忍受光反射和发动机带来的热量。队长金祯鑫说，一年四季，对于重庆来说，夏季的工作应该是最辛苦的。除了温度高，师傅们还得忍受来自水泥地面的高反光和飞机发动机制造的高分贝噪音。但为了安全，甚至有时还不能戴墨镜。

　　谈及自己坚守的动力，杨武勇憨笑着说，来自他的家人，"我希望用自己的努力换来家人的幸福，为了他们，我会更加努力工作。"而他的愿望是，等自己有空了，也能带着家人坐飞机出去旅行，看看万米高空以下的世界有什么不同。

▶ 任务工单

编　号	3-4-1	知识点	装卸搬运合理化	日期	
团队成员姓名					
任务要求	结合任务情境，以团队形式查阅资料并讨论，分析装卸搬运环节对企业发展的作用，判断该企业的装卸搬运环节主要存在哪些不合理的方面，尝试提出优化对策并完成任务总结				
任务目标	运用装卸搬运作业及合理化相关理论知识，提出案例企业装卸搬运环节的优化对策				
任务实施	装卸搬运环节对该企业发展的影响及作用				
	该企业装卸搬运环节的不合理方面				
	该企业优化装卸搬运策略	消除无效装卸搬运			
		实现集装单元化			
		选择高效的机械化设备			
		提高装卸搬运活性			
		从物流系统角度出发优化装卸搬运			
		其他策略			
任务总结					

任务评价

评价内容		自我评价	同学评价	老师评价
知识评价	能说出装卸搬运的概念、作用及分类			
	能掌握装卸搬运的作业内容及作业方法			
	能掌握装卸搬运合理化目标及途径			
技能评价	能分析装卸搬运作业方法的适用范围			
	能运用装卸搬运作业及合理化理论知识，提出装卸搬运环节优化对策			
素质评价	树立吃苦耐劳、保质保量完成工作的劳动观念和职业道德			
	树立爱国、敬业、和谐、友善的社会主义核心价值观			
	具有团队精神，创新精神			

 【拓展资料】

装卸搬运智能化，人工智能助力物流行业突破瓶颈

在这个物流行业巨变的时代，京东启用无人分拣中心、菜鸟网络用无人机跨海送货、苏宁力推物流云仓……目前，人工智能对物流行业改造成果如何？

装卸搬运、分拣包装、加工配送实现自动化、智能化

走进京东昆山无人分拣中心，庞大的六轴搬运机器人负责用吸盘将货箱重新码放；AGV(自动导引运输车)小车利用地面贴着的二维码导航来搬运货架；小件分拣时，货架穿梭车从两排货架上将装有商品的货箱取下，放上传送带供分拣机器人分拣；拣选机器人利用 3D 视觉系统，从周转箱中识别出客户需要货物，并通过工作端的吸盘把货物转移到订单周转箱中，拣选完成后，通过输送线将订单周转箱传输至打包区。

整个分拣中心实现了真正的无人化，且效率大幅提升。据介绍，京东昆山无人分拣中心作业效率为 9000 件/小时，在同等场地规模和分拣货量的前提下，可以节省 180 人。

在分拣中心，人工智能游刃有余，走出仓库，人工智能借助无人机等设备参与最后一公里派送。相对于封闭的仓库环境，户外环境要复杂得多，应用人工智能技术的门槛更高。2017 年 10 月，菜鸟网络公开进行无人机群组试验，满载 6 箱货品，耗时 9 分钟，飞越近 5 公里的海峡，为农村淘宝提供物流服务。这是国

内首次完成无人机群组跨海快递飞行。

降低成本、提高效率，人工智能助力物流行业突破瓶颈

"传统物流有较保守的生产线，较正规的运输线，各个环节都需要人工值守的仓库，彼此之间相对独立而封闭，耗费大量不必要的人力、物力、财力、时间，成本巨大、效率低下。"硅谷人工智能专家王亚莉说，相比传统物流，人工智能将带来人力成本的节省、周转效率的提高。

装卸搬运是物流系统中最基本的功能要素之一，存在于货物运输、储存、包装、流通加工和配送等过程中，贯穿于物流作业的始末，物流机器人的应用直接提高了物流系统的效率和效益。

此外，"人工智能还将带来服务质量的提升。"孟雷平说，信息化手段的使用可做到作业全程可追踪、过程可控和结果可预测，将运作中许多不可控因素排除在外，确保物流运营的质量。

重组生产要素、重构运作流程、形成新物流生态，AI+物流未来可期

未来，人工智能与物流的结合将走到怎样的程度呢？

——智能设备重组物流生产要素。南京邮电大学现代邮政学院、现代邮政研究院院长孙知信表示，智能硬件设备研发将使物流行业从人工分拣向自动化、智能化方向快速发展，智能感知技术、信息传输技术，机械臂、机器人、自动化分拣带、无人机等智能硬件设备将在物流运作各个环节广泛应用。

——智能计算重构物流运作流程。孙知信分析，尤其是智能物流云平台的建设将实现对供应链、实体物流的数字化、智能化、标准化和一体化综合管理。以综合物流为出发点，应用现代人工智能技术及物流技术，使得供应链整体各环节的信息流与实体物流同步，产生优化的流程及协同作业，实现货物就近入仓、就近配送，提升产业链效能。

——形成全新的物流生态系统。在人工智能的协助下，多式联运高效运输将得到实现。通过人工智能、云计算、大数据、物联网等技术，可实现集铁路、公路、航空"三位一体"的智慧多式联运。依托铁路网络、公路网络、航空网络、水运网络及实体物流园区，充分利用云计算、大数据、物联网、人工智能等技术，为线上线下物流运输、仓储配送、商品交易、金融服务、物流诚信等业务提供一站式、全方位服务，形成覆盖线上线下的物流生态系统，积极服务经济社会发展。

请思考：未来装卸搬运智能化发展，会给企业带来哪些机遇和挑战？

任务五　流通加工管理

小王近日仔细观察超市中售卖的食品的价格发现，洗净、切块、装盒售卖的

哈密瓜单价比称斤售卖的哈密瓜单价高出许多。不仅水果如此，肉类食品中肉末、精致肉类的单价也比普通肉类单价高。小王很疑惑，为什么同样的商品单价却有差别？是什么创造了商品价值的增值？你能帮助小王解惑吗？

任务目标

学习本任务应当理解流通加工的概念和作用，理解流通加工与生产加工的区别和联系，了解流通加工的类型，掌握流通加工合理化的措施，提出实际企业流通加工环节的优化对策。

任务相关知识

流通加工是物流系统的功能要素之一。随着经济增长，国民收入增多，消费者的需求出现多样化，流通领域普遍开展各类流通加工作业。目前，在世界许多国家和地区的物流中心或仓库经营中都大量存在流通加工业务。流通加工越来越成为现代物流中不可或缺的重要组成部分。

流通加工微课

一、流通加工的概念

根据《物流术语》(GB/T 18354—2021)，流通加工的定义是"根据顾客的需要，在流通过程中对产品实施的简单加工作业活动的总称。简单加工作业活动包括包装、分割、计量、分拣、刷标志、拴标签、组装、组配等"。由定义可见，流通加工是流通中的一种特殊形式，它是一些原材料或产成品从生产领域向消费领域流动的过程中，为了有效利用资源、维护产品质量、促进销售和提高物流效率，对物品进行的简单加工，使物品发生物理、化学或形状的变化。

流通加工是在流通领域从事的简单生产活动，具有生产制造活动的性质。它和一般的生产型加工既有联系也有区别。两者在加工方法、加工组织、生产管理方面并无显著区别，但在加工对象、加工程度方面差别较大，主要表现在以下几方面。

第一，加工对象不同。流通加工的对象是进入流通领域的商品，具有商品的属性，而生产加工的对象不是最终产品，是原材料、零配件、半成品等生产资料。

第二，加工环节不同。流通加工是在流通过程中进行的，而生产加工是在生产过程中进行的。

第三，加工程度不同。流通加工大多是简单加工，不是复杂加工。生产加工过程专门进行满足社会需求的商品的复杂加工，流通加工是对生产加工的一种辅助及补充，但不能代替生产加工。

第四，创造价值不同。生产加工的目的在于创造产品的价值和使用价值，而流通加工的目的是完善商品的使用价值，并在不做大的改变的情况下提高商品的价值。

第五，加工主体不同。从加工的主体来看，流通加工由商业企业或物资流通企业完成，他们紧密结合流通的实际需要开展加工活动。而生产加工则由生产企业完成。

第六，加工目的不同。商品生产是为了交换和消费而进行的生产，而流通加工有时是为了消费或再生产所进行的加工，有时是以自身流通为目的的，为了给流通创造条件而进行的加工。

二、流通加工的作用及意义

(一) 流通加工的作用

流通加工是生产加工在物流领域的延续，是物流活动的重要环节。流通加工是低投入、高产出的加工方式，往往以简单加工解决复杂问题。流通加工在物流中的作用主要有以下几个方面。

1. 提高原材料利用率

流通加工将生产厂商运来的简单规格的产品，按产品特性和用户的要求进行集中下料、合理套裁、充分利用边角料，做到最大限度地 "物尽其用"，减少了浪费，节约了大量的原材料。例如，将钢板进行剪板、切裁；将钢筋裁制成毛坯等。

2. 提高加工效率和设备利用率

在分散加工的情况下，加工设备由于生产周期和生产节奏的限制，设备加工能力不能得到充分发挥。而流通加工面向全社会，加工数量大、范围广、任务多。可以通过建立集中加工点，采用一些效率高、技术先进、加工量大的专门机具和设备，既可提高加工效率和加工质量，还可提高设备利用率。例如，一般的使用部门在对钢板下料时，采用气割的方法留出较大的加工余量，不但出材率低，而且由于热加工容易改变钢的组织，加工质量也不好。集中加工后，可设计高效率的剪切设备，在一定程度上避免了上述缺点。

3. 弥补生产加工的不足

由于存在诸多限制因素，如不能完全实现各种产品的标准化、社会需求复杂多样等，许多产品在生产领域的加工只能进行到一定程度，不能完全实现最终加工。而流通企业了解市场供需双方的情况，在商品流通的过程中开展加工活动，能弥补生产加工的不足，更好地满足顾客的需求。例如，原生产领域只能加工到圆木、板方材的程度，进一步的下料、裁切等加工则在流通加工来完成。

4. 衔接干线和支线运输环节

通常流通加工中心选址会靠近消费地，从生产厂到流通加工中心的距离较长，而从流通加工中心到消费地距离较短。在生产厂与流通加工中心之间进行直达、大批量的远距离运输，可采用水运、火车等大量运输方式。在流通中心及消费地之间可利用载货汽车运输经流通加工后的多规格、小批量、多用户的产品。流通中心在干线和支线运输环节之间起到了衔接作用。

5. 提高商品附加价值，满足用户多样化需求

规模化、批量化生产的产品很难满足顾客个性化需求。流通加工把分散的用

户需求集中起来，使零星的作业集约化，作为广大终端用户的汇集点发挥作用。通过流通加工，产品的外观、规格、包装等被简单改变的同时，既能满足顾客个性化的需求，产品销售的经济效益也能大幅度提高。

(二) 流通加工的意义

流通加工能弥补生产加工的不足，提高原材料的利用率和加工效率，并衔接运输和配送环节，能有效地完善流通、提高物流水平、促进商品流通现代化。流通加工低投入，高产出，增加了商品的附加价值，是企业的重要源泉，同时满足了顾客多样化、个性化的需求，是重要的"第三利润源泉"。在国民经济的组织和运行中，流通加工对完善产业结构，提升社会劳动生产率有着重要作用，是促进经济健康、有序、稳定地发展的重要手段。

三、流通加工的类型

流通加工不同于创造新物质的生产过程，它位于生产和流通、流通和消费环节之间(如图 3.5.1 所示)，前者为生产性质的流通加工，后者为销售服务性质的流通加工。根据流通加工所处的环节不同，可将其分为生产性质的流通加工、销售服务性质的流通加工和生产—流通一体化的流通加工。

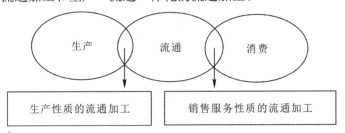

图 3.5.1　经济活动中两种类型的流通加工

(一) 生产性质的流通加工

生产性质的流通加工在生产环节和流通环节之间进行，主要进行如分割、组装、剪裁、研磨等生产性质的作业，具有提升商品价值和服务水平的作用。按其目的的不同，生产性质的流通加工可分为以下几种类别。

1. 为弥补生产领域加工不足的深加工

正如上文所言，在商品流通的过程中开展加工活动，能弥补生产加工的不足，能更好地满足顾客的需求。这种流通加工实质是生产的延续，是生产加工的深化，对弥补生产领域加工不足有重要意义。

2. 为保护产品所进行的加工

为防止产品在运输、储存、包装、装卸搬运等过程中遭到损失，使其使用价值顺利得以实现，就需要进行流通加工。这种加工主要采取稳固、改装、冷冻、保鲜、涂油等方式，而不改变产品的外形及性质。例如，为防止金属材料的锈蚀而进行的喷漆、涂防锈油等加工形式。

3. 为提高物流效率、方便物流的加工

有些产品形状特殊，运输及装卸作业效率低下，且极易发生质量损失，对这类产品进行生产性质的流通加工，可以弥补其储运性能的不足，提高物流效率。例如，鲜鱼冷冻后进行装卸、储存；过大的设备解体后进行搬运、装配；气体液化后进行物流运输；将造纸用的材料磨成木屑等进行储运等。这种加工往往改变物品的物理状态，但不改变其化学特性并最终仍能恢复原物理状态。

4. 为提高加工效率进行的流通加工

许多生产企业的初级加工，由于规模较小、加工效率不高、加工设备不专业、加工技术不成熟，致使产品的加工质量难以保证。流通加工以集中加工的形式，应用先进的专业技术和专门的机械设备，解决了生产企业本身初加工的弊病，以一家流通加工企业代替若干生产企业初级加工的工序，可以使生产水平得到一定程度的提升。

5. 为提高原材料利用率的流通加工

利用流通加工中心的人才设备、场所等资源优势以及综合性强、用户多等特点，以集中加工代替各使用部门的分散加工，不但能提高加工质量，而且可以减少原材料的消耗，有效提高原材料的利用率，减少损失与浪费。与此同时，还能使加工后的副产品得到充分利用。

6. 衔接不同运输方式，使物流合理化地流通加工

在干线运输和支线运输的节点设置流通加工环节，可以有效解决大批量、低成本、长距离干线运输与多品种、小批量、多批次末端运输和集货运输之间的衔接问题。在流通加工点与大型生产企业之间形成大批量、定点运输的渠道，又以流通加工中心为核心，组织对用户的配送。也可在流通加工点将运输包装转换为销售包装，从而有效衔接不同目的的运输方式。

(二) 销售服务性质的流通加工

销售服务性质的流通加工在流通与消费的环节之间，主要进行如贴标签、冷冻冷藏、加热等服务性质的作业活动，具有提升销售水平、改善服务质量的作用，但也会带来成本的上升，应根据商品价值适度安排。根据目的不同，销售服务性质的流通加工有以下类型。

1. 为满足需求多样化和消费个性化所进行的服务性加工

多样化和个性化是现代需求与消费的重要特征。这种多样化和个性化的需求与规模生产所形成的标准化产品之间存在一定的矛盾。流通加工是解决该矛盾的重要方法，它将厂商生产出来的基型产品进行多样化的加工，以满足消费者多元化的需求。

2. 为促进销售进行的流通加工

流通加工可以从很多方面起到促进销售的作用。例如，将过大包装或散装物品分装成适合一次性销售的小包装的分装加工；将原以保护产品为主的运输包装改换成以促进销售为主要目的的销售包装，以起到吸引消费者、指导消费的作用；

将零配件组装成用具、车辆以便直接销售；将蔬菜、肉类、鱼类洗净切块以满足消费者需求等。这种流通加工大多进行简单的改装加工，也有组装、分块等深加工等。

3. 以提高经济效益，追求企业利润为目的的流通加工

流通加工的一系列优点，可以形成一种"利润中心"的经营形态，这种类型的流通加工是经营的一环。在满足生产和消费要求的基础上取得利润，同时在市场和利润的引导下使流通加工在各个领域能有效地发展。

(三) 生产—流通一体化的流通加工形式

依靠生产企业与流通企业的联合，或者生产企业涉足流通领域，或者流通企业涉足生产领域，形成对生产与流通加工的合理分工、合理规划、合理组织，统筹进行生产与流通加工的安排，这就是生产—流通一体化的流通加工形式。这种加工形式兼具生产型和销售服务型流通加工的特点，可以促使产品结构及产业结构的调整，充分发挥企业集团的技术经济优势，是目前流通加工领域的新形式。

四、流通加工合理化

流通加工合理化的关键在于建设地点、加工工艺、加工质量、经济性是否合理。因此，要针对以上内容对流通加工管理进行正确的决策。

(一) 做好流通加工中心的选址与建设工作

流通加工中心的选址是影响其合理化的重要因素之一。一般而言，为衔接单品种、大批量生产与多样化需求的流通加工，加工地应设置在需求地区，这样既有利于销售和提高服务水平，又能发挥干线运输与末端配送的物流优势。例如，平板玻璃的开片套裁加工中心就应建在销售地，靠近目标市场。如果是为了方便物流的流通加工，地址应设在产出地。例如，肉类、鱼类的冷冻食品加工中心就应设在产地，这样就可使经过流通加工中心的货物能顺利、低成本地进入运输、储存等物流环节。

(二) 加强流通加工的作业管理

组织与管理流通加工作业是流通加工合理化的关键。流通加工的管理方法与运输、存储等有较大区别，而与生产组织和管理有许多相似之处。流通加工不但加工内容及项目多，而且不同的加工项目要求有不同的加工工艺，同时还涉及劳动力、设备、物资等多方面内容。应根据具体项目要求，制定合理的项目规划，制定项目流程图，进行消耗定额管理，提高作业效率，降低作业成本。

(三) 加强流通加工的质量管理

流通加工的质量管理主要是对加工产品的质量控制。由于国家质量标准一般没有加工成品的品种规格，因此，进行这种质量控制的依据，主要是用户的要求。而不同用户对质量的要求不一，对质量的宽严程度也不同，因此，流通加工中心

必须能进行灵活的柔性生产才能满足不同用户的不同质量要求。此外，全面质量管理中采取的工序控制、产品质量监测、各种质量控制图表等，也是流通加工质量管理的有效方法。

（四）实现流通加工与配送、运输、商流、社会效益相结合

应做到加工与配送相结合，按配送需要进行加工，并使加工后的产品直接投入配货作业，以提高配送水平；加工与合理运输相结合，使干线运输与支线运输合理衔接，提高运输及运输转载的效率；加工与合理商流相结合，通过加工有效促进销售，使商流合理化。

更重要的是，加工须与社会效益相结合，通过合理设置流通加工环节，达到节约能源、节约设备、节约原材料消耗的目的，从而提高社会效益。流通加工企业应树立社会效益第一的观念，以完善产品、补充加工为己任，企业才能有生存价值。如果一味追求自身眼前利益，不适当地进行加工，那就有违流通加工的本质，企业也无法长久生存。

【思政园地】

落实社会责任，木材加工企业须环保转型升级

在趋严的环保整治形势下，不少木材加工企业面临被遏令整改或查封的命运，可谓"伤亡惨重"。

为何木材加工企业总"受伤"？

首先，木材加工行业现在还停留在"劳动密集型"的传统制造业位置上，在生产过程中往往不注重环保技术的研发、环保设备的应用，以及生产后废水废气的排放限制等。

其次，不少企业仍然按照先污染、再治理的方式继续生产，甚至顶风作案，在环保设施尚未到位时开工生产，整体环保意识并没有落到实处。

最后，很多木材加工企业难以解决转型升级过程中所出现的问题，导致环保方面仍不过关。

木材加工企业应如何应对？

环保整治的力度会不断加大，环保督察形势趋严也是不可逆的，即便行业问题再多、转型升级难度再大，为了符合时代要求，木材加工企业都要迎难而上，面对并解决环保生产问题。

第一、转变发展意识，木材加工企业要从自身做起，转变发展意识，培养并践行环保生产意识；从原材料采购到生产过程，再到生产后废水废气治理，都要符合环保要求。

第二、木材加工企业可重点针对检查重点进行环保升级，积极申领排污许可证，按照环评文件形式以及进行环保生产等，力争在环保督察中顺利过关，之后再逐步进行更深层次的转型升级。

第三、木材加工企业应积极响应国家政策，表明自身谋求转型升级、放弃"散

乱污"的决心，同时寻求地方政府的帮助，在政府的帮扶下解决转型升级过程中的难题，早日顺利转型。

▶ 任务工单

编　号	3-5-1	知识点	流通加工概念、类型及合理化	日期	
团队成员姓名					
任务要求		以团队形式，合理分工，调研一家有流通加工作业环节的企业，分析其流通加工的作业类型，找出其需改进的方面，提出优化对策，并完成任务总结			
任务目标		运用流通加工概念、类型及合理化相关理论知识，完成企业调研，并提出流通加工环节优化对策			

任务实施			
	企业名称		
	行业类型		生产行业(　)流通行业(　)零售行业(　)
	流通加工主要业务内容		
	流通加工的类型		
	流通加工需改进的方面	建设地点	
		加工工艺	
		加工质量	
		经济性	
	流通加工优化对策	做好流通加工中心的选址与建设工作	
		加强流通加工的作业管理	
		加强流通加工的质量管理	
		实现流通加工与配送、运输、商流、社会效益相结合	
		其他对策	
任务总结			

任务评价

评价内容		自我评价	同学评价	老师评价
知识评价	能说出流通加工的概念、作用意义			
	能理解流通加工的类型			
	能掌握流通加工的合理化措施			
技能评价	能判断流通加工的作业环节并分析其所属类型			
	能运用流通加工合理化知识，提出流通加工环节优化对策			
素质评价	树立适度、经济、环保的流通加工观念			
	具有物流行业社会责任感			
	具有脚踏实地调研、团结协作完成任务的劳动精神			

 【拓展资料】

绿色流通加工助力绿色流通，形成高效综合运输体系

绿色流通就是绿色商品的流通，即资源消耗低、环境污染小的商品从生产制造端到进入消费端前的整个产品所有权转移以及位置移动的过程。其实质，就是以环保为导向的直接或间接促成具有环保取向型的商品的流通。绿色流通对城市可持续发展意义重大。

绿色流通加工助力绿色流通

绿色流通加工是产品在流通过程中的生产性加工，生产性加工是为了使产品更加贴近消费者的需求。流通加工过程除了有其经济效益，还是企业能够做出更大环保表率的领域。在流通过程中实现绿色加工有两种常见的方式：第一种方式是变消费者分散加工为专业集中加工，这种以规模化代替分散加工的方式能够显著提高资源利用率；第二种方式是变分散加工为集中处理消费品加工中产生的边角废料，这种方式实质上与第一种方式类似，只是处理的对象不同而已。

绿色运输推动绿色流通

绿色运输是指货物在运输过程中，抑制运输对环境造成危害的同时，实现对运输环境的净化，使运输资源得到最充分利用。它要求从环境的角度对运输体系进行改进，形成一个环境共生型的运输系统。现代绿色运输更加强调全局和长远利益的关系，强调对环境的关注，为企业树立绿色形象，是一种全新的运输形态。

近年来，我国城市物流业获得了迅速的发展，但由此带来的对城市环境的影响也不容忽视。科技进步是实现物流运输可持续发展的内在动力，应鼓励物流企

业采用有新技术加成的，可以降低能耗、减少污染的物流方式。随着科技的进步和物流业的发展，绿色运输得到发展，逐步形成了高效的综合运输体系，大幅降低了对物流运输的能耗和对空气质量的影响。

请思考：绿色流通加工对城市的可持续发展有哪些助益？

任务六　配　送　管　理

任务情境

图 3.6.1 中所示为配送中心 P 的配送网络图，某配送中心 P 向 A、B、C、D、E 五个客户配送物品。图中边线上的数字表示公路里程(km)。靠近各用户括号里的数字表示对货物的需求量(t)。配送中心备有 2 t 和 4 t 载重量的汽车，汽车一次巡回行驶里程不能超过 30 km。求解配送路线方案。

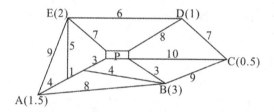

图 3.6.1　配送中心 P 的配送网络图

任务目标

学习本任务应当理解配送的概念，理解配送与运输的区别和联系，了解配送的基本流程，理解配送在物流系统中的作用，掌握配送模式、配送合理化措施，学会运用节约里程法优化配送线路。

任务相关知识

一、配送概述

(一) 配送的概念

根据我国国家标准《物流术语》(GB/T 18354—2021)，配送是指"根据客户要求，对物品进行分类、拣选、集货、包装、组配等作业，并按时送达指定地点的物流活动"。

配送是从最后一个物流节点(往往是配送中心或零售店铺)到用户之间的物资空间移动过程，它是按照用户的要求组织商品组配与送货的。配送不同于一般的送货，而是"配"和"送"的有机结合。配送除了具备货物组配与送货两项基本职能外，还要从事大量的分货、拣选、加工、分割、配装等工作。

配送是社会化大生产的客观需求，也是商品经济发展的必然结果。配送的意义在于最大限度地缩短物资流通时间，降低物资流通费用，压缩整个社会的物资库存量，提高客户服务水平，实现社会资源的优化配置。

(二) 配送与运输的关系

配送和运输都是物流系统的重要功能要素，两者既有联系又有区别。

一般把物品从制造企业或物流中心至配送中心的输送作为运输，从配送中心至用户的输送看成配送。配送和狭义运输同属于广义运输(详见本项目任务一运输管理)。配送离不开运输，运输也离不开配送，两者相互依存。

配送是一种"门到门"的服务，较为灵活及多样化。配送和运输的区别主要在主体活动、运输距离、运输工具、货物特点、与商流的关系等方面，如表 3.6.1 所示。

表 3.6.1　运输与配送的区别

比较项目	比 较 内 容				
	主体活动	运输距离	运输工具	货物特点	与商流的关系
运输	集货、送货、选择运输方式和运输工具、规划运输线路、车辆调度	干线运输，中长距离	货运火车、货运汽车、飞机、轮船、管道	少品种、大批量、长周期	与商流分离
配送	进货、装卸、包装、储存、分货、配货、送货、选择运输方式和运输工具、规划运输线路、车辆调度	支线运输，短距离，接近客户的那一段流通领域	货运汽车	多品种、小批量、多批次、短周期	与商流合一

由表中可见，首先，配送是一项特殊、综合的物流活动形式，它几乎涵盖了物流的基本功能要素，是物流的一个缩影或小范围内物流全部活动的体现。但是配送的主体活动与一般的物流活动有所不同。一般意义上所说的物流，其主体活动主要是运输和仓储，而配送的主体活动是分拣配货与配送运输。其中，分拣配货是配送独特的功能要素，而以送货为目的的运输则是最后实现配送功能的主要手段。

第二，从物流整体来看，配送在整个输送中居于支线输送、末端输送的位置，运输则是干线输送、始端输送的地位。

第三，由于配送的距离短、批量小、品种多，因而所采用的主要是短途运输工具——汽车等，与一般的货物运输相比，其运输方式、运输工具单一。

第四，运输与商流相分离，而配送则与商流结合在一起。配送本身就是一种商业形式，许多大型连锁企业更是将配送与营销(商流)紧密联系在一起。虽然配送在具体实施时也可能以商物分离的形式出现，但从配送的发展趋势来看，商流与物流的结合正越来越密切，这是配送取得成功的重要保障。

(三) 配送的基本流程

配送的基本流程包括备货、储存、分拣配货、配装和配送运输五个环节，如图 3.6.2 所示。

图 3.6.2　配送的基本流程

(1) 备货。备货通常也称进货或采购，这是配送的准备工作和基础环节。备货主要包括组织货源、订货、运输、验货、入库、结算等一系列作业活动。备货的主要目的是把用户的分散需求集中起来进行批量采购，以降低进货成本，同时也对配送形成必要的资源保障。

(2) 储存。储存是对进货的延续，包括入库、码垛、上架、苫垫、货区标识、商品的维护保养等作业活动。配送中的储存有暂存和储备两种形态。暂存有两种形式：在理货现场进行的少量货物储存，货物分拣、组配好后在配装之前的货物暂时存放。而储备主要是对配送的持续运作形成资源保障，一般数量较充足、结构较完善，通常在配送中心的库房和货场中进行。

(3) 分拣配货。分拣和配货是配送不同于其他物流形式及特点的功能要素，是关系配送是否成功的重要工作。由于不同用户对商品的品种、规格、型号、数量、质量、进货时间和地点等的要求不同，配送中心必须按用户的要求对商品进行分拣及配货。有些特殊性质的货物，如生鲜食品、服装类商品等，在此环节中往往需要进行流通加工程序，而有些货物则不需要。分拣及配货是送货向配送发展的重要标志，是决定一个配送系统水平的关键要素。

(4) 配装。当单个用户配送数量不能达到车辆的有效载运负荷时，就需要集中不同用户的配送货物进行搭配装载，这就是配装。配装可以充分利用运能和运力，降低配送成本，提高配送效率。

(5) 配送运输。配送运输属于运输中的末端运输、支线运输，是较短距离、较小规模、频度较高的运输形式，一般使用汽车做运输工具。而配送运输由于配送用户多，一般城市交通路线又较复杂，如何规划设计最优配送运输路线，是优化配送运输的难点。

二、配送在物流系统中的作用

(一) 完善物流系统

在物流系统中，所有的干线运输之后，货物到达最后一个物流节点时，与客户还有一段较短的距离，这时需要辅以短距离、小批量支线运输及装卸搬运，才能实现"门到门"服务。这种短距离的支线运输及装卸搬运环节被称为物流的"最后一公里"，是物流过程的一个薄弱环节。这个环节有着与干线运输不同的许多特点，如要求频繁性、灵活性、适应性、服务性等，往往致使运力利用不合理、成本过高等问题难以解决。对"最后一公里"采用配送方式，在小范围内将支线运输及装卸搬运统一起来，可使物流系统得以完善和优化。

(二) 提高物流系统的经济效益

配送可以集中多个用户的需要，批量购进各种物品，其采购成本大大低于单个用户单独采购的成本；又通过将用户所需的各种物品集中起来一次发货，可以代替过去的分散发货，解决了过去末端物流运力安排不合理、成本偏高等问题，从而提高了物流系统的经济效益。

同时，"最后一公里"配送服务中积累的数据，蕴含着客户端的丰富资源，能够积累出基于数据采购、信息管理的极有价值的经验，为前端市场预测提供有力的支撑。"最后一公里"配送，使整个物流系统由被动转向主动分析客户信息，挖掘出隐藏价值，为客户提供个性化服务。由于直接与客户接触，企业形象、价值文化等都能够通过"最后一公里"配送服务进行传播，达到增值效益。

(三) 实现企业低库存或零库存

实现了高水平的配送之后，尤其是采取准时配送方式之后，制造企业等用户可以完全依靠配送中心的准时配送而不需要保持自己的库存，或者只需保持少量保险储备而不必留有经常储备，甚至实现制造企业多年追求的"零库存"，解放出大量储备资金，从而改善企业的财务状况。配送点实行集中库存，增加了调节能力，也可利用规模经济的优势，使单位存货成本下降，提高了社会经济效益。

(四) 为企业提供便利及供货保障

配送中心可使企业用户通过一次采购买到多种物品，且配送中心可提供"门到门"服务，节省了企业开支，为企业提供了便利。配送中心拥有充足的货物储备量，大大提高了物品供应的保证程度，使企业用户由于缺货而面对的生产经营的风险相对缩小。

三、配送模式

配送模式是企业采取的配送基本战略和方法，它是指构成配送运动的诸要素的组合形态及其运动的标准形式，是适应经济发展需要并根据配送对象的性质、特点及工艺流程而相对固定的配送规律。按照配送承担者来划分，配送模式可以分为自营配送模式、第三方配送模式和共同配送模式。

(一) 自营配送模式

自营配送模式是指企业物流配送的各个环节由企业自身筹建并组织管理，实现对企业内部及外部货物配送的模式。这种模式有利于企业供应、生产和销售的一体化作业，系统化程度相对较高，既可满足企业内部原材料、半成品及成品的配送需要，又可满足企业对外进行市场拓展的需求。一般而言，采取自营性配送模式的企业大都是规模较大的集团公司。有代表性的是连锁企业的配送，其基本上都是通过组建自己的配送系统来完成企业的配送业务，包括对内部各场、店的配送和对企业外部顾客的配送。

自营配送是集商流和物流一体化的配送形式，采取自营性配送模式的企业，也在独立从事商品的存储、保管、分拣和运送等物流活动，但这些活动是作为商品销售活动的延伸而开展起来的，而且将配送活动作为一种营销策略，既参与商品交易实现商品所有权的让渡与转移，又在此基础上向客户提供高效优质的物流服务。在这里，销售和配送是合二为一的。因此，自营配送的根本目的是促进商品销售和提高市场占有率。

自营配送模式的优点有：企业对供应链各个环节有较强的控制能力，确保企业能够获得长期稳定的利润；企业可以合理地规划管理流程，提高物流作业效率，减少流通费用；物流反应快速、灵活，能更好地满足企业需求。自营配送模式也存在缺点：其一次性投资大，成本较高；规模较小的企业所开展的自营配送模式规模有限，难于管理和控制，物流配送的专业化程度较低。

(二) 第三方配送模式

第三方物流配送模式是指由物流劳务的供方、需方之外的第三方去完成物流服务的物流运作方式。第三方是配送组织者，并不是用户的附属物流机构，其本身并不购销商品，而是专门为用户提供如货物保管分拣、加工、运送等物流服务。第三方配送提供物流交易双方的部分或全部物流功能的外部服务，是物流专业化的一种形式。

从组织形式上看，第三方配送模式的商流和物流活动是分离的，分别由不同的主体承担，配送组织者和用户是相互独立的。在整个业务过程中，第三方配送企业不直接经销商品，也不具备对商品的所有权，业务活动仅限于物流活动，其专业性较强。通常第三方配送企业规模较大，与用户之间存在固定的配送关系，配送的能力强、距离较远、品种多、数量大。而用户企业采用了第三方配送模式后，可以腾出更多的资金和资源集中精力把企业的核心业务做好，减少固定资产投资并降低生产企业运作成本。

第三方配送模式的缺点有：第三方配送企业不直接掌握货源，其货物调度和货物调节能力比较差；用户企业不能够直接控制物流，不能保证服务质量，不利于其与客户建立长久的合作关系。

(三) 共同配送

共同配送模式是由多个企业或其他组织整合多个客户的货物需求后联合组织实施的配送模式(GB/T 18354—2021)。共同配送的实质是相同或不同的企业联合，目的是相互调剂使用各自的仓储运输设备，最大限度地提高配送设施的利用率。

采取共同配送方式，可以以共同配送使用的一辆车代替原来的几辆或几十辆车，有利于缓解交通拥挤、减少污染、提高车辆使用效率和设施使用效率，实现配送资源的有效配置，弥补配送企业功能的不足，促使企业配送能力的提高和配送规模的扩大，更好地满足客户需求，提高配送效率，降低配送成本。但同时，共同配送涉及面大，单位较多，配送的组织工作难度较大。因此，在选择实施共同配送模式时，必须建立完善的物流信息网络，而且还需要建立起层次性的管理系统。

四、配送合理化

(一) 配送合理化的标志

合理的配送形式，应当具备以下标志：具有适当的集中库存及库存周转率；科学运用资金及资金占用额度降低；具有一定的社会宏观效益和企业微观效益；提高商品的供应能力；节约社会运力；物流合理化等。其中，物流合理化标志中的配送线路优化对打造优质、高效、低成本的现代物流体系具有十分重要的作用。

(二) 配送合理化的措施

实行配送合理化可采取以下措施：

(1) 进行专业配送。通过采用专业设备、设施及操作程序，取得较好的配送效果并降低配送过分综合化的复杂程度及难度。

(2) 进行加工配送。通过加工和配送结合，充分利用本来应有的中转，而不增加新的中转，以求得配送合理化。同时，加工借助于配送，使其目的更明确，增进了和用户的联系，更避免了盲目性。这两者有机结合，不必增加太多投入，却可获得两方面的优势和效益，是配送合理化的重要措施。

(3) 推行共同配送。通过共同配送可以以最近的路程、最低的配送成本完成配送。

(4) 实行取送结合。配送企业与用户建立稳定、密切的协作关系，在配送时将用户所需的物资送到，再将该用户生产的产品用同一车辆运回，使该产品也成为配送中心的配送产品之一，免去生产企业库存包袱。这种送取结合，充分利用了运力和运能，也使配送企业功能得到更大限度的发挥。

(5) 推行准时制配送。准时制配送是配送合理化的重要内容，它是将所需的货物在客户所指定的时间以指定的数量送达指定地点的配送方式(GB/T 18354—2021)。只有实现准时配送，客户才能准确、高效地配置人力、物力资源，才能放心地降低库存量甚至实现零库存。客户企业的供应保证能力取决于配送企业的准时供应能力，因而，建立高效的准时供应配送系统是实现配送合理化的重要途径。

(6) 推行即时配送。即时配送是立即响应用户提出的即刻服务要求并且短时间内送达的配送方式(GB/T 18354—2021)，它是最终解决客户企业断供之忧、大幅度提高供应保证能力的重要手段。即时配送是配送企业快速反应能力的具体化，是配送企业能力的体现。即时配送成本较高，但它是商品配送合理化的重要保障。

此外，客户要实现零库存，即时配送也是重要的保证手段。

（7）开展"碳达峰、碳中和"配送工作。2020年9月22日国家领导人在第七十五届联合国大会上宣布：中国二氧化碳排放力争2030年前达到峰值，努力争取2060年前实现碳中和。"碳达峰"和"碳中和"这两个名字中都有一个碳字，指的就是二氧化碳。"碳达峰"是指我国承诺2030年前，二氧化碳的排放不再增长，达到峰值之后逐步降低；碳中和是指企业、团体或个人测算在一定时间内直接或间接产生的温室气体排放总量，通过植树造林、节能减排等形式，抵消自身产生的二氧化碳排放量，实现二氧化碳"零排放"。物流配送企业应积极开展"碳达峰、碳中和"工作，提升信息化、数字化应用水平，提高新能源物流车的应用面，做好废弃产品回收处理，积极发展绿色金融等。

【思政园地】

日夜兼程、风雨无阻配送新冠病毒疫苗

2021年，昭平县全面推进新冠病毒疫苗目标人群接种工作，积极构筑免疫屏障。为了让该县广大人民群众能有序接种新冠病毒疫苗，自5月17日起，特别是在5月20日和21日两天里，县疾控中心工作人员都是半夜出发，风雨兼程一直奋战在疫苗配送的路上。

按照全县配送方案的要求，新冠病毒疫苗到达当天必须配送到各乡镇卫生院接种点，做到疫苗不过夜。5月20日凌晨0时50分，县疾控中心接到上级配送的6800剂次新冠病毒疫苗。中心免疫规划科立即组织中心工作人员将接到的疫苗核对信息、登记扫码入库、扫码出库，立马分装好。凌晨1点40分，后勤科和免疫规划科的工作人员当即冒着大雨连夜驱车奔赴走马、富罗、北陀等7个乡镇9个接种点配送疫苗。在前往九龙卫生院接种点的路上，遭遇到山体滑坡，工作人员坚守在原地，上午9点多，等有关部门将路面清理后，又马不停蹄地将疫苗配送到各接种点。

5月21日凌晨0点10分，工作人员发扬连续作战精神，将9600剂次新冠病毒疫苗分别配送到五将、古袍、木格、马江等11个乡镇15个接种点。

配送疫苗的路上，连续几天的暴雨随时有山体滑坡、泥石流的出现，又是暴雨夜，路面能见度低。当遇到路面积水时，工作人员轮流下车探明路况后才缓慢通过。前往樟木林镇接种点时，一路上需多次下车清除被大风刮断的树枝、竹子才能通过。特别是在距离目的地一公里处，因山洪漫上公路导致车辆无法通过，工作人员卷起裤脚淌水把疫苗抬送到目的地。

工作人员早上7点多回到县城，稍做休息后，继续坚持早上8时准时到单位上班，开启白天配送县城大型接种点的工作。当问到"你们累吗？"他们回答："当然累，但是值得！新冠疫苗配送不同于其他常规疫苗的配送标准，必须尽可能在最短时间内快速交接送达各接种点，以确保各接种点疫苗的及时供应。新冠疫苗几点来，我们几点在。"

新冠疫苗配送的工作者们，不怕艰难险阻、勇往直前、默默付出，为的是扎实筑牢全民免疫屏障，巩固全县来之不易的新冠疫情防控成果。

▶ 任务工单

编号	3-6-1	知识点	配送线路优化	日期	
姓名					
任务要求	学习知识锦囊 3-6-1 节约里程法，回答任务情境中的问题				
任务目标	运用节约里程法，优化配送线路				
任务实施	最短里程表：				
	节约里程表：				
	从大到小排列节约里程：				
	按里程大小顺序组成配送线路：				
	修改线路图并形成最终方案：				
	配送线路的文字表述形式：				
任务总结					

▶ 任务评价

	评价内容	自我评价	同学评价	老师评价
知识评价	能说出配送的概念、作用和基本流程			
	能理解配送的三种主要模式			
	能掌握配送合理化措施			
技能评价	能分析各种配送活动所属模式及其优缺点			
	能运用节约里程法优化配送路线			
素质评价	树立实现"碳达峰、碳中和"目标的配送环保观念			
	具有配送行业责任感，能平衡社会宏观效益和企业微观效益			
	具有不畏艰难、按时保质保量完成工作的爱岗敬业精神			

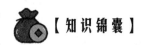
【知识锦囊】

知识锦囊 3-6-1   节约里程法

【拓展资料】

大湾区"菜篮子"产品韶关配送中心：推进节能减排，实践绿色发展

2021 年 6 月 1 日，国管局、发改委联合印发《"十四五"公共机构节约能源资源工作规划的通知》，全国约 158.6 万家公共机构要进行绿色低碳化改造。通知指出，将建立实施以碳强度控制为主、碳排放总量控制为辅的制度，指引公共机构开展碳达峰、碳中和工作，可通过绿色化改造、可再生能源替代等方式。

4 月 19 日，新能源产业韶关对接大会在韶城拉开帷幕。这次对接大会以"碳达峰、碳中和，韶关在行动"为主题，是韶关积极响应国家"3060"目标要求的一次具体行动，也是该市第一次举办的关于新能源产业的大会。

推进节能减排，粤港澳大湾区"菜篮子"产品韶关配送中心持续做到环保节能。目前，粤港澳大湾区"菜篮子"产品韶关配送中心配备了完善的硬件设施，拥有万吨冷库(包括：−18℃低温冷库 4 个，0～5℃保鲜冷库 2 个)，并且还是高标准封闭月台冷库，可达到减少走冷的效果。冷库使用的是 R507 氟利昂制冷加智能制冷机组，可以达到 0 排放，环保节能。

打造智慧冷链，粤港澳大湾区"菜篮子"产品韶关配送中心持续做到高效运行。冷库中还配备了仓储冷链引用专业冷链设施智慧管理平台——冰魔方系统，每个库里十个温区实时监控，通过冷链设施联网，任意时间、地点，通过任意一台手机、电脑登录系统，就可了解所有冷链设施的运行情况，有效避免因时空限制而出现管理盲区，实时掌握每套冷链设施的运行情况。比如：监测冷库、制冷设备的动态指标，异常情况自动向手机发送报警消息，避免人工巡逻的局限性与高成本，提高管理工作高质量、高效率，还省心省力。

实践绿色发展，粤港澳大湾区"菜篮子"产品韶关配送中心强化"指挥中枢"职能。为监控冷藏车辆实时状态，提升车辆管理水平，粤港澳大湾区"菜篮子"产品韶关配送中心引入易流云车辆监管系统，并用车载 GPS 全部接入冷链物流指挥中心的平台进行统一管理，利用 4G/5G、物联网、北斗/GPS 等手段，将冷藏车辆实时数据传到平台，实现温度、时间、轨迹、里程等实时查询，可以做到科学高效调度车辆。

实现节能减排，推动绿色发展，是企业践行社会责任的体现，粤港澳大湾区

"菜篮子"产品韶关配送中心将以创新、科技为抓手，不断探索绿色发展之路，为我国早日实现碳中和的目标而奋进。

　　请思考：物流配送企业如何实现"碳达峰、碳中和"的目标？

任务七　物流信息管理

任务情境

　　2019 年 3 月，京东物流上线了全球首套机器视觉批量入库系统——秒收。相比传统的繁重人工操作方式，秒收系统的作业效率提升了 10 倍以上。而后，由京东物流自主研发的国内首套 IoT 分拣系统曝光，该系统每小时能够完成 4000 个集包袋的分拣任务，分拣准确率达到 99.99%。你有没有感到现在的包裹快递速度越来越快？是什么支持了快递业务服务效率的提升？

任务目标

　　学习本任务应理解物流信息的概念及作用，了解物流管理信息系统，掌握常见物流信息技术的概念及应用，分析京东"青龙系统"的信息技术应用及效果。

任务相关知识

　　物流信息在物流活动中起着神经系统的作用，它对物流活动各环节能起到衔接、协调与控制的作用。物流信息的效率和质量直接影响物流活动的效率与效果，并影响到物流、资金流、商流等多种流程是否顺畅、连续，因此应高度重视物流信息管理工作。

一、物流信息的概念及作用

(一) 物流信息的概念

　　根据我国《物流术语》(GB/T 18354—2021)，物流信息是指"反映物流各种活动内容的知识、资料、图像、数据的总称"。狭义的物流信息是指与物流活动有关的信息，一般是伴随从生产到消费的物流活动而产生的信息流，这些信息通常与运输、保管、包装、装卸等物流功能活动有机结合在一起，是物流活动顺利进行必不可少的条件。而广义的物流信息还包括与其他流通活动有关的信息，如商品交易信息和市场信息等。

　　物流信息有多种分类方法，通常，可以按信息来源、加工程度、功能要素和信息用途分类，具体如表 3.7.1 所示。

表 3.7.1　物流信息的分类

分类标准	类　别	说　明
信息来源	物流系统内信息	伴随着物流活动而产生的信息
	物流系统外信息	在物流活动以外发生，但需要提供给物流活动使用的信息
加工程度	原始物流信息	通过物流活动直接反映出来、未加工的信息
	加工信息	对原始信息进行各种方式和各个层次处理后的信息
功能要素	运输信息	物流系统各功能子系统中产生的信息及信息的综合
	仓储信息	
	装卸搬运信息	
	包装信息	
	流通加工信息	
	配送信息	
	信息综合	
信息用途	指挥信息	对物流活动进行计划和组织，以保证物流活动有序、合理进行的信息
	辅助信息	指导物流活动顺利进行的信息
	决策信息	辅助、支持人员对物流活动做出物流决策的信息

(二) 物流信息的作用

物流信息伴随着物流活动发生，对物流活动具有支持保障功能，能促进物流系统整合及整个供应链效率提升。物流信息的作用主要体现在以下三个方面。

1. 促进物流系统整合

物流系统是由运输、仓储、包装、流通加工、配送等子系统构成的，物流系统内各子系统的相互衔接是通过信息予以沟通的，基本资源的调度也是通过信息传递实现的。只有通过物流信息的桥梁纽带作用，才能保证物流各环节活动的有效运转，物流系统也才能成为有机的整体。

2. 有利于进行物流服务质量控制

在物流活动过程中，任何一个环节都会产生大量的信息。物流系统通过合理地应用现代信息技术手段，对这些信息进行充分挖掘与分析，获得该环节活动质量的信息反馈，进而对下一环节的活动做出指示。在此基础上，应建立完善的各环节服务质量指标考核评价体系，对物流作业计划和绩效进行评价和鉴别，从而对物流系统的服务质量进行控制。

3. 有助于提升物流系统管理水平

物流信息可以协助管理人员鉴别、评估和比较物流策略上的可选方案，进行物流决策，如库存控制和管理决策、车辆安排决策等。在此基础上，通过合理的物流管理信息系统进行信息分析和提炼，可以有效帮助管理者制定正确高效的战略计划，提高管理水平。

二、物流管理信息系统

(一) 物流管理信息系统概述

物流管理信息系统是整个物流系统的神经中枢，在现代物流业中发挥着重要作用。物流管理信息系统是"通过对物流相关信息的收集、存储、加工、处理以便实现物流的有效控制和管理，并提供决策支持的人机系统"(GB/T 18354—2021)。

物流管理信息系统具有广义和狭义两层概念。广义上，物流管理信息系统应包括物流过程的各个领域的信息系统，如运输、码头、堆场等，是一个由多台计算机、应用软件及其他高科技的设备通过全球通信网络连接起来的、纵横交错的、立体的、动态互动的系统。另一方面，物流管理信息系统只是管理信息系统在某一涉及物流的企业中的应用，即某一企业用于管理物流的系统，是通过对与物流相关的信息进行加工处理来实现对物流的有效控制和管理，并为物流管理人员及其他企业管理人员提供战略及运作决策支持，以达到提高物流运营管理效率，获取企业竞争优势目的的人机系统。

物流管理信息系统作为管理信息系统的子系统，与其他管理信息子系统并无本质的区别。但由于物流系统具有动态性强、时空跨度大等特点，使得物流管理信息系统除了具备一般信息系统的实时化、网络化、集成化、智能化等特点外，还具有人机复合性、多学科综合性、实时动态性、快速反应性和支持远程处理等特性。

(二) 物流管理信息系统子系统

按物流系统的业务功能，物流管理信息系统还可划分为多个子系统，包括运输管理系统、仓库管理系统、配送管理系统、货运代理管理系统、人力资源管理系统等。

1. 运输管理系统

运输管理系统是在运输作业过程中，进行配载作业、调度分配、线路规划、行车管理等多项任务管理的系统(GB/T 18354—2021)。其通常为运输管理软件，具有资源管理、客户委托、外包管理、运输调度、费用控制等功能，包括货物跟踪系统、车辆运行管理系统、配车配载系统等子系统。运输管理系统对运输过程中的人、车、货、客户以及费用核算进行有效协调，实现各种资源的实时控制和协调管理。

2. 仓库管理系统

仓库管理系统是对物品入库、出库、盘点及其他相关仓库作业，仓储设施与设备，库区库位等实施全面管理的计算机信息系统(GB/T 18354—2021)。仓库管理系统具有货物储存、进出库程序、单据流程、货物登记与统计报表、盘点程序、货物报废审批及处理、人员管理等功能，包括入库作业系统、保管系统、拣选作业系统、出库作业系统等子系统。仓库管理系统能有效控制并跟踪仓库业务的物流和成本管理全过程，实现完善的企业仓储信息管理。

3. 配送管理系统

配送管理系统具有货物集中、分类、车辆调度、车辆配装、配送路线规划、配送跟踪关系等功能，可与供应商的 ERP 系统、承运人的运输系统互联。

4. 货运代理管理系统

货运代理管理系统通常为货代管理软件，具有客户委托、制单作业、订舱、预报、运价管理等主要功能。

5. 人力资源管理系统

和 ERP 的人力资源管理不同，物流人力资源管理系统主要是针对作业人员的管理。它包括了人员属性记录、工作经验记录以及岗位经验记录和奖惩记录。在我国物流企业中，除了管理人员以外，大多数作业人员来源于劳务市场和外来打工人员。这些人员流动性较大，且劳务市场对这些人员的管理水平较低，因此物流管理信息系统必须提供基于物流运作需求的人力资源管理，建立人力资源数据库。

三、物流信息技术

物流信息技术是"以计算机和现代通信技术为主要手段实现对物流各环节中信息的获取、处理、传递和利用等功能的技术总称"(GB/T 18354—2021)。随着科技的发展和进步，近年来，人工智能技术也逐步应用到物流领域，成为物流信息技术的新生力量。

下面将介绍几种主要的物流信息技术。

(一) 自动识别技术

自动识别技术是"对字符、影像、条码、声音等记录数据的载体进行机器自动辨识并转化为数据的技术"(GB/T 18354—2021)。借助这种技术，通过自动的方式识别项目标志信息，无需使用键盘即可将数据输入计算机系统，从而实现物流与信息流的同步。在物流和供应链管理中，常用的有条码技术和射频识别技术。

1. 条码技术

条码技术是为实现对信息的自动扫描而设计的，是快速、准确而可靠地采集数据的有效手段。条码技术具有数据采集快速、准确，成本低廉，易于实现等优点，为物流和供应链管理提供了有力的技术支持。

条码是条形码的简称，它是"由一组规则排列的条、空组成的符号，可供机器识读，用以表示一定的信息，包括一维条码和二维条码"(GB/T 18354—2021)。条码由一组黑白相间、粗细不同的条状符号组成，条文隐含着数字、字母、标志和符号等信息，主要用以表示商品的制造国、制造商以及商品本身的基本信息，是全球通用的商品代码的表示方法。常见的条码种类有 EAN 标准版条码(如图 3.7.1 所示)、ITF-14 条码(如图 3.7.2 所示)和 UCC/EAN-128 条码(如图 3.7.3 所示)。

图 3.7.1　EAN-13 条码

图 3.7.2　ITF-14 条码

图 3.7.3 UCC/EAN-128 条码

EAN 条码即国际上通用的商品条码,我国通用商品条码标准也采用 EAN 条码结构。其标准版由 13 位数字及相应的条码符号组成,在较小的商品上则采用 8 位数字码及其相应的条码符号的缩短版。标准版,即 EAN-13 条码(如图 3.7.1 所示),包括四个组成部分,按从左往右的顺序分别是:前缀码(三位数字,由国际物品编码会统一制定,我国为 690~695)、制造商代码(四位数字,由我国物品编码中心统一分配并统一注册,实行一厂一码)、商品代码(由五位数字组成,由厂商确定,表示每个制造厂商的商品)、校验码(由一位数字组成,用以校验前面各码的正误)。EAN 标准版条码与另外两种常见条码的特点及用途如表 3.7.2 所示。

表 3.7.2　常见条码的种类、特点及用途

条　　码	特点及用途
EAN 标准版条码	国际通用商品条码,用于零售商品标识
ITF-14 条码	专门表示储运单元编码的条码;常用于搬运、仓储和运输中;分为定量储运单元和变量储运单元
UCC/EAN-128 条码	贸易单元 128 条码;可变长度,携带信息包括生产日期、有效期、运输包装序号、重量、尺寸、体积、送出地址、送达地址等

2. 射频识别技术

射频识别技术,简称 RFID 技术,它是"在频谱的射频部分,利用电磁耦合或感应耦合,通过各种调式和编码方案,与射频标签交互通信唯一读取射频标签身份的技术"(GB/T 18354—2021)。而射频识别系统则是"由射频标签、识读器、计算机网络和应用程序及数据库组成的自动识别和数据采集系统"(GB/T 18354—2021)。当标签进入磁场后,识读器发出射频信号,标签凭借感应电流所获得的能量发出存储在芯片中的产品信息,或者标签主动发送某频率的信号。解读器读取信息并解码后,送至中央信息系统进行有关数据处理。

射频识别技术的应用领域非常广泛,在物流和供应链管理、邮件包裹处理、门禁控制、动物身份标志等方面均具有良好的应用效果。在物流领域的应用中,将条形码与 RFID 技术相结合,可有效进行物流信息管理。例如,可以将条形码贴在物品上,射频电子标签贴在存放物品的托盘或叉车上,电子标签存放托盘或叉车上所有物品的信息,阅读器则安置在仓库的进出口。每当物品进库时,阅读器自动识别电子标签上面的物品信息,并将信息存储到与之相连的管理系统中;当物品出库时,同样由阅读器自动识别物品信息,并传送到管理系统,由系统对信息进行出库处理。这样不但可以增加处理货物的件数,还可以查看这些货物的一切流动信息。

(二)　电子数据交换技术

电子数据交换,英文简称 EDI,是指"采用标准化的格式,利用计算机网络进行业务数据的传输和处理"(GB/T 18354—2021)。EDI 是 20 世纪 80 年代发展起来的一种新颖的电子化贸易工具,俗称"无纸贸易"。EDI 是通过计算机信息网络,将贸易、运输、保险、银行和海关等行业信息，转化为国际公认的标准格式，实现各有关部门或公司之间的数据交换与处理，并完成以贸易为中心的全部过程。它是一种在公司与公司之间传输订单、发票等作业文件的电子化手段。

EDI 在物流中的应用日益广泛，货主、承运人及其他相关部门或机构之间，通过 EDI 系统进行物流数据交换，并在此基础上开展物流业务活动。通过 EDI 可以实现信息共享，提高流通效率，降低物流成本。

(三) 全球定位系统

全球定位系统，英文简称 GPS，是"以人造卫星为基础、24 h 提供高精度的全球范围的定位和导航信息的系统"(GB/T 18354—2021)。GPS 系统与电子地图、无线电通信网络及计算机车辆管理信息系统相结合可以实现多项功能。首先，车辆跟踪功能，利用 GPS 和电子地图可以实时显示出车辆的实际位置，可对重要车辆和货物进行跟踪运输。第二，提供出行路线规划和导航功能，提供出行路线规划，包括自动路线规划和人工路线设计。第三，交通指挥功能，指挥中心可以监测区域内车辆的运行状况，对被监控车辆进行合理调度。第四，紧急援助功能，通过 GPS 定位和监控管理系统可以对遇有险情或发生事故的车辆进行紧急援助。

近年来，中国研制的北斗系统快速崛起，成为全球卫星导航系统的一支重要力量。北斗系统由空间段、地面段和用户段三部分组成。北斗系统空间段由若干地球静止轨道卫星、倾斜地球同步轨道卫星和中圆地球轨道卫星等组成。北斗系统地面段包括主控站、时间同步/注入站和监测站等若干地面站，以及星间链路运行管理设施。北斗系统用户段包括北斗兼容其他卫星导航系统的芯片、模块、天线等基础产品，以及终端产品、应用系统与应用服务等。北斗系统的建设实践，走出了在区域快速形成服务能力、逐步扩展为全球服务的中国特色发展路径，丰富了世界卫星导航事业的发展模式。

(四) 地理信息系统

地理信息系统，英文简称 GIS，是随着地理科学、计算机技术、遥感技术和信息科学的发展而发展起来的一种新兴技术，它是"在计算机技术支持下，对整个或部分地球表层(包括大气层)空间中的有关地理分布数据进行采集、储存、管理、运算、分析、显示和描述的系统"(GB/T 18354—2021)。

GIS 应用于物流分析，主要是指用 GIS 强大的地理数据功能来完善物流分析技术。其车辆路线模型可用于解决一个起始点、多个终点的货物运输中如何降低物流作业费用并保证服务质量的问题。其分配集合模型可以根据各个要素的相似点把同一层次上的所有或部分要素分为几个组，用以解决确定服务范围和销售市场范围等问题。

(五) 人工智能技术

人工智能，英文缩写为 AI，它是研究、开发用于模拟、延伸和扩展人的智能的理论、方法、技术及应用系统的一门新的技术科学。人工智能是计算机科学的一个分支，它企图了解智能的实质，并生产出一种新的能以人类智能相似的方式作出反应的智能机器，该领域的研究包括机器人、语言识别、图像识别、自然语言处理和专家系统等。

AI 在物流行业主要应用在智能搜索、推理规划、模式识别、计算机视觉以及智能机器人等领域。

在仓储环节，对于企业仓库选址的优化问题，人工智能技术能够根据现实环境的种种约束条件，如顾客、供应商和生产商的地理位置、运输经济性、劳动力可获得性、建筑成本、税收制度等，进行充分的优化与学习，从而给出接近最优解决方案的选址模式。人工智能能够减少人为因素的干预，使选址更为精准，降低企业成本，提高企业的利润。

库存管理是人工智能技术应用较早的领域之一，它通过分析历史消费数据，动态调整库存水平，保持企业存货的有序流通，提升消费者满意度的同时，还不会增加企业盲目生产的成本浪费，使得企业始终能够提供高质量的生产服务。

对于运输路径的规划，智能机器人的投递分拣、智能快递柜的广泛使用都大大提高了物流系统的效率，大大降低了行业对人力的依赖。随着无人驾驶等技术的成熟，未来的运输将更加快捷和高效。通过实时跟踪交通信息，以及调整运输路径，物流配送的时间精度将逐步提高。而无人监控的智能投递系统也将大大减少包装物的使用，更加环保。

 【思政园地】

中国北斗：服务全球　造福人类

北斗卫星导航系统是我国着眼于国家安全和经济社会发展需要，自主建设运行的全球卫星导航系统，是为全球用户提供全天候、全天时、高精度的定位导航授时服务的国家重要时空基础设施。2020 年 7 月 31 日，习近平总书记向世界宣布北斗三号全球卫星导航系统正式建成开通，中国北斗迈入服务全球、造福人类的新时代。北斗系统建成开通一年以来，运行稳定、性能稳中有升，持续满足全球用户需求，成为中国以实际行动积极推动构建人类命运共同体的生动案例。

习近平总书记指出："中国的发展得益于国际社会，也愿为国际社会提供更多公共产品。"北斗系统是中国践行"让各国人民共享发展机遇和成果"的典型公共产品。

2018 年 11 月，联合国全球卫星导航系统国际委员会第十三届大会在中国西安召开。习近平总书记专致贺信，他指出："中国愿同各国共享北斗系统建设发展成果，共促全球卫星导航事业蓬勃发展。"透明开放、拥抱世界的北斗系统，相继签署中巴、中泰、中俄、中沙、中阿(盟)、中伊(拉克)、中阿(根廷)等双边合作协议，建立中国—东盟北斗合作论坛、中国—阿拉伯北斗合作论坛，中国—中亚北斗合作论坛等常态化交流平台，中国北斗已成为国家对外交往交流的亮丽名片。

为满足全球应用需求，中国政府持续推动北斗进入民航、海事、搜救卫星、移动通信、电工委员会等国际组织标准体系。至今，多项支持北斗的国际标准发布，国际移动通信组织发布支持北斗信号的 5G 标准，国际海事无线电技术委员会也发布支持北斗信号的差分数据标准协议，国际电工委员会发布北斗船载接收设备检测国际标准。北斗正在随着 5G、民航、航海等产业走向全球。

当前，北斗系统已在全球超过一半的国家和地区得到应用，向亿级以上用户提供服务，基于北斗的土地确权、精准农业、数字施工、防灾减灾、智慧港口等各种解决方案在东盟、南亚、东欧、西亚、非洲等区域的众多国家得到应用。北斗国际合作通过测试评估、技术研发、应用示范、教育培训等多种方式，与合作国加强卫星导航领域的技术合作交流，惠及民生福祉、服务社会发展，实现共同进步。

▶任务工单

编　号	3-7-1	知识点	物流信息技术及物流管理信息系统	日期	
团队成员姓名					
任务要求		结合任务情境，以团队形式，合理分工查找京东"青龙系统"相关资料，分析其物流管理信息系统功能及物流信息技术，并完成任务总结			
任务目标		运用物流信息技术相关理论知识，分析京东"青龙系统"的信息技术应用及其功能，总结物流信息系统的作用及效果			

任务实施		京东主营物流业务范围			
		简要介绍"青龙系统"及其功能			
	"青龙系统"信息技术分析	物流系统功能	"青龙系统"模块名称	运用的物流信息技术	信息技术的主要作用
		运输功能			
		仓储功能			
		包装功能			
		装卸搬运功能			
		流通加工功能			
		配送功能			
		"青龙系统"运行效果及效率分析			
任务总结					

▶任务评价

评价内容		自我评价	同学评价	老师评价
知识评价	能说出物流信息的概念、分类和作用			
	能掌握物流信息技术的概念及作用			
技能评价	能分析物流管理信息系统的作用			
	能分析物流信息技术的应用范围及作用			
素质评价	树立诚信消费观念、建立良好的个人信用			
	具有民族自豪感、热爱祖国的美好品质			
	具有良好的团队领导力及合作精神			

【拓展资料】

精准大数据优化用户体验

大数据本身巨大的量级为企业提供了足够多的参考基准，而如何把这些数据落实到实际的服务中去，则需要对数据分析使大数据精准化。

以电商优化配送路径为例。"双十一"期间，有些仓库捡货员走的路和马拉松跑步差不多，怎么把路径规划得更好就显得至关重要，在100多个中小件仓库中，京东通过大数据分析做出特定的算法，让商品捡货的单品耗时从22秒降到16秒。

除此之外，配送环节的车辆运输等很多地方也需要大数据分析，京东通过智慧物流来选择最佳配送路段，提高车辆使用率，降低空驶率。包括天气状况在内的大数据分析，可达到配送路径最优化，目的是尽快将商品送达用户的手中。

而在商品售出之前，精准大数据同样是个性化购物体验背后的支撑。京东现在正在打造一个智能卖场的概念，一切都是基于对用户的了解，根据用户画像做出精准判断，从某一方面看，大数据真正产生价值的基础要有非常精准的用户画像，排除数据信息冲突，怎么把用户定准是大数据分析的核心所在。

同时，京东金融成为大数据的征信体系，使改变用户传统的消费习惯成为可能。参照个人信用的数据模型，京东白条在几分钟就能决定该不该给用户贷款，既能让使用者提前消费，又让京东公司保持一定的安全系数之内。此外，京东金融还可以给商户贷款，通过大数据分析商家是不是可以贷款，可以贷多少款，三分钟审批放贷，促进商家在京东运作得更好。

　　请思考：有了大数据及各种物流信息的支撑，未来物流服务的体验会有哪些新的变化？大数据背景下，顾客在享受优质服务的同时，应当如何建立良好的个人信用？

项目四

企业物流管理

项目简介

本项目由三大任务组成：

任务一：生产企业物流管理。学习生产企业物流系统结构，供应物流、生产物流、销售物流和逆向物流与废弃物物流的组织形式及合理化措施。

任务二：流通企业物流管理。学习批发企业、零售企业和物流企业的物流特点与管理策略，以及第三方物流企业的运作模式。

任务三：物流中心、配送中心和物流园区管理。学习物流中心、配送中心和物流园区的概念、类型与作用，以及配送中心的作业流程和货物分拣方式。

项目目标

▶知识目标

1. 理解生产企业物流系统的结构。

2. 理解并掌握供应物流、生产物流、销售物流和逆向物流与废弃物物流的概念、组织形式及合理化措施。

3. 了解批发企业和零售企业的物流运作模式的特点，掌握商业企业物流管理的策略。

4. 了解物流企业的类型，掌握第三方物流企业的运作模式。

5. 了解物流中心、配送中心和物流园区的概念、类型与作用。

6. 理解物流中心、配送中心和物流园区的联系与区别，掌握配送中心的作业流程和货物分拣方式。

▶技能目标

1. 能运用物料移动的组织形式的相关理论知识确定生产物流物料的移动方式。

2. 能运用零售企业物流管理策略、第三方物流模式的相关理论知识制订零售企业物流管理策略。

3. 能辨别物流中心、配送中心的类型。

4. 能运用配送中心作业流程、货物分拣方式等理论知识制订合理的货物分拣方案。

▶素质目标

1. 培养独立学习、求真探索的良好学习习惯和品质。

2. 培养良好的人际沟通能力和团队协作能力。

3. 培养文字表达能力和资料归纳总结能力。

4. 培养领导能力、决策能力和自我提升能力。

▶思政目标

1. 树立资源可持续利用的环保物流理念。

2. 具有安全第一、精益求精的生产物流管理理念。

3. 树立工匠精神，明确流通物流行业的社会责任。

4. 树立热爱祖国，立志为国家物流行业进步而奋斗的精神。

5. 具有敢于创新、不断进取的开拓精神。

任务一　生产企业物流管理

任务情境

海尔集团的物流配送网络随着产品销售网络的扩大而不断延伸，经过十多年的开发和发展，已形成了全国网络化的配送体系，建立了数十个物流配送中心，覆盖了全国所有地区，拥有 300 多万平方米的仓储资源，并和 300 多家运输企业建立了业务联系。在海尔完善的销售物流体系中，又形成了成品分拨体系、返回体系和备件配送体系。在这个系统覆盖范围内，海尔集团实现了中心城市配送 6～8 h，区域配送 24 h，全国主干线分拨配送平均 3.5 天的配送时效。

思考：海尔集团是怎样提升企业核心竞争力的？

任务目标

学习本任务后，应理解生产企业物流系统的结构，理解并掌握供应物流、生产物流、销售物流和逆向物流与废弃物物流的概念、组织形式及合理化措施，能运用物料移动的组织形式的相关理论知识确定生产物流物料的移动方式。

任务相关知识

生产企业物流是指工业企业在生产经营过程中，从原材料的采购供应开始，经过生产加工，一直到产成品销售，以及伴随着企业生产经营活动所产生的废旧物资回收、废弃物的处理等过程中发生的物流活动。

一、生产企业物流系统的结构

按在生产企业物流系统中所处的阶段，物流可分为供应物流、生产物流、销售物流、逆向物流及废弃物物流四种类别，如图 4.1.1 所示。

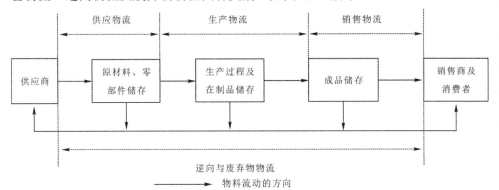

图 4.1.1　生产企业物流系统的结构

供应物流包括原材料等一切生产资料的进货、运输、储存、库存管理与用料管理等活动。生产物流包括生产物流计划与控制、物料搬运、在制品储存与库存管理等活动。销售物流包括成品仓储与库存管理、订单处理、货物发运、运输、配送、客户服务等活动。逆向物流与废弃物物流包括废旧物资、边角余料等的回收、利用，各种废弃物(废料、废气、废水等)的处理等活动。

二、供应物流

(一) 供应物流概述

供应物流是指"为企业提供原材料、零部件或其他物料时所发生的物流活动"(GB/T 18354—2021)。供应物流对企业正常生产、高效运转起着重要作用，它不仅对生产能起到供应保证作用，还以最低成本、最少消耗、最快速度保证生产企业的重要物流活动。

供应物流与企业采购密不可分，具体体现在以下两个方面：

(1) 企业采购需要物流活动支撑。采购是企业提出采购需求，选定供应商，谈妥价格，确定交货及相关条件，签订合同并按要求收货付款的过程。在这个过程中，一是要实现将物资所有权从卖方转移到买方；二是要实现将物质实体从供应者手中转移到用户手中。前者是商流过程，主要通过商品交换来实现商品所有权的转移；后者是物流过程，主要通过运输、储存等手段来实现商品空间位置的转移。这里的物流活动，也被称为采购中的物流活动。在供应链管理时代，采购中的物流活动与生产企业一部分厂内物流有机融合，逐渐发展为现代供应物流，成为企业物流的重要组成部分。

(2) 企业采购对供应物流乃至企业物流具有重大影响。企业的采购需求高度影响供应物流服务需求的特性，如供应物流运作的时间、频次与物流作业批量。而企业的采购模式也会影响供应物流的作业效率及成本高低，进而影响产品的生产质量和生产成本。目前，企业采取的采购模式主要有电子采购、准时采购、全球采购、绿色采购等。合理选择适合企业发展的采购模式，有利于企业提高采购率、降低采购及供应物流成本、改善客户服务水平、提高客户满意度。

(二) 供应物流的组织形式

供应物流的组织形式因企业、供应环节和供应链的不同而有所区别。常见的企业的供应物流有四种基本组织形式，即供应商提供供应物流、采购商自行进行供应物流、委托第三方物流企业代理供应物流和供应链供应物流。

1. 供应商提供供应物流

生产企业作为采购商，在买方市场条件下，利用买方的主导权力，对供应商提出供应物流服务的要求，作为采购订货的前提条件。与此同时，供应商在实现了自己生产和经营产品销售的同时，也实现了对用户的供应服务，并以此占领市场。这种供应物流服务也是供应商企业发展的一个战略手段。

对采购商来说，供应商提供供应物流的形式可以把整个供应物流管理任务以及货物在途风险都转移给供应商，自身只需做好入库验收工作。同时，可以充分利用买方市场优势，对供应商提出供应物流服务要求并进行选择，有利于实现企业理想的供应物流设计。但其缺点在于供应商供应物流提供能力可能有所欠缺，很难满足企业供应物流现代化、高水平的要求。

2. 采购商自行进行供应物流

采购商自行进行供应物流是指在供应商的仓库里交货，交货后的供应物流活动全部由采购商(即生产企业)自行承担。采用这种供应物流形式的企业往往在设备、装备、设施和人才方面有一定的优势，否则会导致物流成本上升，本企业核心竞争力下降。

3. 委托第三方物流企业代理供应物流

委托第三方物流企业代理供应物流的形式也称为供应物流外包。采用这种供应物流形式时，买方把进货管理的任务和进货途中的风险转移给了第三方物流公司。通常第三方物流公司是专业的物流企业，有高水平、低成本、高服务从事专业物流的条件、组织和传统。供应物流外包有利于发挥第三方物流公司的自主处理、联合处理和系统化处理的作用，有利于降低采购商的供应物流运作成本。

4. 供应链供应物流

供应链管理发展使供应物流发展进入新的阶段。供应链强调原材料的采购、生产、销售、服务、回收等整个流通管理、采购、生产、销售部门与供应商、分销商、零售商整合。在供应链中，采购、供应物流将与供应链中的其他部分紧密整合，供应商、生产商、销售商等将结成战略伙伴关系。信息共享使销售商根据需求动态、库存，利用网络向生产商发出商品信息，生产商根据生产情况和销售情况，制订生产计划，原材料品种、数量订单等，通过网络向供应商发订单。由于信息畅通、及时，能快速对客户的需求做出反应，从而起到降低库存、提高整体服务水平的作用。由于供应链管理的目标是将整个供应链上的所有环节的市场、分销网络、制造过程和采购活动联系起来，实现顾客服务的高水平与低成本，以赢得竞争优势，因此供应物流最终将与其他部分整合在一起，成为供应链发展中不可分割的重要组成部分。

(三) 供应物流合理化

供应物流是一项环节多、涉及面广、环境复杂、风险大的工作。为降低成本和风险，提高供应物流管理的效率和效果，供应物流合理化应从以下几个方面入手：

(1) 合理选择供应物流的组织形式。如果生产企业面对竞争压力大、供应物流要求高的情况，应选择供应链供应物流。对于难度和风险较大的供应物流的任务，应首选委托第三方物流企业代理供应物流形式，次选供应商提供供应物流形式，一般不宜选择采购商自行进行供应物流形式。对于难度和风险小的供应物流的任务，应首选采购商自行进行供应物流形式。

(2) 确保安全第一。在供应物流管理中，要把安全问题贯穿始终。货物安全、运输安全和人身安全，是供应物流管理首要考虑的因素。要把安全工作具体落实到包装、装卸搬运、运输、储存各个物流环节中，制订措施，严格管理，保证物流过程中不出现安全事故。

(3) 遵循成本和效益相统一的原则。在供应物流管理中，要遵循成本和效益相统一的原则，同时也要考虑运输安全。效益包括经济效益和社会效益。所谓社会效益，就是要有环保意识，要减少环境污染、维护生态平衡，要减轻社会交通紧张的压力，不能片面追求成本低而盲目超载，一味追求最短路径而破坏城市公共交通秩序、甚至违反交通规则等。

(4) 从供应链角度考虑总体最优。供应物流是物流系统中的一个要素，也是企业供应链中的一个环节，如果孤立地降低供应物流成本，可能导致其他要素和环节的成本增加。应综合考虑各个环节与各个利益主体的总成本，从供应链角度出发，实现总体最优。

三、生产物流

(一) 生产物流概述

生产物流是指"生产企业内部进行的涉及原材料、在制品、半成品、产成品等的物流活动"(GB/T 18354—2021)。它是按照工厂布局、产品生产过程和工艺流程的要求，实现原材料、配件、半成品等物料在工厂内部供应库与车间、车间与车间、工序与工序、车间与成品库之间流转的物流活动。

生产物流和生产流程同步，是从原材料购进入库开始直到产成品入库为止的全过程的物流活动(见图 4.1.2)。原材料、半成品等按照工艺流程在各个加工点之间不停顿地移动、转移，形成了生产物流。它是制造产品的生产企业所特有的活动，如果生产中断了，生产物流也就随之中断了。

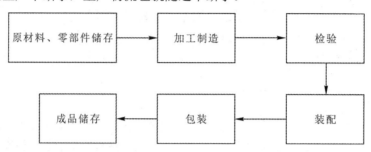

图 4.1.2 生产物流流程图

生产物流合理化对工业企业的生产秩序、生产成本有很大影响。生产物流均衡稳定，可以保证加工对象顺畅流转，缩短生产周期。加强生产物流的管理和控制有利于在制品库存的减少和设备负荷的均衡化。

(二) 生产物流的组织形式

1. 生产物流的空间组织形式

生产物流的空间组织是相对于企业生产区域而言的，其目标是缩短物料在工艺流程中的移动距离。通常，生产物流的空间组织形式有工艺专业化形式、对象专业化形式和综合专业化形式三种。

(1) 工艺专业化形式也称功能性生产物流体系，即把相同或相近的设备布置在一起，完成相同工艺的加工任务。采用这种形式的工艺设备用途广泛，有利于适应加工工艺的变化调整。其作业也较为多样化，有利于调动操作人员的积极性。但其在制品占用多，产品停放时间长，资金占用大，设备利用率低，生产运作管理复杂，对员工技术等级要求也高。

(2) 对象专业化形式也称产品原则形式，即按照产品(零件、部件)的不同来设置生产单位，在这个生产单位里，各种设备按产品(零件、部件)加工顺序排列，形成一套封闭的工艺过程，全部或者大部分加工过程在这一生产单位完成。对象专业化形式适合重复度较高的生产活动，生产的品种较少或者加工对象相似。采用这种形式，可以大大缩短产品生产过程的运输路线，节约运输成本，减少单位之间的工作协调，简化管理工作。但其设备专用性强，对产品变化的适应性差，工艺复杂，难以进行工艺专业化管理。

(3) 综合专业化形式也称混合原则，即按照成组工艺形式组织生产物流。它综合了上述两种形式的优点，按照成组技术原理，把具有相似性的零件分成一个成组生产单元，并根据其加工路线进行设施设备的布点。其主要优点是大大简化了零件的生产加工流程，减少了物流迂回路线，在满足品种变化的基础上有一定的生产批量，具有较强的柔性和适应性。

2. 生产物流的时间组织形式

生产物流的时间组织是指一批物料在生产过程中，各生产单位、各道工序之间在时间上的衔接和结合方式。合理组织生产物流，不但要缩短物料的流程，而且要加快物料流动的速度，尽量减少物料的停滞、等待，实现物料流的均衡、顺畅和连续。通常，一批物料有三种典型的移动方式，分别是顺序移动、平行移动和平行顺序移动。

(1) 顺序移动是指一批零件在某道工序全部加工完毕之后，才整批转入下一道工序加工。

(2) 平行移动是指每个零件在某道工序加工完毕之后就进入下一道工序加工，整批零件一个一个地按照工序顺序依次加工。

(3) 平行顺序移动既考虑平行性，又考虑顺序性，要求每道工序连续加工，但同时要求各道工序尽可能平行地加工。

三种移动方式各有利弊，在安排物料进度计划时，需要考虑物料大小、物料加工时间长短、批量大小以及生产物流的空间组织形式。一般而言，批量小、物料小或重量轻而加工时间短的物料，适合采用顺序移动方式；对生产中的缺件、急件，可以采用平行或平行顺序移动方式。

(三) 生产物流合理化

由于生产物流的多样性和复杂性，以及生产工艺和设备的不断更新，如何更好地组织生产物流，是物流研究者和管理者始终追求的目标。只有合理组织生产物流过程，才能使生产过程始终处于最佳状态。合理组织生产物流(即生产物流合理化)必须满足以下要求。

1. 生产物流过程的连续性

生产物流过程的连续性是指物料处于不停的运动之中，且流程尽可能短。它包括空间上的连续性和时间上的连续性。时间上的连续性是指物料在生产过程中的各个环节自始至终处于连续状态，没有或很少有不必要的停顿与等待现象。空间上的连续性要求生产过程中的各个环节在空间布置上合理紧凑，使物料的流程尽可能短，没有迂回往返现象。提高生产物流过程的连续性，可以缩短产品的生产周期，降低在制品库存，加快流动资金的周转，提高资金利用率。

2. 生产物流过程的平行性

生产物流过程的平行性是指物料在生产过程中进行平行交叉作业。一个企业通常生产多种产品，每一种产品又包含着多种零部件，加工装配式生产使实现物流生产过程的平行性成为可能。平行作业是指相同的零件同时在数台相同的机床上加工；交叉作业是指一批零件在上一道工序还未加工完时，将已完成的部分零件转移到下道工序加工，实现零部件的顺序移动及平行顺序移动。显然，平行交叉作业可以大大缩短生产物流过程的周期。

3. 生产物流过程的均衡性

生产物流过程的均衡性是指产品在生产过程的各个阶段，从投料到最后完成入库，都能保证按计划有节奏、均衡地进行，能够在相等的时间间隔内完成大体相等的工作量。均衡的生产物流过程有利于资源合理利用，避免产品积压和各种浪费损失，提高产品质量，减少在制品占用，有利于安全生产。

4. 生产物流过程的比例性

生产物流过程的比例性是指生产过程各个环节的生产能力要保持适合产品制造的比例关系。它是生产顺利进行的重要条件。如果比例性遭到破坏，则生产物流过程必将出现瓶颈。瓶颈会制约整个生产物流系统的产出，造成其他资源的能力浪费和物料阻塞，从而破坏生产物流过程的连续性。

5. 生产物流过程的适应性

生产物流过程的适应性是指生产过程的各个阶段、各个工序都按后续阶段和工序的需要生产，即在需要的时候，按需要的数量，生产所需的零部件。生产物流过程的适应性将企业与用户紧密联系起来，满足用户个性化的需求。

四、销售物流

(一) 销售物流概述

销售物流是"企业在销售商品过程中所发生的物流活动"(GB/T 18354—2021)。其具体包括订单处理、包装、装卸搬运、运输、配送、流通加工以及送达服务等功能活动。销售物流是企业物流系统的最后一个环节，是企业物流与社会物流的又一个衔接点。它与企业销售系统相配合，共同完成产成品的销售任务，将产品实体转移给用户。

通常，销售物流的起点是生产企业的产成品仓库，产成品经过分销完成长距离、干线的物流活动，再经过配送完成市内和区域范围的物流活动，到达企业、商业用户或最终消费者手中。销售物流是一个逐渐发散的物流过程，可使资源得以广泛地配置，企业得以回笼资金并进行再生产。

在现代社会买方市场的环境下，销售往往以送达用户并经过售后服务才算终止。因此，销售物流的空间范围很大，且带有极强的服务性，采取各种诸如少批量、多批次，定时、定量配送等特殊的物流方式可满足用户需求，最终实现销售。销售物流的组织及其合理化对企业市场营销活动的成功开展起着十分重要的作用。它不仅是企业盈利的关键环节(第三利润源)，而且关系到客户对企业的满意度与忠诚度，关系到企业的竞争力。特别是在产品同质化的今天，优质的销售物流服务已成为提升企业竞争力的关键。

(二) 销售物流的组织形式

销售物流主要有三种组织形式，即生产企业自行组织销售物流、第三方物流企业组织销售物流以及用户企业自行提货。

1. 生产企业自行组织销售物流

生产企业自行组织销售物流是买方市场环境下的主要销售物流模式之一，也是我国当前绝大部分生产企业采用的物流形式。企业自己组织销售物流，实际上是把销售物流作为企业生产的一个延伸，成为直接面向用户、为用户提供服务的环节。通过销售物流，企业可以将自己的生产经营和用户直接联系起来，用户信息反馈速度快、准确程度高，用户信息对于生产经营的指导作用和目的性强。在企业从"以生产为中心"转向"以市场为中心"的情况下，销售物流逐渐变成了企业的核心竞争环节，成为企业经营的关键，生产过程成为销售物流的支撑力量。

生产企业自行组织销售物流也存在以下弊端：一是生产企业的核心竞争力的培育和发展受限。如果生产企业的核心竞争力在于产品的开发，销售物流可能会占用过多的资源和管理力量，对核心竞争力造成影响；二是生产企业的销售物流专业化程度有限，自己组织销售物流缺乏优势；三是一个生产企业的规模有限，销售物流中将分销物流延伸到配送物流，很难达到经济规模，反而会影响市场更广泛、更深入地开拓。

2. 第三方物流企业组织销售物流

由专业的第三方物流服务企业组织生产企业的销售物流，实际上是生产企业将销售物流外包，将销售物流社会化的形式。这种形式的优点在于，可以实现销售物流的专业化和规模化运行。社会化的第三方物流企业可以向多家生产企业提供物流服务，因此可以将同一生产企业的销售物流和供应物流一体化，也可以将众多企业的物流需求一体化，采取统一解决的方案，从技术层次和组织管理层次降低成本和提高服务水平。在网络经济时代，由第三方物流企业组织销售物流是一个发展趋势。

3. 用户企业自行提货

用户企业自行提货形式也被称为第二方销售物流形式，是用户企业自己组织供应物流的形式。这时，生产企业的销售物流转移给了用户企业，自身不再承担销售物流风险。在市场经济环境下，这种销售形式应用得较少。

(三) 销售物流合理化

销售物流合理化的形式是多种多样的，一般表现为实现货物流动批量化、商物分离以及发展销售物流共同化等形式，它们可以同时在销售物流合理化中得到应用，以收到多重效益。

1. 实现货物流动批量化

随着信息技术的发展，市场需求预测手段及工具不断更新，企业可以对货物的流量和流向进行有效预测，通过制订周密的销售物流计划，按最高效率的路线开展物流活动，增加货物流动的批量，减少批次，实现销售物流集中化。该方式常见的问题包括需求预测不准导致销售竞争力下降，以及交易对象的商品保管面积增加等。

2. 商物分离

商物分离也称为商物分流，是指商流和物流在时间、空间上分离。在这种方式下，商贸企业可以不再有实际的存货，不再有真实的仓库，仅仅拥有商品的所有权。存货可以由工厂保管，也可以由市郊的物流中心保管。销售过程中，商贸企业完成的仅仅是所有权的转移，而具体的物流则交给工厂或物流中心处理。这样，可有效降低生产企业的仓储、运输、装卸和管理成本。该方式常见的问题包括销售方式不灵活，配送距离增大，以及企业之间产生矛盾关系等。

3. 发展销售物流共同化

销售物流共同化的主要内容是实现共同配送。共同配送可以打破一家企业物流合理化的局限，而采取与其他企业相联合，实现销售物流进一步合理化。其目的在于集中配送量，提高配送车辆的利用率。而这种配送系统必须建立在周密的市场预测的基础上，保证各公司的发货信息在时点上协调一致，同时也须注意企业之间关系的调节，加强本企业的商业保密措施等。

五、逆向物流和废弃物物流

(一) 逆向物流

逆向物流是"为恢复物品价值、循环利用或合理处置，对原材料、零部件、在制品及产成品从供应链下游节点向上游节点反向流动，或按特定的渠道或方式归集到指定地点所进行的物流活动"(GB/T 18354—2021)。逆向物流是生产企业物流的重要组成部分，包含了从不再被消费者需求的废旧品变成重新投放到市场上的可用商品，或对物品进行正确处理的整个过程的所有物流活动。

生产企业的生产原料可采用原物料、再生物料，生产过程中采用可再用的工具或器械，生产过程剩余的废弃品或物料可以进行适当的资源回收，做到绿色生产，从源头上提高物品的回收活性。

逆向物流的合理化应注意以下几点：实现供应链合作化，逆向物流是一个社会性的工作，需要供应链中各类企业间的相互合作才能达到合理性的最大化；实现社会大循环，逆向物流循环应是一种社会大循环，生产企业的逆向物流应参与到社会循环中，成为其一个环节，才能实现真正意义上逆向物流的合理化；遵守法律规范，采取符合国情的方法，生产企业的逆向物流必须遵循法律规范，同时通过不断探索寻求适合中国国情的方法和途径。

(二) 废弃物物流

废弃物物流是指"将经济活动或人民生活中失去原有使用价值的物品，根据实际需要进行收集、分类、加工、包装、搬运、储存等，并分送到专门处理场所的物流活动"(GB/T18354—2021)。

按产生的来源，我国将废弃物划分为生产废弃物、流通废弃物和生活废弃物三类。与之相对应的法律法规有《中华人民共和国固体废物污染环境防治法》《中华人民共和国清洁生产促进法》《城市生活垃圾管理办法》等。废弃物物流不仅涉及物流企业和废弃物产生者的关系，而且直接涉及经济效益和社会效益的关系。

我国对废弃物处理的原则是："谁污染，谁治理"。对于生产废弃物，按照法律规定由产业部门自行处理，处理费用计入生产成本。

生产企业的废弃物处理方式有废弃物掩埋、垃圾焚烧、垃圾堆放及净化处理加工四种。废弃物掩埋是指在政府规划地区内，利用原有的废弃坑塘或用人工挖掘出的深坑，将企业生产的最终废弃物运来、倒入，表面用好土掩埋。其优点是不形成堆场，不占地，不露天污染环境，可防止异味对空气的污染；其缺点是挖坑、填埋要有一定投资，在未填期间仍有污染。垃圾焚烧是指在一定地区用高温焚毁垃圾。这种方式只适用于有机物含量高的垃圾或经过分类处理将有机物集中的垃圾。垃圾堆放是指在远离城市地区的沟、坑、塘、谷中，选择合适位置直接倒垃圾。净化处理加工是指对垃圾进行净化处理，以减少对环境的危害处理。

宝钢变"废"为宝——逆向物流

随着地球环境的不断恶化，人们的环保意识逐渐增强，环保越来越受到关注，产品的回收再利用就是一方面。出于环保和资源循环利用的可持续发展经济模式考虑，废钢铁的回收长时间得到广泛的关注和研究。1 吨普通废钢相当于 3~4 吨铁矿石或 1~1.5 吨焦炭，可见废钢的回收利用是很有价值的，而废钢物流是废钢回收中的关键。

上海宝钢物流有限公司作为宝钢集团的子公司，在宝钢回收废钢铁中起到了很大的作用。2011 年，上海宝钢物流有限公司利用 RFID 技术使钢铁成品智能仓储成为现实，并且精心打造物流基地，提供更好的物流服务。现如今废钢的资源供应不足，不能满足现代钢铁供应需求。而上海宝钢物流有限公司在废钢回收方面，由于网点尚未形成规范体系，废钢不能有效地回收到供应链各节点上去，并且公司整体装备水平偏低，科研和技术还没跟上，废钢逆向物流各环节的管理水平较差，且废钢产品质量有待提高。所以如何做好废钢逆向物流是上海宝钢物流有限公司亟待解决的问题。

废钢逆向物流属于重新制造和回收的逆向物流。做好逆向物流，可以节约大量的成本。宝钢打造废钢采购供应链，跟供应商建立良好的关系，便有获得资源的渠道，可以解决废钢的资源供应不足问题。废钢的回收渠道还有赖于物流网络，在进行逆向物流网络设计时，必须考虑到投资、运输、仓储和配送等各方面，使整体达到最优，并且建立分级管理回收网络，进行回收的归类。另外，还可以借助先进的物流信息系统，如 ERP 系统，利用 ERP 系统可以进行企业资源计划和回收量的确定。

在废钢物流管理方面，进行废钢物流专管制度，将各个回收点收集的废钢，根据归类标准分别计量，做到分门别类专门仓建和发运；加快新技术、新工艺、新设备的推广和应用，淘汰落后产能，逐步减少人工作业，使用机械化、自动化、电子化加工和检测设备，提高行业装备水平，进而提高废钢产品质量；培养专业物流人才，引领逆向物流更好地发展。

▶任务工单

编号	4-1-1	知识点	生产物流的时间组织形式	日期	
姓名					
任务要求	学习知识锦囊 4-1-1 物料移动的组织形式，回答问题。 问题：某批产品批量为 10 件，经过 5 道工序的加工时间分别为 4 分钟、8 分钟、12 分钟、6 分钟、10 分钟，要求该零件 200 分钟加工完毕，请问该批零件应该采取哪种移动方式				
任务目标	运用物料移动组织形式的相关理论知识确定生产物流物料的移动方式				

任务实施		$n =$	$m =$	$t_1 =$	$t_2 =$	$t_3 =$	$t_4 =$	$t_5 =$
	顺序移动方式	顺序移动生产周期的计算公式是：						
		求出顺序移动生产周期：						
		是否符合题意：						
	平行移动方式	平行移动生产周期的计算公式是：						
		求出平行移动生产周期：						
		是否符合题意：						
	平行顺序移动方式	平行顺序移动生产周期的计算公式是：						
		求出平行顺序移动生产周期：						
		是否符合题意：						
任务总结								

▶任务评价

评价内容		自我评价	同学评价	老师评价
知识评价	能说出生产企业的物流结构			
	能理解生产企业各物流阶段的组织形式			
	能掌握生产企业各物流阶段的合理措施			
技能评价	能判断生产企业各物流阶段的起始并分析其特点			
	能运用物料移动方式的相关理论知识解决生产物流问题			
素质评价	树立资源可持续利用的环保物流理念			
	具有安全第一、精益求精的物流行业管理理念			
	具有独立学习、求真探索的良好学习习惯和品质			

【知识锦囊】

知识锦囊 4-1-1　物料移动的组织形式

【拓展资料】

太古集团：让供应链精确起来

你知道手中的一罐可口可乐在遇见你之前大致有怎样的旅程吗？有数字说，从采掘铝矾土开始到制成易拉罐，再把可口可乐兑水装罐，直到消费者买回家放入冰箱，整个过程平均需要 319 天。而可口可乐的实际生产过程只需 3 个小时。那么，其余 318 天又 21 个小时都干什么了呢？答案是用于原材料和成品的运输及储存，其中用于储存的"工序"有 14 道之多。事实上，这些数字正是让可口可乐供应链经理们头痛的事情。能否把这个时间和过程最大化地缩短，让可口可乐以最经济的时间和花费到达最终消费者手里呢？

太古饮料集团是可口可乐公司在中国大陆地区最大的合作伙伴。20 世纪 90 年代，太古集团进入中国市场，经过几年的高速增长，遇到了一系列管理难题：

竞争激烈，企业增长放缓，客户经常抱怨缺货，生产和库存也时常处于无序状态，尤其是节假日或不期而至的炎热天气带来的突发订单，常常使得太古饮料措手不及，要么短缺运输资源，要么库存已空，这些情况导致客户满意度不断下降。

此外，由于太古饮料在中国大陆地区实行多点制造策略以服务于不同区域市场，产品类别也在不断增加，他们的采购、生产和配送的复杂度开始加大。而"买得到、买得起"是他们的原则，他们认为，如果在任一消费者想购买产品的地方断货，对企业而言，都是一种损失。1999 年，太古饮料在杭州的装瓶开始了供应链管理的变革之旅。

太古饮料集团的供应链管理优化工作分为 3 个阶段：第一阶段，他们首先在杭州装瓶厂展开 D&OP (Demand & Operation Plan，需求和营运计划)项目；第二阶段，太古饮料从整个集团的角度出发，增加了一个中央规划功能，于 2002 年成立了太古饮料集团供应链计划中心；第三阶段，出于建立统一的供应链管理平台的需要，引进了供应链管理软件供应商 JDA 的 APS (Advanced Planning and Scheduling，先进规划与排程)系统，建立了一个整合的系统平台，从而支持整个太古集团饮料市场区域整合的规划与协调。

请思考：生产企业如何优化企业物流？

任务二   流通企业物流管理

任务情境

大润发超市是我国比较大型的连锁零售超市之一。随着企业发展的需要，大润发超市已建立了配送中心，形成了物流体系。为了追求物流效率，同时使配送活动能够对应于自己各分店的各种要求，大润发超市配送中心采取了自营配送占主导，辅以供应商配送的模式，由指定的批发商统一几种不同厂商的产品，进行集中管理，统一运输。在这种配送模式下，厂商负责连锁超市配送中心的商品调达和批发企业的商品调达，连锁超市自己的配送中心负责大批量的商品配送，而由指定的批发企业负责多额度小单位的配送，以满足大润发超市的要求。

请思考：大润发超市采用的自营配送模式和供应商配送模式有什么不同？为什么大润发超市要采取两种配送模式？

任务目标

学习本任务后，应了解批发企业及零售企业的物流运作模式的特点，掌握商业企业物流管理的策略，了解物流企业的类型，掌握第三方物流企业的运作模式，能运用相关理论知识制订零售企业物流管理策略。

任务相关知识

　　商品流通企业包括商业企业和物流企业两类。商业企业的物流活动主要包括供应物流、企业内部物流和销售物流三种形式。供应物流是商业企业组织货源,将商品从生产厂家集中到商业企业所发生的物流活动。企业内部物流则包括商业企业内部的储存保管、装卸运送、加工等各项物流活动。而销售物流则是商业企业将商品转移到消费者手中所发生的物流活动。物流企业的物流活动具有第三方物流活动的性质。

一、商业企业物流管理

　　商业企业主要包括批发企业和零售企业两类,它们的物流活动有异同点。

(一) 批发企业物流管理

1. 批发企业概述

　　批发企业是指向制造商购进商品,然后转售给零售商、产业用户或各种非营利组织,不直接服务于个人消费者的商业机构。批发企业物流作业具有大进大出、快进快出的特点。它强调的是批量采购、大量储存、大量运输的能力。

　　批发企业具有调节供求、沟通产需、稳定市场的作用。具体而言,批发企业可以减少交易次数,降低交易费用,有效集散商品,提供融资服务,承担市场风险,向供应商和客户提供竞争者的产品、服务及价格变化等信息,帮助零售商改进经营管理等。

　　目前,随着工业品的自销比例逐渐上升,批发商面临着严峻的挑战。一方面,"出厂价""特价""无中间环节"等更多地迎合了顾客追求低价的心理,企业经营者需要对消费者的需求做出快速反应。另一方面,零售企业和制造企业改变商业组织形式,进一步挤压了批发企业的生存空间。例如,实力雄厚的零售企业实施"后向一体化战略",依托众多的连锁门店,实行批零一体、连锁经营,从厂家集中采购,逐步形成了自身的批零网络,部分取代了传统批发商的功能。而制造企业受流通利润丰厚利益的驱使,纷纷实施"前向一体化战略",开展自销业务,不仅从事产品批发,有的还实施选择性分销,发展专卖店零售,甚至开展网上或上门直销业务。

2. 批发企业物流管理策略

　　在新形势下,批发企业应强化物流服务和信息服务功能,为零售企业或产业用户提供更优质的服务乃至增值服务,以在激烈的市场竞争中求得生存和发展。特别是面对多品种、小批量的买方市场,批发企业要实现订单处理的及时化、商品包装的快速化、物流配送的准时化。随着便民连锁店的发展,零售商往往要求供应商能够实现店铺直送。批发商可以通过扩大备货的范围,备齐相关产品的品类、规格和花色,为零售商提供多频次、小批量的准时配送服务。同时,为了降低配送成本,批发企业应加强不同产业批发商之间的合作,实行共同配送。满足在地域上相对分散的零售店铺的配送需求,是批发商未来发展的一个方向。

(二) 零售企业物流管理

1. 零售企业概述

零售企业是指将商品直接销售给最终消费者的中间商。零售企业的基本任务是直接为消费者服务，其职能包括购、销、调、存、加工、拆零、分包、传递信息、提供销售服务等。它是联系制造商、批发商和消费者的桥梁，在分销渠道中具有重要作用。零售企业包括百货商店、专卖店、超级市场、大型综合超市、便利店、折扣商店、仓储式商店、购物中心等多种类型。

2. 零售企业物流管理策略

零售企业物流是以零售商业据点为核心组织的物流活动，具有订货频率高、商品需拆零、退换货频繁、对商品保质期的管理严格等特点。对于大多数零售企业，其供应物流多由制造商或批发商承担，抑或是从批发市场进货，委托第三方承运人完成。其对所销售的大件商品多提供送货及其他售后服务，小件商品的物流活动则由用户自己来完成。但目前国内供应商的物流水平参差不齐，第三方物流发育也还不成熟，配送成本高、效率低、服务水平远达不到消费者的期望、消费者体验不佳等因素制约着中小型零售企业的发展。因此，加快物流产业的发展，尽快提升第三方物流企业的服务能力是解决这些问题的关键。

在此背景下，许多大型连锁零售企业加强了物流中心的建设，通过做好市场预测与决策，集中力量研究商品的实体运动，采取共同进货，以减少不必要的流转环节，减轻城市交通公害，降低物流费用，进而达到提高物流管理水平，顺利完成商品使用价值运动过程的目的。自营物流的零售企业，需要建立配送中心以支持企业的经营活动，需要配送中心提供订单处理、采购、分拣、配送包装、加工、退货等全方位服务，且要求配送中心具有健全的配送功能。

二、物流企业物流管理

(一) 物流企业概述

物流企业是指从事物流基本功能范围内的物流业务设计及系统运作，具有与自身业务相适应的信息管理系统，实行独立核算、独立承担民事责任的经济组织。我国国家标准《物流企业分类与评估指标》(GB/T 19680—2013)将物流企业划分为运输型物流企业、仓储型物流企业和综合型物流企业三种类型。这是按照物流企业所提供的服务功能及主要特征进行的分类。

1. 运输型物流企业

运输型物流企业应同时符合以下要求：以从事运输业务为主，具备一定规模；可为客户提供运输服务及其他增值服务；自有一定数量的运输工具和设备；具备信息服务功能，应用信息系统可对运输货物进行状态查询、监控。

2. 仓储型物流企业

仓储型物流企业应同时符合以下要求：以从事仓储业务为主，具备一定规模；

可为客户提供发拨、配送、流通加工等服务，以及其他增值服务；自有一定规模的仓储设施、设备，自有或租用必要的货物运输工具；具备信息服务功能，应用信息系统可对仓储货物进行状态查询、监控。

3. 综合型物流企业

综合型物流企业应同时符合以下要求：从事多种物流服务业务，可以为客户提供运输、仓储、货运代理、配送、流通加工、信息服务等多种物流服务，具备一定规模；可为客户制定系统化的物流解决方案；可为客户提供综合物流服务及其他增值服务；自有或租用必要的运输工具、仓储设施及相关设备；具有一定市场覆盖面的货物集散、分拨、配送网络；具备信息服务功能，应用信息系统可对物流服务全过程进行状态查询、监控。

(二) 第三方物流管理

第三方物流，简称 TPL 或 3PL，是指"由独立于物流服务供需双方之外且以物流服务为主营业务的组织提供物流服务的模式"（GB/T 18354—2021）。第三方物流是相对于第一方发货人和第二方收货人而言的第三方专业物流公司承担企业物流活动的一种物流形态。第三方物流企业本身不拥有货物，而是为其外部客户的物流作业提供管理、控制和专业化服务，它除了具有七大物流基本功能，还具有增值服务功能，如物流系统规划与设计等。第三方物流企业与客户之间是现代经济关系，需要以合同这一调整和约束双方行为的法律手段来进行治理。合同明确规定了双方的责、权、利关系，可规范物流服务活动与过程。国际上，很多第三方物流企业与其客户之间建立了长期的合作关系，甚至战略联盟。双方实时信息共享，打破传统业务束缚，将买卖关系转变为战略伙伴关系。

第三方物流企业的运作模式种类较多，目前我国常见的有传统外包模式和战略联盟模式，未来的发展方向有方案集成模式、行业创新模式及动态联盟模式等。

1. 传统外包模式

传统外包模式是指物流企业独立承包一家或多家生产商或经销商的部分或全部物流业务。当前大多数物流企业都是这种运作模式。这种模式降低了生产或经销企业库存，节约了物流成本，但容易造成运力的浪费和库存结构的不合理。

2. 战略联盟模式

战略联盟模式是指物流企业以契约形式结成战略联盟，实现内部信息共享和信息交流，相互间协作，形成物流网络系统。联盟可包括多家同地和异地的各类物流企业。目前我国的电子商务物流企业大多属于这种运作模式。这种模式提高了物流运作效率，使供应链衔接更顺畅，节约了成本，但联盟成员彼此利益不一致时易产生矛盾，难以实现资源更大范围的优化。

3. 方案集成模式

方案集成模式也称为第四方物流模式，是指为物流需求者提供运作和管理整个供应链的解决方案，并利用其成员的资源、能力和技术进行整合与管理，为需求者提供全面、集成的供应链管理服务。这种模式下，物流企业可集成多个服务供应商的资源，重点为一个主要客户服务。

4. 行业创新模式

行业创新模式是指借助自身资源、技术和能力的优势，为多个行业的客户提供供应链解决方案，它以整合供应链的职能为重点，以各个行业的属性为依据领导整个行业供应链实现创新。这种模式中往往以核心物流企业为主导，联合其他物流企业，为多个行业客户提供运输、仓储、配送等全方位的、高端的供应链解决方案。

5. 动态联盟模式

动态联盟模式是指一些相对独立的服务商(如 3PL、咨询机构、供应商、制造商、分销商)和客户等，面对市场机会，通过信息技术相连接，在某个时期内结成供应链管理联盟。

物流需求的个性化、多样化和高度化，要求物流企业必须不断改进和优化企业的经营模式，有针对性地开发新型物流服务，以适应物流市场的变化，提高企业的竞争力。

【思政园地】

物流装备企业的"工匠精神"

中国很早以前就有"工匠"和"匠人"的概念，而谈到"工匠精神"的特点，首先是要精益求精，其次要有耐心，然后在保持耐心的基础上去坚持。这就决定了工匠所做的东西是"少而精"的。

大福物流设备有限公司(以下简称"大福")的"工匠精神"体现在不断重复去做。第一，会做出越来越好的产品；第二，自己所犯的错误，也会越来越多暴露出来。在犯错的过程中，大福会积累更多经验，然后将问题一一解决，进而研发出性能更高甚至全新的产品。因此大福每年都会在研发方面投入大笔资金，但并非跟随市场上的热点盲目投入，而是在原有产品线上进行有效结合，在不断的积累过程中产生创新产品，满足市场发展的需求。

与传统的匠人不同，企业要生存，要产生利润，才能实现长远发展，而如何准确判断和预测市场趋势是非常重要的。对于大福来讲，他们会在做项目的过程中，寻找市场的趋势在哪里，引爆点在哪里，进而进行专门的产品研发。

例如，在 2016 年亚洲国际物流技术与运输系统展览会(Ce MAT Asia 2016)上，大福展示了世界顶级的高性能自动仓储系统"多尔赛思"(DUOSYS)。DUOSYS的特别之处在于采用上下多层模块结构，运用双台堆垛机在一个巷道中同时运转，利用同步协调控制技术，实现高速独立作业，使系统出入库处理能力发挥到了极致。

实际上，这套系统早在 10 年前就已开发出来，为的是满足国际市场上电子商务发展的需要。虽然当时电商发展还不像如今这样迅猛，但大福已敏锐地意识到，市场上对于"货到人"拣选，以及多品种、小批量、多批次快速出入库的需求会越来越多，堆垛机不单要速度快，还要能针对小件去拣选。正是因为看到了市场痛点和发展趋势，大福才研发并推出了 DUOSYS 系统。虽然表面看上去，这与"工匠精神"没什么关系，但实际也是一种延续，正是因为像工匠一样对客户、市场和产品的专注，对于自己擅长领域的坚守与钻研，才完成了这样的突破和创新。

▶任务工单

编　号	4-2-1	知识点	零售企业物流管理策略	日期	
团队成员姓名					
任务要求		以团队形式查阅资料并讨论，回答下面问题，并完成任务总结。 问题：M 公司是山东省一家著名的连锁超市集团，一直采用自营物流的模式。近年来，M 公司开始开展特许连锁经营，公司的业务迅速扩张，目前已在山东省 17 个地市建立了 40 余家店铺。在公司规模迅速扩大的同时，许多问题也开始出现。其中一个突出的问题就是配送成本居高不下。如果你是该公司的物流部经理，你将采取哪些措施来解决该问题			
任务目标		运用零售企业物流管理策略、第三方物流模式的相关理论知识，制订零售企业物流管理策略			
任务实施	该零售企业的类型和规模		零售企业类型： 零售企业规模：		
	该企业面临的机遇和挑战分析		机遇： 挑战：		
	物流模式的比较	自营物流模式	优点： 缺点：		
		外包物流模式	优点： 缺点：		
	企业物流对策	自营物流模式	应用范围： 具体措施： 取得效果：		
		外包物流模式	应用范围： 具体措施： 取得效果：		
任务总结					

任务评价

	评价内容	自我评价	同学评价	老师评价
知识评价	能说出流通企业的类别及各自的物流特点			
	能掌握商业企业的物流管理策略			
	能掌握物流企业的物流发展模式			
技能评价	能分析各种物流模式的利弊及适用范围			
	能运用流通企业物流管理的理论知识解决案例问题			
素质评价	树立工匠精神，明确物流行业的社会责任，脚踏实地完成任务			
	具有敢于创新、不断进取的开拓精神			
	具有团队协作的良好品质，能不断总结，不断进步			

【拓展资料】

大润发超市的配送物流

大润发超市是由台湾润泰集团于 1997 年创立的超市品牌，具体由大润发流通事业股份有限公司负责经营。早在 2008 年，大润发在中国大陆地区就开设有 101 家店，实现年销售额 335.67 亿元，在 2008 年中国连锁百强榜上排名第七，在外资连锁零售企业中排名第二，仅次于家乐福。

为满足各大区域连锁超市物流配送的需要，大润发在苏州投资建设了规划达 7 万平方米的华东物流配送中心，配送中心具有较高的技术含量。在以下三个方面表现突出。

第一，仓储立体化。配送中心采用高层立体货架和拆零商品拣选货架组合的仓储系统，大大提高了仓储的空间利用率。在整托盘商品存货区，下两层为配货区，存放整箱出货、周转快的商品，上三层为储存区。在拆零商品配货区，在拆零货架上放置 2500 种已打开运输包装的商品，供拆零商品拣选用，上部货架作为拆零商品的库存区。

第二，装卸搬运机械化。采用前移式蓄电池叉车、电动搬运车、电动拣选车和托盘，实现装卸搬运作业化。

第三，拆零商品配货电子化。近年来，连锁超市对商品的拆零作业需求越来越强烈，配送中心拆零商品的配送作业采用电子标签拣选系统，使用电子标签设备。只要把门店的订单输入电脑，存放各种拆零商品的相应货格的货位指示灯和品种显示器就会立刻显示出需拣选商品在货架上的具体位置以及所需数量；作业人员从货格里取出商品，放入选货周转箱，然后按动按钮，货位指示灯和品种显示器熄灭；订单商品配齐后进入理货环节，电子标签拣选系统自动引导选货人员进行作业。

为了追求物流效率，同时使配送活动能够对应于自己各分店的各种要求，大润发超市配送中心采取了自营配送占主导，辅以供应商配送的模式。由指定的批发商统一几种不同厂商的产品，进行集中管理，统一运输。在这种配送模式下，厂商负责连锁超市配送中心的商品调达和批发企业的商品调达，连锁超市自己的配送中心负责大批量的商品配送，而由指定的批发企业负责多额度、小单位的配送，满足大润发超市的要求。

请思考：大润发超市的配送物流环节效果怎么样？你能提出进一步的优化建议吗？

任务三　物流中心、配送中心和物流园区管理

任务情境

某配送中心的布局如图 4.3.1 所示，有一天其收到四张订单，分别为：

订单一：香蕉 10 箱，苹果 5 箱，西瓜 5 箱，橘子 10 箱，菠萝 5 箱，草莓 10 箱。

订单二：香蕉 10 箱，苹果 10 箱，西瓜 5 箱，橘子 10 箱，菠萝 5 箱，草莓 5 箱，哈密瓜 5 箱，葡萄 5 箱。

订单三：苹果 10 箱，菠萝 10 箱，草莓 10 箱，葡萄 10 箱。

订单四：香蕉 5 箱，苹果 10 箱，西瓜 10 箱，草莓 5 箱。

分拣工具一次最多可以分拣 40 箱水果。拣货员小王犯了难，应该如何进行高效的拣货工作呢？

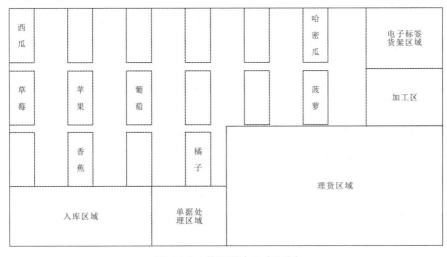

图 4.3.1　某配送中心布局图

学习本任务后，应了解物流中心、配送中心及物流园区的概念、类型及作用，理解其联系和区别，掌握配送中心的作业流程及货物分拣方式，能制订出合理的货物分拣方案。

任务相关知识

物流中心、配送中心和物流园区是不同类型的物流节点，都是物流系统的重要组成部分，均对物流活动的效率和效益有重要影响。

一、物流中心

(一) 物流中心的概念

《物流术语》(GB/T 18354—2021)对物流中心的定义如下：物流中心是指具有完善的物流设施及信息网络，可便捷地连接外部交通运输网络，物流功能健全，集聚辐射范围大，存储、吞吐能力强，为客户提供专业化公共物流服务的场所。物流中心是综合性、地域性、大批量的物品物理位移集中地，是为实施商品高效流通而建立的组织管理、控制、调配的物流节点。它把商流、物流、信息流、资金流融为一体，成为产销企业之间的中介或组织。

(二) 物流中心的作用

在现代物流条件下，物流中心是物流系统的枢纽，对物流过程的优化起着十分重要的作用。

(1) 促进生产企业提高经济效益。物流中心以自身优势承担了生产企业的某些流通活动，有利于生产企业减少商品流通时间，节约成本，加快资金周转，提高企业的经济效益。

(2) 提高物流调节水平。由于物流中心具有储存功能，大量综合性物品由物流中心集中储备，既可提高储存设施的利用率，降低储存成本，又便于进行产、供、销调节，从而提高物流的经济效益和社会效益。

(3) 促进物流运输衔接。物流中心可以衔接不同的运输方式，通过散装整车转运、集装箱运输等方式，减少装卸次数、缩短暂存时间，既可加快物流速度，又可降低货物破损率。同时，物流中心通过集货分货、加工改变物品的规格、尺寸、重量等形式，解决产需物品数量、规格上的矛盾，有利于资源开发利用，活跃市场，满足各种形式的生产和需求。

(4) 提升物流系统管理效率。物流中心不但是实物的集聚中心，而且是信息的汇集中心。物流中心连接产、供、销各方，辐射面广，具有很强的信息汇集功能。随着电子信息技术的提高，物流中心对大量信息的收集、整理、反馈的效率大幅度提升，能为商品流通提供决策依据，协调物流活动，成为了物流系统的指挥中枢，提升了物流系统的管理效率。

(三) 物流中心的类型

物流中心有多种分类方法，常用的分类标准有功能、服务范围和设置地点等。

1. 按功能分类

按照功能的不同，物流中心可分为储存型物流中心、流通型物流中心、加工型物流中心和转运型物流中心。储存型物流中心拥有较大规模的仓储设施，具有很强的储存功能，能够把下游批发商、零售商的商品储存时间和空间降至最低限度，从而实现有效的库存调节。流通型物流中心主要以随进随出的方式实现货物的分拣组配和递送，其典型方式是整进零出，商品在物流中心停留的时间较短。加工型物流中心的主要功能是对产品进行再生产或再加工。转运型物流中心也称转运站或转运终端，主要从事货物转运业务，可以是两种运输方式之间的转运点，也可以是多种运输方式的终点。

2. 按服务范围分类

按照服务范围的不同，物流中心可分为城市物流中心和区域物流中心两大类。城市物流中心以城市范围为有效服务区，往往用机动性强、调度灵活的汽车进行运输，且直接配送到最终用户，实现多品种、少批量、多用户的"门到门"服务。区域物流中心是全国物流网络上的节点，具备较强的辐射能力，向省际、全国范围内的用户提供服务，其物流设施齐全、库存规模较大、用户较多、配送量也较大，主体服务对象是下一级的城市物流中心。

3. 按设置地点分类

按照设置地点的不同，物流中心可分为产地型物流中心和消费地型物流中心。产地型物流中心靠近生产企业，以产品的加工包装为主，以便于物流运输和储存。目前大部分物流中心为消费地型物流中心，它靠近消费地区，交通便利，进行物品的加工和配送，满足用户的需求。

二、配送中心

(一) 配送中心的概念

配送中心是指具有完善的配送基础设施和信息网络，可便捷地连接对外交通运输网络，并向末端客户提供短距离、小批量、多批次配送服务的专业化配送场所(GB/T 18354—2021)。配送中心是集货中心、分货中心、加工中心功能的综合，是集多种流通功能(商品分拣、加工、配装、运送等)于一体的物流组织，是利用先进的物流技术和物流设施开展业务活动的大型物流基地。

(二) 配送中心的分类

常见的配送中心分类标准有功能、权属性质和运营主体。按不同的分类标准，配送中心可分为不同类别。

1. 按功能分类

按照功能的不同，配送中心可分为供应型配送中心、销售型配送中心、储存型配送中心和流通加工型配送中心。供应型配送中心是专门向某个或某些用户供应货物，充当供应商角色的配送中心。供应型配送中心主要对生产企业和大型商业组织(超市或联营商店)用户起后勤保障作用。销售型配送中心是以销售商品为主要目的，围绕市场营销，以开展商品配送为手段而组建的配送中心。流通加工型配送中心的主要功能是对商品进行清洗、下料、分解、集装等加工活动，以流通加工为核心开展配送活动。在对生产资料和生活资料进行配送的配送中心中，有许多属于流通加工型配送中心。

2. 按权属性质分类

按照权属性质的不同，配送中心可分为自有型配送中心、公共型配送中心和合作型配送中心三类。自有型配送中心是指隶属于某一个企业或企业集团，通常只为本企业服务，不对本企业或企业集团以外的客户开展配送业务的配送中心。合作型配送中心是由几家企业合作兴建、共同管理的物流设施，多为区域性配送中心。公共型配送中心是以营利为目的的，面向社会提供服务的配送组织，只要支付服务费，任何用户都可以使用这种配送中心。随着物流业的发展，物流服务将逐步向社会化方向发展，公共型配送中心作为社会化物流的一种组织形式在国内外迅速普及。

3. 按运营主体分类

按照运营主体的不同，配送中心可分为以制造商、批发商、零售商和物流商分别为主体的配送中心。以制造商为主体的配送中心处理的商品是制造商自己生产的，这样可以提高零部件配送的效率和准确性，降低流通费用，提高售后服务质量。以批发商为主体的配送中心一般是按部门或商品种类的不同，把每个制造厂的商品集中起来，然后以单一品种或搭配形式向消费地的零售商进行配送，作业活动主要集中在对商品的汇总和分拨。以零售商为主体的配送中心往往是在零售商发展到一定规模后，自建自用的配送中心形式。以物流商为主体的配送中心具备最强的运输配送能力，现代化程度较高，而且地理位置优越(如港口、铁路和公路枢纽)，可迅速将到达的货物配送给用户。

(三) 配送中心的作业流程

配送中心的种类很多，其内部的结构和运作方式也不相同。一般来讲，中、小件品种规格复杂的货物具有典型意义，配送中心的一般流程也以中、小件杂货配送为代表。由于这类货物种类较多，为保证配送质量，配送中心往往需要具备一定的储存功能。与之相关的理货、分拣、配货、配装的作业环节较常见，但流通加工的环节不典型，其通常的作业流程如图4.3.2所示。

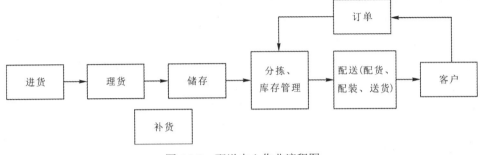

图4.3.2　配送中心作业流程图

三、物流园区

(一) 物流园区的概念

物流园区是指由政府规划并由统一主体管理，为众多企业在此设立配送中心或区域配送中心等，提供专业化物流基础设施和公共服务的物流产业集聚区(GB/T 18354—2021)。物流园区作为一种社会公共基础设施，是地域的空间布局与综合服务功能融合在一起的物流节点。它是一家或多家物流中心、物流相关企业如运输、仓储、中介服务机构的集聚区，能有效整合物流资源，实现物流现代化、建立一体化运输体系、实现设施共享与高度信息化的物流市场载体。

从配送中心、物流中心与物流园区的定义来看，物流园区的范围更大，包含了多家配送中心或物流中心，更趋向于社会化的物流。不同服务范围的物流园区具有不同的区位要求，地方性物流园区一般靠近城市生产消费集中的工业区、商贸区；区域性物流园区多依托铁路、公路、航运货运站或交通枢纽等建成商品转运中心。

物流园区建设不仅体现了企业行为，而且体现了政府对物流合理化的介入。政府从城市整体利益出发，为解决城市功能紊乱，缓解城市交通拥挤，减轻环境压力，实现货畅其流，在郊区或城乡边缘带主要交通干道附近专辟用地建立了物流园区，并通过逐步配套完善各项基础设施、服务设施，提供各种优惠政策，吸引物流企业在此聚集，使其获得规模效益，降低物流成本。

(二) 物流园区的作用

物流园区的作用主要体现在提高物流水平和促进城市发展两个方面。

作为城市物流功能区，物流园区具有集约作用和运输支撑作用，有利于提高城市的物流水平。物流园区是物流企业和物流基础设施集约的载体。在物流园区中，不同功能的物流企业可以优势互补、资源共享，形成战略联盟的合作伙伴关系，从而降低交易成本，减少风险。物流园区又可以为制造业产业、商贸产业的集约培育良好的外部环境，促进产业集约，大大刺激物流有效需求，壮大物流需求市场。同时，物流园区可以实现各种运输方式、干支线运输、集货配送运输的有效衔接，对运输系统具有支撑作用。

作为城市的经济功能区，物流园区对改善环境、促进经济发展有着重要作用。物流园区减少了线路、货站、货场、相关设施在城市内的占地以及车辆出行次数，集中进行车辆出行前的清洁处理，有效降低了噪声、尾气、货物对城市环境的污染。物流园区能降低物流成本，从而降低企业生产经营成本，促进经济发展，以及完善物流系统在保障供给、降低企业库存等方面的作用。

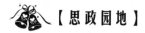【思政园地】

超前规划我国物流园区建设蓝图

随着我国市场经济的发展，现代物流也从概念与观念的导入期进入到产业的实质性发展阶段。但由于物流部门与行业的分隔管理，开始呈现出各自为战、无序竞争的混乱状态，这是打破原有体制后，物流领域结构重组，从无序趋于新的有序，从而建立现代物流体制的必然过程。

零售业的连锁化为我国配送中心的产生和发展提供了契机，高效统一的商品配送是大幅降低经营成本、取得规模效益的关键所在，是连锁经营高度集中、规范化管理得以实现的根本保证。在当前物流配送体系尚未形成，专业化、社会化配送严重欠缺的情况下，各零售连锁企业纷纷开办自己的配送中心，如上海的华联超市、深圳万佳、沃尔玛等。受其影响，一些批发、储运企业也开始从事配送业务，社会化的配送中心开始出现。在各种类型的配送中心中，连锁商业自建的配送中心占了很大比例，社会化、专业化的配送中心数量较少；与此相伴，大部分配送中心规模较小、布局分散、设备闲置、资源浪费现象严重。

上述物流业发展现状决定了现阶段我国规划建设物流园区的主要目的与国外不同。国外许多国家是在配送中心发展时间较长并对交通、环境和城市用地功能布局带来严重负面影响的情况下提出规划建设物流园区的，多属于一种补救措施。比较而言，我国现阶段规划物流园区的最主要目的是通过合理配置物流园区，促进配送中心发展，实现物流企业间联合与协作，加快传统物流业向现代物流业转变，带动城市经济发展，其次才考虑减轻交通压力，减小配送中心对周围环境的影响，促进城市功能调整等。这种规划目的的差异不仅直接表现为物流园区空间布局影响因素的主次不同和作用强弱差异，还体现在规划的超前性上，我国规划建设物流园区超前于配送中心和物流业的发展，可避免起步阶段配送中心在空间上无序分散分布，大量占用土地，严重影响城市交通和环境，造成今后的规划协调困难。

尽管促进物流业发展、实现货畅其流是目前我国规划建设物流园区的最主要目的，但规划的理性思想、系统思想和生态思想要求在布局物流园区时综合考虑经济效益、社会效益和生态效益。

▶ **任务工单**

编　号	4-3-1	知识点	配送中心作业流程、货物分拣方式	日期	
团队成员姓名					
任务要求	结合任务情境，学习知识锦囊 4-3-1 货物分拣方式，进行团队讨论、协作，制订合理的货物分拣方案				
任务目标	运用配送中心作业流程、货物分拣方式等相关理论知识，制订合理的货物分拣方案				

任务实施	货物的分拣方式介绍	按单分拣法的分拣形式：
		按单分拣法的适用范围：
		批量分拣法的分拣形式：
		批量分拣法的适用范围：
	任务情境中的分拣方案	按单分拣方案 / 分拣步骤、数量及路径：
		批量分拣方案 / 分拣步骤、数量及路径：
		最终选择的分拣方案及理由
任务总结		

▶️ 任务评价

评价内容		自我评价	同学评价	老师评价
知识评价	能说出物流中心、配送中心、物流园区的概念、作用及分类			
	能理解三者的联系与区别			
	能掌握配送中心的作业流程及货物分拣方式			
技能评价	能辨别物流中心、配送中心的类型			
	能运用配送中心的作业流程及货物分拣方式的相关理论知识，制订合理的货物分拣方案			
素质评价	热爱祖国，立志为国家物流行业进步而奋斗			
	具有环保理念以及勇于探索、不断创新的品质			
	具有团队协作精神，能进行反思和总结，不断进步			

【知识锦囊】

知识锦囊 4-3-1　货物分拣方式

【拓展资料】

京东商城的无人物流中心

2017 年 10 月 9 日，京东商城首个全流程无人物流中心正式在中国上海亮相。这是全球首个落成并规模化投入运营的全流程无人物流中心，也是全球首个大型绿色无人物流中心。物流中心的顶部全部是太阳能电池板，白天充电，以供库房晚上使用。该无人物流中心实现了从入库、存储、包装、分拣全流程、全系统的智能化和无人化，对全球物流的发展具有重要的里程碑意义。

有数据显示，中国快递行业一年消耗的纸箱费用超过 100 亿元，而京东的智能打包机器人可以保证纸箱、包装袋等包装物能够精确地使用，不浪费每一厘米纸箱。

京东的无人物流中心正式投入运营后，每日的订单处理量超过 20 万单，而传统仓库的日订单处理量只有 3 万至 4 万单，其订单处理效率是人工仓库的 4 倍至

5 倍。

　　无人物流中心的运营成本非常便宜，因为其节省了 90% 以上的人工费用，也不需要额外的管理费用、财务费用和行政费用。物流中心的运营只需支付仓库租金、水电费用与每月的机器检测与维修费用。更重要的是，机器可以 24 小时工作，无需休息；而其一天的工作量是人工的 4 倍以上。

　　不仅是无人仓库，无人送货车也已投入运营。无人送货车具有自动驾驶、路线自动规划、主动换道、车位识别、自主泊车等功能。它通过搭载的雷达、传感器、高精地图以及定位系统，可以提前感知 150 米外的障碍物，重新规划道路。遇到信号灯，前视摄像头也同样可以感知。无人驾驶+感知系统，使物流运输被重新定义。

　　请思考：京东商城的无人物流中心属于哪种类型的物流中心？无人物流中心具有哪些优势？

项目五
行业物流运作与管理

项目简介

本项目由四大任务组成：

任务一：农业物流运作与管理。学习农业物流的概念、运作模式、现状及发展策略。

任务二：工业物流运作与管理。学习工业物流的概念、特点、意义、措施、模式升级思路。

任务三：商贸物流运作与管理。学习商贸物流的概念、特点、模式、现状及发展策略。

任务四：电子商务物流运作与管理。学习电商物流的概念、模式、现状和发展对策。

项目目标

▶ 知识目标

1. 理解农业物流的概念及意义，了解我国农业物流的现状及存在的问题，掌握农业物流的运作模式及发展策略。

2. 理解工业物流的概念和特点，理解工业物流的意义，了解我国工业物流发展的现状，掌握工业物流的发展措施及模式升级思路。

3. 理解商贸物流的概念、特点和意义，理解商贸物流的主要模式，了解我国商贸物流发展的现状，掌握商贸物流的发展策略。

4. 了解电子商务与物流的关系，理解电子商务物流管理的特点和新模式，了解电子商务物流发展的现状，掌握电子商务物流发展的对策。

▶ 技能目标

1. 能运用农业物流模式及发展策略理论知识，提出解决实际问题的方案。

2. 能运用工业物流发展措施及物流模式升级思路理论知识，提出解决实际问题的方案。

3. 能运用商贸物流的发展策略，制定商贸物流创业计划方案。

4. 能结合电子商务物流发展的对策及 B2C 型电子商务企业的相关知识，对比分析 B2C 型电商企业的物流模式。

▶ 素质目标

1. 培养良好的团队学习素质，通过相互讨论，得出解决问题的方案。

2. 培养较好的适应环境、积极应对、灵活应变的职业品质。

3. 具有实事求是、勤奋向上、不怕苦不怕累的职业素质。

4. 培养扎实的口头表达、写作功底，提升职业素养。

▶ 思政目标

1. 具有低碳、环保的农业物流观念。

2. 具有爱国情怀，明确中国制造 2025 的目标及要求，志愿为国家发展而奋斗。

3. 理解"一带一路"的重要意义，关注国家大事，具有祖国荣誉感。

4. 关注疫情防控，掌握快递物流行业的防疫举措，具备物流行业防疫的能力素养。

任务一　农业物流运作与管理

任务情境

夏季，各种新鲜水果大量上市。农民期望能有好收成、卖个好价钱，但受疫情和台风的双重影响，水果等农产品市场行情陡变，某省各涉农区水果等农产品出现了不同程度的滞销。农民们看着丰收的水果，饭吃不下，觉睡不着。

请思考：面对水果滞销难题，你有好的建议和举措吗？

任务目标

学习本任务应理解农业物流的概念及意义，了解我国农业物流的现状及存在的问题，掌握农业物流的运作模式及发展策略，能运用相关理论知识，提出解决实际问题的方案。

任务相关知识

一、农业物流的内涵

农业物流是指以满足顾客需求为目标，以信息技术为支撑，运用现代化的物流手段，对农业生产资料、农产品、农业相关服务和信息等，从供应源到消费源所进行的组织、控制与管理等经济活动。农业物流是社会物流的重要组成部分，是由农业生产资料采购，农产品的生产、收获、储存、运输、包装、流通加工、装卸搬运、配送、分销与信息处理等一系列运作环节组成的，并要在整个过程中实现农业生产资料供应和农产品的保值、增值和组织目标。

农业物流与其他产业物流相比较而言具有显著的特点。一是农业物流主体的多样性。在我国农业物流的主体主要是农民和各类企业，如运输企业、销售企业以及市场当中各类加工企业。二是农业物流流体(包含各类农业生产资料和各种农产品)的高要求性。农业物流流体主要涵盖各种各样的农产品及各类型加工产品。农产品中的水果、蔬菜、鲜奶、禽蛋等产品是典型的易腐食品，在各项物流活动中要求严格保鲜；而加工食品因其食品卫生及加工工艺要求，也对物流包装、运输工具、运输时间有着严格的标准。三是农业物流运输的复杂性。目前我国农业生产主要集中在农村，而绝大多数农村主要分布在城市的外延区域，且分布较为零散，道路等基本设施有待完善，运输方式也较为落后单一，较难形成农产品及农业生产资料的大批量运输。

现代农业物流较传统农业物流有了长足的发展和进步。首先，现代农业物流从农产品流通领域向上下游进一步延伸，涵盖了农业相关的生产、流通和消费领域，内涵更加丰富。第二，现代农业物流管理从农业产业链出发，以顾客满意为首要目标，追求总成本最低、服务最优、效益最佳。第三，现代农业物流采用了现代运输技术、存储技术、保鲜技术、加工技术、包装技术、信息技术等，运用现代化的手段，促进实现农业物流过程的标准化、自动化、网络化、智能化和信息化，达到保值、增值的目的。第四，现代农业物流社会化程度更高，通过公共物流服务或专业性更强的第三方物流作业，发挥其物流管理的优势，竭力为顾客提供优质、高效的运输仓储和加工、需求预测、物流信息、成本控制、物流方案设计及高层次的全程物流服务。这样不仅有助于降低损耗，减少成本费用，而且也缓解了交通拥挤，节约了能源，保护了环境，完善了物流活动的服务功能。

二、我国农业物流的运作模式

我国农业物流存在多种运作模式，主要有以下四种类型。

(一) 农户自营物流模式

农户自营物流模式是指农民在以生产地为中心的一定区域范围内自行销售自己生产的农产品，如将自家生产的农产品拿到市场上销售，也会沿途卖给顾客。该模式中间环节少，农户可直接面对消费者，销售收益能及时兑现，但缺乏加工、保鲜、包装等物流技术处理，农产品附加价值较低，物流半径极其有限。

(二) 农产品企业为中心的物流模式

在此模式中，农产品企业一方面开辟农场，生产自有农产品，使得产品的生产加工能得到有效控制；另一方面与农户签订合约，规定农产品的规格与类型，农户按照合同约定进行生产。最后由农产品企业收购农户的产品，经过加工包装后再配送给零售商销售或直接销售。这种模式有明显优势：有利于推广订单农业，促进农产品生产、加工、销售产业链的建立。但面对分散的农户，物流效率仍然不高，物流成本居高不下。

(三) 批发市场物流模式

批发市场物流模式即"农户—批发市场—中间商—零售市场—消费者"的模式，这是目前农产品的主要流通方式。这种模式的物流半径明显扩大，但由于存在多重中介主体，中间环节多，商品价格逐级抬高，留给农户的利润空间较小，且最终消费者需支付较高的产品价格，农产品的大部分利润被中间环节商瓜分了。

(四) "互联网+"农产品销售为中心的第三方物流模式

近年来，随着"互联网+"农产品销售模式的出现，许多农户或个体经营商户通过几大电商平台、直播平台等在线销售农产品及农业生产资料，进而将物流环节外包，交由第三方物流公司进行运输、仓储和配送。这种模式下，物流环节中的风险转移给了第三方物流企业，农商户能集中精力种植和销售农产品，提供给消费者性价比更高的商品，更容易打开市场，赚取利润。但目前第三方物流企业农产品物流服务质量有待提高，冷链运输能力不足，物流环节中容易造成农产品质量的损失，提高了物流成本。

三、我国农业物流发展现状

在过去的十几年间，我国农业物流发展迅速，物流总量、物流基础设施建设和物流信息体系都得到了较大的发展。但也存在农产品冷链物流建设不完善、农业电子商务物流体系滞后、农业物流组织发展水平不高等问题。

(一) 农业物流总量得到发展

在过去的十几年间，我国物流行业出现了快速增长，特别是在网络购物兴起后，物流配送服务无论是服务理念还是服务能力，都得到了较大的发展。作为我国现代化建设中一个特别重要的问题，农村物流体系建设在全国物流行业快速发展的推动下，也得到了较大发展。一些现代化管理机制开始出现在农业物流体系中，农村物流体系一体化、规模化、国际化的建设正在逐步形成，这必将进一步构建科学的农业物流供应链、价值链和服务链，推动我国农业物流在更高层次快速发展。

(二) 农业物流基础设施建设和物流信息体系建设有所完善

目前，我国农村物流虽然还远远不能适应我国现代化农业的发展需要，但与前些年相比，农业物流的基础设施建设已经取得了较快的发展。数据显示，我国农村道路达 395 万公里，农村集贸市场 4.74 万个，农村物流企业 3000 余家，基本覆盖了所有县城和大部分乡镇，东部发达地区农村和基础条件较好、农村人口比较集中的乡镇建立了农村物流集散配送中心。这些基础条件都成为我国农业物流快速发展的重要基石。近年来，每年的中央一号文件也都多次涉及农村、农业物流的相关内容，显示出中央政府对农业物流建设的重视。

随着信息化时代的到来，农产品物流业的信息化建设取得了很大的发展，日常的广播与电视等传统媒体信息以外，多种多样的农村经济信息中心以及农产品的专业信息网站陆续建成，加强了农产品的广泛流通。特别是最近几年"互联网+"农业的兴起，大大加快了农业物流信息体系的建设速度，为农业物流的信息化提供了强大的助力。

(三) 农产品冷链物流建设不完善

随着人们生活水平的改善，大家对各种肉类、蔬菜、新鲜水果、水产品、奶类等各种生鲜产品的需求量大量增长，在食品消费开支中生鲜产品所占比例逐年增加。而发展农产品冷链物流，是满足市场需求，提供高质量的生鲜食品的保障。农产品由于自身特性，在生产、运输储藏、销售前面的各个环节中易损坏。农产品冷链物流可在低温环境下对商品进行一系列的保护措施，可以保证农产品的质量，减少农产品损耗。

但目前，我国冷链物流所需的冷链设施设备还不足，特别是广大农村地区的农产品批发市场、农产品集散地，一般都不具备冷冻冷藏专业设施，不仅造成消费者买不到新鲜水果蔬菜等生鲜食品，还会因为生鲜产品变质而造成极大的浪费。专业人才的培养与招聘重视程度不够，使我国冷链物流人才储备不足，严重影响了冷链物流业的发展。要加大力度抓好冷链物流业专业人才的培养，吸引优秀专业人才，提升农业冷链物流运营水平，推动冷链物流业的快速发展。

(四) 农业电子商务物流体系滞后

当前，我国农业电子商务物流发展状况还远远不能适应我国农业现代化发展的需要，许多地区还缺乏全面、快捷、准确的农业市场物流网络信息系统，导致农业物流全面信息共享水平低。此外，电子商务物流经营管理能力不足，缺乏专业人才，从田间地头揽收农产品的"最先一公里"物流存在瓶颈等，都制约着农业电子商务物流的发展，使其无法为"三农"提供更有力的服务，对农业物流建设的贡献力也没有得到完全的发挥。

(五) 农业物流组织发展水平不高

目前，农村缺乏工贸一体的大型龙头农业物流企业，农村物流企业多数是一些实力弱、营业规模小的个体工商户。由于其自身实力弱，无法承担起农村物流的主要角色，农业物流组织零散，不能形成规模化、批量化的物流作业，物流包装和储运条件也较为简陋，导致农产品货损增加，成本进一步上升。同时，缺乏具有竞争力的大型农业物流企业，无法吸引高素质人才的加盟，现代物流先进理念和先进技术设备还无法引入到农业物流体系中来，不利于农业物流的长远发展。

(六) 物流基础设施建设还需要进一步推进

目前，多数农村地区交通条件差，农村公路质量较差，通行能力不高。高速公路、高等级公路、铁路等建设数量少，也基本不会在农村地区设立站点。如此一来，农业物流运输模式单一，还无法实现交通网状发展结构，更不能实现多种运输方式互联衔接。另外，农业物流基础设施标准化建设水平低，储存运输设备的机械化还远没有实现，还是靠人工搬运、装卸，未经加工包装直接进入物流配送是比较常见的现象，表现出较低的发展水平。未来，还需要进一步推进物流基础设施建设，促进农业物流的提升和发展。

四、我国农业物流发展策略

(一) 进一步改善基础设施，加大冷链技术投入建设

需要进一步加强农村公路建设，改善路面通行质量、提升公路级别。同时，高速公路道口、铁路线路站点的设置应充分考虑与农村公路对接，便于农产品批量、快速流通，提升农业物流发展空间。政府应通过财政、税收、信贷等方面的政策扶持，引导有实力的第三方物流企业积极开展农业冷链物流业务，投入资金建设冷链物流基础设施，培养冷链物流管理人才和专业技术人才，逐步建成与我国农产品物流需求相适应的冷链物流设施体系。

(二) 利用物联网技术建设农业物流信息平台

运用物联网技术中的 RFID 和二维码等技术，可以做到食品的安全追溯。早在 2004 年，国家质检总局牵头就蔬菜基地进行了蔬菜质量安全可追溯体系的探索和试点研究，建立了食品质量安全的果蔬、禽肉、水产、粮油等质量安全追溯体系，形成了"一个平台，多套系统"的监管格局。应进一步推广物联网技术在农产品物流信息平台建设中的作用，为农产品物流企业和消费者提供更加全面的农业物流信息服务。

在运用物联网技术的基础上，各地区企业可加速建设农业信息资源共享的网络平台、建设农产品电子交易网络平台，大力发展电子商务。积极采用云计算信息技术，初步建成以种植基地、农户、加工中心、交易中心、物流中心等为对象的农产品物流交易信息云平台，及时发布农产品全程交易物流信息，实现农产品供求双方无缝的、不分区域的快速对接。

(三) 加快农业物流龙头企业建设，培养现代农业物流人才

应进一步发挥大型商贸龙头流通企业的示范带动作用，重点培育一批具有较强竞争力的商贸物流服务主体，鼓励优势物流企业整合物流资源，加强企业

文化建设，创新特色服务，加快品牌培育，形成集展示、交易、仓储、加工、配送等功能于一体的商贸物流体系。逐步形成一批区域服务网络广、供应链管理能力强、物流服务水平优、品牌影响力大的现代农业物流知名企业，是推进我国农业物流快速发展最有效的组织途径。政府要积极搭建校企平台，推进农业物流人才培养计划，加大对现有农产品流通领域从业人员的资格审核认定，分层次地广泛开展职业培训，提高整个农产品流通领域从业人员的现代物流素质，提高服务水平。

(四) 建立以批发市场为核心的物流园区模式

物流园区模式是对以批发市场为核心的物流模式的改进，保留了原有批发市场的集货能力，加入了物流配送中心的功能，可形成全方位服务、高效配送的能力。在交易方式方面，这种模式从传统商业交易方式(农产品生产者与批发商是简单的买卖关系)改变为拍卖交易方式。因农产品易腐易耗，不易久存，拍卖交易可以通过交易次数集约化、商品储存的集中化以及市场信息对称化，实现规模经济，缩短交易时间，提高交易效率。在拍卖市场内部实行卖方委托交易制，商品数量、质量、规格等信息由市场集中掌握并统一报告，信息公开透明，机会均等，买方凭实力和技巧公开竞争。信息公示和竞价拍卖消除了市场内歧视性交易和贸易欺诈，能较好保证交易的公平和公正，从而保证了信息的真实性和价格的合理性，有利于提高农产品的质量和扩大生产规模。在配送方式方面，这种模式的配送依然要依靠先进的第三方物流企业，运用他们自身的信息系统、物流网络、物流基础设施，提高仓储、粗加工、包装以及运输能力。在相关服务方面，物流园区要吸引相关服务机构(邮局、银行等)的入驻，从而形成大规模的、全方位的、现代化的以批发市场为核心的物流园区。

(五) 建立与低碳经济相结合的农产品循环物流模式

农产品循环物流强调农业资源的高效利用和循环利用，实现污染的低排放甚至零排放。农产品循环物流模式是一种顺应可持续发展要求，并与循环经济相适应的物流模式，代表了当前农产品物流发展的主要方向，包括了正向物流，即农产品物流通过"生产—流通—消费"途径，满足消费者需求；另一种是农产品逆向物流，是指合理处置农产品物流衍生物所产生的物流活动，如回收、分拣、净化、提纯、包装等再加工、再利用和农产品废弃污染物处理等。农产品循环物流以"减量化、再利用、再循环"为原则，以"低消耗、低排放、高效率"为特征，充分满足低碳经济的要求。农产品循环物流是江苏发展并推出的一种都市型农业低碳物流模式，其重点是：搞好农业弃物的还田利用，如秸秆的回收利用；在农产品销售环节中对托盘、周转箱、包装材料的回收再利用；流通加工环节中农副产品、余料、废弃物的回收、再加工、填埋；农产品配送过程中减少运输工具空载，通过车辆充分利用实施共同配送等。

当今中国，"三农"问题已经受到普遍关注和充分重视，农业发展成为重中之重，农业物流将是我国农业进一步发展规划当中的重要组成部分，并将发挥巨大作用。相信在不久的将来，我国能够建立起布局合理、功能完备、统一高效的现代化物流体系，使农业更加快速、高效、平稳地发展。

【思政园地】

完善农产品供应链，建立农业物流绿色通道，打赢农业物流抗疫战

突如其来的疫情，对农产品的生产经营带来了巨大影响。只有积极应对，灵活转变，才能求得转机，打赢农业物流抗疫战。

一、流通企业完善农产品供应链

在疫情之下，农产品供小于求，各商家竞争的是供应链，包括有没有、质量好不好、能不能高效送达、未来能否稳定供货等。完整的供应链使新零售企业将自己与基地、渠道的关系变得紧密，产生新的"订单农业"，产销之间不再是随行就市。这就促使新零售企业寻找或投资更多的稳定的优质供货基地。

几天前，盒马宣布将与上海浦东新区航头镇共建一批盒马村。据了解，盒马村指的是根据订单为盒马种植农产品的村庄。通过接入盒马遍布全国的供应链网络和销售渠道，这些村庄从分散、孤立的生产单元连接到新零售的销售单元，从传统农业向订单农业和数字农业转变，最终成为现代农业数字产业链的一部分。

全国首个盒马村，出现在四川丹巴八科村。随后，在湖北、江苏、山东、河北、非洲卢旺达等地的农村出现了一批盒马村。

仅三月份，京东农场就签下宁夏中宁枸杞、云天化勐海香米等 8 个知名农副产品项目。京东农场正在化身"数字农业引擎"，助力中国农业进驻数字化时代。

二、政府建立农业物流绿色通道

运输不畅，是疫情当下农业物流的最大困难。疫情当下，影响春耕正常开展的最大问题是运输不畅，物流受阻。农资企业生产的产品不能及时供应到位，各地农资代理商及零售商仓库中农资储备满足不了各地春耕所需。即便备货充足，也很难运送到农户手中。

如果短期内疫情得到有效控制，或者能在当前疫情防疫条件下，为农业设立物流绿色通道，农资产品就能及时运送到农户手中，春耕工作就能有序进行。但如若疫情持续，或者没有建立有效的农业物流绿色通道机制，农资产品就不能及时到达，那么春耕就没有保障，甚至会影响后期农产品的上市数量及价格。

运输不畅，各方都在努力。2020 年 2 月 1 日，交通运输部发布了《交通运输部关于切实保障疫情防控应急物资运输车辆顺畅通行的紧急通知》，切实保障应急运输车辆顺畅通行。

山东作为农业大省，山东省交通运输厅 2020 年 2 月 5 日印发《有关做好疫情防控期间重要物资运输保障工作有关事项的通知》，将农资列入"防疫期间重要物资"，可以走绿色通道，承运单位、司机可以自行打印有关"通行证"，作为通行依据。

各个省区在疫情防治的前提下，结合各地实际情况，推出适合自己的地方政

策，打通物流这个关口，让农民种地循环起来，农资企业循环起来，农业循环起来，促春耕、保小康，打赢农业抗疫保卫战！

学　中　做　　做　中　学

▶任务工单

编　号	5-1-1	知识点	农业物流模式及发展策略	日期	
团队成员姓名					
任务要求	结合任务情境，学习思政园地，以团队形式查阅资料并讨论，提出应对策略，并完成任务总结				
任务目标	运用农业物流模式及发展策略理论知识，提出解决实际问题的方案				
任务实施	农业物流的特点				
	水果类农产品物流的特点				
	疫情、台风等突发情况对水果类农产品物流的影响	对供应物流的影响：			
		对生产物流的影响：			
		对销售物流的影响：			
	应对策略	物流设备的升级	升级的物流设备： 产生效果：		
		物流模式的调整	调整后的物流模式： 产生效果：		
		寻求政策支持	寻求哪些政策支持： 如何寻求政策支持： 产生效果：		
任务总结					

▶**任务评价**

评价内容		自我评价	同学评价	老师评价
知识评价	能说出农业物流的概念、特点，了解现代农业物流的发展和进步			
	能理解农业物流的发展现状及问题			
	能掌握农业物流模式及发展策略			
技能评价	能分析现实突发情况对农业物流的影响，分析其挑战和机遇			
	能运用农业物流相关理论知识，对现实问题提出应对策略			
素质评价	具有低碳、环保的农业物流观念			
	树立不畏艰难、积极应对、灵活应变的职业品质			
	具有团队协作精神，相互探讨，得出结论			

【**拓展资料**】

"郑州大厨房"物流港实现从粮仓到厨房大跨越

6月3日，"2006 中国·郑州大厨房文化节暨现代厨房用品博览会、农副产品交易会"在郑州市大厨房农副产品物流港拉开帷幕。在此次交易会上，一个最引人注目的主题就是变"中国粮仓"为"国人厨房"。郑州大厨房农副产品物流港是政府发展郑州西区的重点工程，包括厨具、酒类、调味品、农副产品、平价中心五大专业市场，是一个集厨房商业文化及相关产业综合运营的品牌，"大厨房"具备了展示交易、国内外贸易、电子商务、品牌宣传、文化传播等多重复合功能，致力于打造规模空前，全国领先的"食文化"商业基地。

请思考：郑州大厨房农副产品物流港属于哪种农业物流模式？它有哪些优势？

任务二　工业物流运作与管理

近年来，消费者对产品定制化、个性化的需求越来越强烈。以手机市场为例，各大品牌每年推出的机型和具体配置都在日益"百花齐放"，且每年都会出现产品的多次迭代更新，很多商家还会推出"限量款""联名款"等，而直播、众筹、预售等新销售形式更是催生多变"爆款"。在面对需求多变的市场时，工业物流应当如何调整适应呢？

　　学习本任务应理解工业物流的概念和特点，理解工业物流的意义，了解我国工业物流发展的现状，掌握工业物流的发展措施及模式升级思路，运用理论知识，提出解决实际问题的方案。

任务相关知识

一、工业物流的内涵

　　我国对工业物流这一新兴产业的内涵还未有统一的看法，即使是国家标准《物流术语》也没有相对应的标准解释，但因工业物流发展迅速，我国已有相关学者对其展开相应的研究。根据相关文献记载，美国是最先提出工业物流理念的国家，其核心理念是：工业物流是以集中采购为主，零部件加工为核心，引导工业企业的仓储、运输、配送高效和协调稳定运行的生产服务性物流。工业物流可以提高企业的行业竞争力和社会资源的利用率，降低企业间的经济往来互动成本，是为产业上下游企业提供延伸和成套服务的系统性工程。

　　从该理念可见，工业物流主要在以下两个方面得以体现：首先，核心制造企业所涉及的业务，包括集中采购、协调仓储、协调运输及协调配送、控制好供应链的资源供应，都是工业物流关注的核心；其次，工业物流贯穿企业的整个供应链，从原材料到产品配送至客户的过程，工业物流都有参与。

　　工业物流与工业产业相伴而生，并随着工业生产的发展而呈现出不同的功能特点。随着工业化发展，工业生产呈现出少品种、大批量的流水线生产模式，为适应大批量产品的生产和市场销售，当时的工业物流组织方式以实物配送形式为主。当以计算机技术为基础的自动化和生产成组技术普遍应用到工业生产中时，工业产品种类增加，工业生产进入了精益生产阶段。此时，工业物流不再局限于货物配送，而是把采购、生产、运输、销售等情况进行综合考虑，工业物流进入一体化物流管理阶段。现在，市场需求的是复杂多变、快速迭代的工业产品，工业生产也进入了敏捷制造、柔性生产阶段。该生产模式要求工业物流提供开发新产品的最快路线，这将涉及从不同的企业中组织资源，借助信息技术共同完成各自的功能，于是现代工业物流进入了供应链的协同运作阶段，即工业物流供应链管理阶段。

二、工业物流的意义和作用

　　工业物流是工业生产必不可少的环节，也是社会物流的重要组成部分。在全社会物流总额中，工业品物流占90%左右，在工业品制造和流通过程中，约90%

以上时间在仓储、运输等物流环节。近年来，我国加大力度促进物流业和工业发展联动，通过供应链管理和对工业企业流程再造，实现工业企业与物流业的融合发展、互利共赢，及时对我国的工业产业结构进行调整，通过对工业整体物流效率的提升和潜力的挖掘，将极大地改善我国工业企业的国际竞争力。

(一) 保障国民经济总量持续稳定增长

物流作为第三利润源，不仅能够成为财政收入的重要来源，而且可以创造就业岗位。在我国经济持续高速发展的拉动下，我国物流行业保持了快速增长的态势，对经济发展的贡献明显。工业物流的发展会在国民经济增长中起到补充性支撑作用，在国民经济和地区经济中能够发挥协同作用和服务整个国民经济的作用。

(二) 推动工业经济转型升级、科学发展

发展工业物流可以带动我国工业企业的发展方式由粗放型增长到集约型增长，从低级经济结构到高级、优化的经济结构，从单纯的经济增长到全面协调、可持续的经济发展的转变，不仅能提高物流企业的业务能力，也为工业企业提供优质物流服务，从而促进整个工业产业经济的发展。

(三) 增强工业企业核心竞争力

发展工业物流，推动工业物流创新升级，有助于工业企业实现跨越企业边界的合理资源配置，从而把资源重点用于发展核心业务，增强企业的核心竞争力，进而提升工业企业创新管理水平。通过发展工业物流，进行外向型资源配置，分散政府、经济、市场、财务等因素方面的风险，利用专业和规模优势进行整合，可以提高工业企业乃至整个供应链的运作效率，降低运营总成本，分担化解经营风险，使工业企业的灵活性得到增强，提高工业企业经营的灵活性，获得快速反应能力，从而增强工业企业的核心竞争力。

三、我国工业物流发展现状

(一) 工业企业聚集度大，区域发展不均衡

工业物流与工业企业的发展进度紧密相关，工业物流的发展情况是基于工业企业的行业态势形成的，要了解工业物流的现状特点，先要了解工业企业的发展情况。

工业企业近几年发展迅速，产业的集聚度大，形成了明显的工业制造业"聚堆"现象，形成了工业企业集群，现我国已经形成了装备制造、家电电子、食品医药多个工业企业集群。同时，沿海东部与中、西部地区经济发展差异大，东部外贸、高科技产业发展迅速，而内地则发展缓慢。我国工业企业大部分属于劳动密集型传统产业，以核心大中型工业企业为主，中小企业配套为辅助，区域经济发展中 60%以上是大型工业企业为核心的驱动因素。

(二) 工业企业各自采购，工业物流难以产生规模效应

我国工业企业基本各自采购，采购数量不大，难以产生规模效应。采购价格高，增加了企业生产成本，而且因其小批量、多批次的采购方式，导致采购相关费用很高。虽然我国工业产品产量在世界上名列前茅，但投入产出的效率不高，产业竞争力不强，这与物流业对工业企业的支撑促进作用不足有一定的关系。特别是我国制造企业大部分自营物流业务，单独运输、独立仓储，缺少物流企业协助其从工业企业集群的整体出发进行物流运作，使得企业物流成本高，影响了竞争力的提升。

(三) 第三方物流服务比例较低

处在工业企业集群内的企业物流业务普遍规模较大，但甚少有现代物流企业为其提供现代物流服务。调查结果显示，我国企业物流执行主体11%为供货方，62%由企业自己执行，物流外包比例为35%；生产企业原材料和成品销售物流中，全部为物流外包的所占比例仅分别为19%和18%。工业企业与物流企业实现联动的比例还比较低，工业企业自营物流仍是主流，第三方物流的物流服务份额很低，没有形成与工业的良好互动。

(四) 工业物流协同合作意识不强

我国工业企业集群内的企业生产产品具有相似性，导致工业企业在价值链的功能上分工不明确，而且彼此之间存在恶性竞争。工业企业的物流环节中保密意识、竞争意识过强，而协同合作的意识较弱，使得工业企业集聚效益不够，物流成本较高。在金融危机、疫情、气象灾害等突发情况影响下，工业物流整体受到很大影响。

四、我国工业物流发展措施

(一) 加强合理的政策引导

国家要制定合理的政策，引导工业企业树立现代物流理念，提升现代物流战略地位，加强物流管理创新，推进物流技术改造，提升质量发展的质量和效益，切实提高工业附加值率。引导工业企业加快向价值链上技术含量高、附加值高的物流服务领域延伸，带动我国工业的服务化转型，加快"中国代工"向"中国制造"乃至"中国创造"的转变。

(二) 调整工业物流布局结构

引导工业企业统筹规划现代物流服务网络，集中归并分散的仓储资源，改造或新建现代化仓储设施，实现物流服务的集聚发展，引导物流资源和设施向工业园区和重点产业基地集聚，整合区域内运输、仓储、货代、配送等物流资源，形成工业物流功能服务区，提升区内物流配套条件，规划建设与工业园区配套的工

业物流园区，加大物流设施设备的投资力度，加强与工业园区的衔接配套，推动物流园区与工业物流的协调发展。

(三) 提升工业物流信息化管理水平

推动工业企业物流服务的信息化管理，建立和完善企业内部物流信息系统，支持工业物流公共信息平台建设，实现工业企业之间，工业企业与物流企业间的资源共享和信息互通，推动产业集群加快发展。同时鼓励企业开展现代物流技术改造工程，引导工业企业应用专用物流技术和装备，探讨物联网在工业物流领域的应用，提高我国工业物流现代化、信息化和智能化水平。通过应用先进物流信息化技术手段，改变工业企业库存控制方法，降低工业企业总的物流成本，提升企业经济效益。

(四) 升级工业物流服务模式

鼓励物流企业以物流资源的整合优化为起点，开展流程再造和技术升级，全面降低物流成本，系统优化生产布局，构建差异化的物流服务模式，支撑现代产业体系发展。要以现代物流管理和技术为手段，开展物流模式创新和服务升级，提高物流运作效率，主动开发增值性服务，带来物流功能的整合效益，大力开展专业化服务能力，积极开展流通加工、物流金融、渠道分销等物流增值服务，开拓物流服务领域，促进工业企业与专业化物流企业建立战略合作伙伴关系，实施供应链一体化管理，以物流整合实现整个供应链的有机结合。

五、我国工业物流模式升级思路

(一) 形成集中采购的工业物流模式

集中采购的工业物流模式是指核心工业企业根据汇总的关联企业的需求，统一预测计划，然后进行大规模、大批量采购，再将采购的原材料、零部件委托现代物流企业统一运转、统一存储，分别配送到各成员企业，使成员企业在物流活动过程中相互平等、共担风险、共享收益的采购供应物流模式。该物流模式中，协同采购物流中心(指设在核心企业内的，协同各成员企业共同完成采购工作的组织)把信息流、资金流、物流协同合一，具有信息管理、集中采购、统一存储、分类拼装、统一配送和及时供应功能，能有效降低各企业的工业物流成本，提升物流效率。

(二) 形成敏捷动态工业物流模式

敏捷动态工业物流模式，强调工业物流系统在响应多样化客户需求方面的速度目标和时间性。该物流模式存在于敏捷动态供应链中，这种供应链以核心工业企业为中心，以客户订单为驱动，通过对资金流、物流、信息流的控制，将供应商、制造商、分销商、零售商及最终消费者用户整合到一个虚拟统一、快速响应、无缝衔接的功能网络链条中，实现对消费者需求的迅速、准确的反应。

该物流模式要求一切都以订单客户为核心，主动清晰、差异化地进行品牌定位，驱动敏捷供应链去计划、去执行、去满足，在过程中不断用信息实时监控、分析与反馈检查其是否与预期相符或受控、是否有例外情况发生，从而及时进行适当的持续调整和优化，包括采购计划、生产计划、配送计划、促销计划等的调整。

(三) 形成精益物流模式

精益物流核心是在准确的时间内，把准确数量、准确包装的合格的零件配送到准确的地点，保障生产高效运行，以降低生产成本。以成本控制和顾客需求作为价值流动力，追求消灭包括库存在内的一切浪费，并围绕此目标发展的一系列具体做法。

该物流模式通过运用供应链管理的整体思维，无限追求物流总成本和产品总成本最低是精益物流真正的核心所在。精益制造的概念给物流管理提供了一种新的思维方式。

(四) 形成柔性工业物流模式

柔性工业物流模式是指根据工业企业不同的物流需求，在平衡物流总成本、物流服务效率的基础上，结合定制生产和大规模生产两种生产方式的优势，在满足客户个性化需求的同时实现较低的生产成本和较短的交货期，将规模经济效应运用到定制物流服务的新型的生产物流模式。

该物流模式是根据工业企业的不同物流需求进行市场细分，运用现代物流技术和信息技术以及先进的物流管理方法，通过物流功能的重新整合，实现以大规模物流的成本和效率为每个工业企业提供定制、柔性的物流服务，充分考虑客户需求的差异性，灵活设计专门的物流服务模式来满足客户的特定要求。

(五) 形成智能化工业物流模式

智能化工业物流模式旨在运用"云计算"的方式实现"云制造"目标。该物流模式通过互联网、无线网和物联网，具有更透彻的感知、更广泛的互联互通、更深入的智能化的特征，使工业企业的物流创新能力、协同制造能力、低碳制造能力等有极大的提高。

该物流模式通过物联网技术、大数据、云计算、3D打印技术实现全程生产数字化，物流管理自动化，并对产品物流过程中的工艺、不同企业的制造过程、供应链的零部件的组合过程进行全面优化，实现数字优化、人机互动等先进生产模式。

工业 4.0 时代已经来临，要从制造业大国转型发展为制造业强国，实现高质量发展，实现中国制造 2025 的宏伟目标，我国近 500 万制造型企业面临着日益严峻的工业物流转型升级的问题。加强政策引导、调整工业物流布局，提升工业物流信息化管理水平，加速工业物流模式转型升级，有效控制生产物流成本，不断提升服务能力，是工业制造业必须认真应对的课题。

【思政园地】

中国制造 2025

2015 年 3 月 5 日，由国务院总理在全国两会上所作《政府工作报告》中首次提出"中国制造 2025"的宏大计划。

《中国制造 2025》计划分为三步。

第一步：力争用十年时间，迈入制造强国行列。到 2020 年，基本实现工业化，制造业大国地位进一步巩固，制造业信息化水平大幅提升。掌握一批重点领域关键核心技术，优势领域竞争力进一步增强，产品质量有较大提高。制造业数字化、网络化、智能化取得明显进展。重点行业单位工业增加值能耗、物耗及污染物排放明显下降。

到 2025 年，制造业整体素质大幅提升，创新能力显著增强，全员劳动生产率明显提高，两化(工业化和信息化)融合迈上新台阶。重点行业单位工业增加值能耗、物耗及污染物排放达到世界先进水平。形成一批具有较强国际竞争力的跨国公司和产业集群，在全球产业分工和价值链中的地位明显提升。

第二步：到 2035 年，我国制造业整体达到世界制造强国阵营中等水平。创新能力大幅提升，重点领域发展取得重大突破，整体竞争力明显增强，优势行业形成全球创新引领能力，全面实现工业化。

第三步：新中国成立一百年时，制造业大国地位更加巩固，综合实力进入世界制造强国前列。制造业主要领域具有创新引领能力和明显竞争优势，建成全球领先的技术体系和产业体系。

《中国制造 2025》是在大趋势下，一个务实又高瞻远瞩的战略方针。国务院关于印发《中国制造 2025》的通知，有着"一二三四五五十"的总体结构。

"一"，一个目标，就是从制造业大国向制造业强国转变，最终实现制造业强国的一个目标。

"二"，两化融合，就是通过两化融合发展来实现这一目标。党的十八大提出了用信息化和工业化两化深度融合来引领和带动整个制造业的发展，这也是我国制造业所要占据的一个制高点。

"三"，"三步走"，就是要通过"三步走"的一个战略，大体上每一步用十年左右的时间，来实现我国从制造业大国向制造业强国转变的目标。

"四"，就是确定了四项原则。第一项原则是市场主导、政府引导。第二项原则是既立足当前，又着眼长远。第三项原则是全面推进、重点突破。第四项原则是自主发展和合作共赢。

"五五"，就是有两个"五"。第一就是有五条方针，即创新驱动、质量为先、绿色发展、结构优化和人才为本。还有一个"五"就是实行五大工程，包括制造业创新中心建设工程、强化基础工程、智能制造工程、绿色制造工程和高端装备创新工程。

"十"，十个领域，包括新一代信息技术产业、高档数控机床和机器人、航空航天装备、海洋工程装备及高技术船舶、先进轨道交通装备、节能与新能源汽车、电力装备、农机装备、新材料、生物医药及高性能医疗器械等十个重点领域。

▶ 任务工单

编　号	5-2-1	知识点	工业物流发展措施及物流模式升级思路	日期	
团队成员姓名					
任务要求	结合任务情境，学习思政园地，以团队形式查阅资料并讨论，提出该情境下工业物流的应对策略，并完成任务总结				
任务目标	运用工业物流发展措施及物流模式升级思路理论知识，提出解决实际问题的方案				
任务实施	工业物流的特点				
	手机制造业的工业物流现状		工业物流现状：		
			主要存在的问题：		
	工业物流面对的新形势		面对新形势的具体情况：		
			存在哪些机遇和挑战：		
	应对策略	调整工业物流布局结构	具体方法： 产生效果：		
		提升工业物流信息化管理水平	具体方法： 产生效果：		
		升级工业物流服务模式	具体方案： 产生效果：		
任务总结					

》任务评价

评价内容		自我评价	同学评价	老师评价
知识评价	能说出工业物流的概念、特点和意义，了解我国工业物流发展现状			
	能掌握工业物流的发展措施			
	能掌握工业物流模式升级的思路			
技能评价	能分析多变的市场需求对工业物流的影响，分析其挑战和机遇			
	能运用工业物流发展措施及模式升级思路相关理论知识，对现实问题提出应对策略			
素质评价	掌握中国制造 2025 的目标及要求，具有爱国情怀			
	树立不畏艰难、积极应对、灵活应变的职业品质			
	具有团队协作精神，相互探讨，得出结论			

【拓展资料】

工业物流风起时

　　工业物流从自动化到兼具自动化和柔性生产特征的智能化，供应商们面对的不是一场竞赛，而是两场竞赛。

第一场竞赛的目标是在同一细分市场中的同类企业中脱颖而出，做到头部，成为"池塘"里最大的"鱼"。具体到工业物流赛道，成为单一环节最专业的移动机器人供应商，只是这场竞赛的前半程；在某一细分领域垂直深耕，具备为头部企业提供纵向跨场景的自动化物流解决方案的能力，才算跑完了竞赛的后半程。

第二场竞赛的目标则是成长为满足全场景物联需求的物流平台化企业，这需要数据平台、仿真平台和成熟供应链等综合能力的支撑，能够以更快速度、更低成本满足客户的目标需求，在跨行业的横向维度上成为工业物流智能化的方案供应商。突破由场景碎片化、需求定制化导致的"难做大"的瓶颈，关键就在于第二场竞赛。

以已开始摸到第二个竞赛门槛的一家公司——斯坦德机器人为例，进行具体分析。

从用于产线物流搬运的激光 SLAM(Simultaneous Localization and Mapping 同时定位和映射，帮助机器人进行即时定位与地图构建)导航 AMR 切入 3C 制造市场的斯坦德，目前已成为数家 3C 头部客户的柔性物流供应商。同时，他们也已与部分头部客户在建造下一代智慧工厂上，基于"大物流"概念展开合作。

要从以往单个产线、车间的工业物流向连通多个车间的工厂"大物流"转变，需要将原本以工艺、产线或车间为单位，互相割裂的工业物流体系，升级为以整厂为单位、信息流和物流全面打通的智能化系统。相应地，这一智能化系统的核心产品已不仅是斯坦德最初切入工业物流自动化领域时做的 AMR、通用移动平台等设备，而是集成了部分 MES(制造企业生产过程执行管理系统)功能的 FMS(Functional Movement Systems 功能性运动系统)机器人调度管理系统。

斯坦德自研的 FMS 系统具备极高的兼容性，不仅可与自研的各系统协同作战，还能接入或整合其他集成商的产品或系统。

在具体的部署中，斯坦德的 FMS 系统会搭建好软件平台并提供数据接口，而其他供应商只需要进行简单集成，便可接入斯坦德的系统平台配合整体调度。两者的关系，类似安卓、iOS 系统和 APP。例如，某 CNC 领域的供应商需要跟其他设备对接时，可以基于斯坦德的接口开发软件，以实现特定应用领域的厂内物流服务。

自研的 FMS 系统对增强客户黏性非常关键。因为在硬件性能上的竞争只是第一步，要实现更高层次的渗透，必须与客户的 MES 系统融合。

目前，斯坦德已经与 3C 行业的部分头部客户展开 FMS 系统的对接。据某一全球头部电子器件客户透露，他们已经跟斯坦德的 FMS 系统有了较深度的对接；他们也确实正在期待具备整厂规划能力的方案供应商，斯坦德是可选项之一——如果之后斯坦德能够开发出更全面的产品线，成长为一家平台化的方案供应商，他们就可免去不同品牌设备混用的麻烦，自然乐见其成。

此外，斯坦德也已在和国内体量最大的通信和手机厂商及国内体量最大的 3C 代工企业合作研发下一代工业物流的整体方案。

任务三　商贸物流运作与管理

任务情境

大学校园是大学生们的聚集地，而大学生们需求多样，其中餐饮外卖配送是主流。新冠疫情防控期间许多大学制定了疫情防控措施，外部外卖公司的骑手无法进入校园，为大学生进行校园餐饮配送提供了创业机会。你能和团队成员在调研的基础上，制定校园餐饮配送创业的计划方案吗？

任务目标

学习本任务应理解商贸物流的概念、特点和意义，理解商贸物流的主要模式，了解我国商贸物流发展的现状，掌握商贸物流的发展策略，运用相关理论知识，制定商贸物流创业计划方案。

任务相关知识

一、商贸物流的内涵

商贸物流是指与批发、零售、住宿、餐饮、居民服务等商贸服务业及进出口贸易相关的物流服务活动。商贸物流与农业企业、工业企业及服务业企业均密切相关，当各种商品生产完成后，通过商贸物流进入批发市场、零售终端、服务业各类终端，进入消费环节。商贸物流属产业物流，是商品流通的重要组成部分。

物流是商业活动最终实现的前提条件。商业物流产生于商品交换过程中，具有实现商品实体从生产者向最终消费者转移，从而完成整个商品流通过程的重要职能。随着商贸业的不断发展，流通规模的不断扩大以及多种流通业态并存和连锁企业的快速发展，对商贸物流水平的要求越来越高。

商贸物流所处的产业不同，呈现出的特点也有较大差异。普遍而言，商贸物流具有以下共同点。第一，商品种类繁杂。商贸行业商品种类五花八门，以食品、服装、日用消费品等为主体，往往受到季节性、潮流性的影响，新型商品层出不穷。第二，配送频率高。特别是连锁零售企业，由于店铺多、订单频率高、时间要求严格，送货非常频繁。第三，商品价格变化快。随着市场供应和需求的变化，商品的进货价格和销售价格会不断调整。第四，退换货物流多。由于消费者的需求，或者商品保质期的限制，商业物流需要经常处理退换货问题。第五，商品保质期管理要求高。不同性质、不同种类的商品通常有不同的保质期，因此商贸物流需要有针对性的保质期管理。

商贸物流业在经济发展中发挥着重要作用，在 2011 年就被国家列为重点发展产业。商贸物流是现代流通体系的重要组成部分，是扩大内需和促进消费的重要载体，是连接国内国际市场的重要纽带。推进商贸物流高质量发展，有利于在更大范围把生产和消费联系起来，提高国民经济总体运行效率。

二、商贸物流的模式

(一) 自营物流模式

从方便和便于管理的目的出发，大型商贸企业通常采取以自建配送中心为主的自营物流模式。自营物流模式依靠配送中心来实现商品的集中储存和配送，以实现在企业内形成稳定运行、完全受控的物流系统，满足商贸企业对于商品多品种、多批次、低数量的及时配送的要求。自营物流模式既有利于商贸企业保证和保持良好的服务水平，又便于对物流各个环节的管理和监控。此外，自营物流需要的巨额基础设施投资也使得一些中小型商贸企业没有足够的资金和实力来与之抗衡，在一定程度上提高了行业壁垒。

(二) 供应商物流模式

供应商物流模式是由商品供货商直接将商贸企业采购的商品，在指定的时间范围内送到各个商店甚至到货架的物流模式。我国的大型生产企业，如很多大型电器厂家、食品生产企业在全国范围内建立了自己的分销体系，将分销渠道直接介入到商贸企业的分销物流活动当中，并且根据商品的属性、运输距离、自己的运输能力以及季节等条件安排有关物流的活动。供应商物流模式使一些大型的连锁超市企业与供应商之间的关系由竞争走向了协作，能够降低交易成本，并保持双方之间供需信息的快速传递。

(三) 第三方物流模式

一些中小型商贸企业由于物流业务量相对较少，资金实力方面有所欠缺，或者大企业通过综合比较测算，不适于自己建设如配送中心等一些项目投资大、回收期长的服务性工程。因此，这些企业通常会采用与社会性专业物流企业结成战略联盟的方式，将业务外包，有效利用第三方物流来完成仓储和配送任务，以完全实现或近似实现本企业零库存的目的。

随着"互联网+"商贸物流的发展，不少第三方物流企业加快推进物流平台建设，建成了公共信息服务平台、资源整合交易平台、跨境电子商务平台等物流平台发展模式。商贸企业通过物流信息化平台寻求第三方物流服务，将更为方便快捷。物流信息化平台的建设也将促进第三方物流企业进行良性竞争，促进物流成本的降低及物流服务的提升。

(四) 共同化物流模式

共同化物流是指多家商贸企业联合起来，为实现整体的物流合理化，在互惠互利原则指导下，共同出资建设或租用配送中心，制订共同的计划，共同对某一地区的用户进行配送，共同使用配送车辆的物流模式。特别是一些经营规模较小或门店数量较少的商贸企业常采用这一模式。

此模式主要是能解决运输车辆跑空车和运费上升的问题。尤其是当数个产地和销地相距较远且又交叉运输时，其优点更为突出。采用共同化物流模式，既能减少企业的物流设施投资，又便于将分散于各中小型商业企业的物流设施集中起来形成合力，从而提高物流效率，降低物流成本。

(五) 供应链物流模式

商贸企业着眼于供应链管理，充分协调运作生产、供应活动、销售活动和物流活动，对企业所在供应链进行综合性管理。商贸供应链物流是以商贸物流活动为核心，协调供应领域的生产和进货计划、销售领域的客户服务和订货处理业务，以及财务领域的库存控制等活动，包括了对涉及采购、外包、转化等过程的全部计划和管理活动和全部物流管理活动。通过供应链物流，形成了商贸物流全产业链集成、商贸业和制造业联动发展等融合发展新业态，大幅提高了商贸企业的消费市场响应程度，提高了企业效益。

三、我国商贸物流现状

(一) 商贸物流成本持续降低

党的十八大以来，我国持续推动商贸物流健康发展，物流业取得了长足的发展，推动社会物流成本水平持续下降。国家发改委发布的数据显示，2020 年我国社会物流总额 300.1 万亿元，按可比价格计算，同比增长 3.5%。2020 年我国社会物流总费用与 GDP 的比率为 14.7%，较 2012 年下降 3.3 个百分点。改革开放以来，我国商贸物流网络也得到了前所未有的建设，在基础设施建设、物流网络建设、城乡商业物流建设、物流配送等方面都有了明显的发展。商贸物流成本的降低，正是得益于我国商贸物流网络的不断完善和标准化、信息化、专业化水平的稳步提升。

(二) 商贸物流呈现智能化趋势

在市场需求的主导之下，国内物流行业快速发展并通过行业整合，逐步形成了一批骨干企业，新业态、新模式不断涌现。行业领先物流大企业通过运用现代化信息技术，如 5G、大数据、物联网、人工智能等，将其与商贸物流全场景融合，使得诸多物流工具如自动导引车、自动分拣机等大幅提升了物流基础设施的效率。现代商贸物流体系离不开信息技术等"新基建"的支撑，作为典型的规模经济行业，现代信息技术和成熟的交通网络是商贸物流网络快速扩展的基础。

(三) 商贸物流呈现国际化趋势

随着国家"一带一路"倡议的提出，许多商贸物流企业抓住"一带一路"建设带来的产能和资本输出的历史机遇，积极拓展海外业务。跨国物流企业通过建立海外多式联运转运集散枢纽，布局海外仓储、转运、集散业务，与海内外生产、批发零售企业共建全球供应链。国内物流企业以境外产业园区为载体，借鉴跨国物流企业国际化的路径，依托既有海外网络，加大资产设施投资并完善服务功能，积极开展工程物流、商贸物流、综合货代、航运、跨境电商物流等属地业务，同时向周边区域延伸，不断提升海外收入比重。

(四) 商贸物流存在的问题

我国商贸物流业尚存在诸多问题，如物流整体效益低、区域发展不均衡、运行成本高、缺乏国际竞争力等问题。目前，我国现代商贸物流业的准入门槛较低，特别是在电商快速发展的推动下，物流行业中盲目投资与盲目扩张的问题日渐显著，再加之长远发展规划的缺失，使得重新建设情况时有发生，造成了物流资源分散、物流整体效益较低的情况。与此同时，区域间的经济差异日渐明显，对我国商贸物流产业整体运转高效性的提升和商贸物流产业的未来发展转型产生不利影响。在商贸企业中，物流成本中各项要素的占比不一，其中运输成本的占比偏高，接近总成本的一半。目前商贸物流成本中，食宿费、过路费以及人工费等各项运输成本在物流总运行成本中的占比显著提升，且人工与油费的涨幅最为惊人，给商贸物流行业发展带来了巨大挑战。我国大多数商贸物流企业仍采用人工运作的发展模式，对现代物流技术的使用率较低，头部大型物流企业的现代物流技术应用也有待进一步加强，我国商贸物流整体国际竞争力有待提高。

四、我国商贸物流的发展对策

(一) 优化物流技术设备

首先，提升商贸物流标准化水平，加快标准托盘(1200mm×1000mm)、标准物流周转箱(筐)等物流载具的推广应用，支持叉车、货架、月台、运输车辆等上下游物流设备设施的标准化改造。应用全球统一编码标识(GS1)，推动托盘条码与商品条码、箱码、物流单元代码关联衔接。鼓励发展带板运输，支持货运配送车辆尾板改造。第二，提高数字化建设水平，对传统商贸物流设施进行数字化、智能化升级改造，推动5G、大数据、物联网、人工智能等现代信息技术与商贸物流的全场景融合应用，提升商贸物流全流程、全要素资源数字化水平。完善末端智能配送设施，推进自助提货柜、智能生鲜柜、智能快件箱(信包箱)等配送设施进社区。

(二) 优化商贸物流网络布局

首先，加强商贸物流网络与国家综合运输大通道及国家物流枢纽衔接，提升全国性、区域性商贸物流节点城市集聚辐射能力。第二，推进城市商业设施、物流设施、交通基础设施的规划建设和升级改造，优化综合物流园区、配送(分拨)中心、末端配送网点等的空间布局。第三，可通过建设城乡配送公共信息服务平台、发展共同配送等措施，强化综合物流园区、配送(分拨)中心服务城乡商贸的干线接卸、前置仓储、分拣配送的能力，促进干线运输与城乡配送高效衔接。第四，优化整合区域商贸物流设施布局，加强功能衔接互补，减少和避免重复建设，提高区域物流资源的集中度和商贸物流的总体的运行效率。

(三) 发展商贸物流新业态、新模式

首先，发展集约化配送模式，推广共同配送、集中配送、统一配送、分时配送、夜间配送等模式，完善前置仓配送、门店配送、即时配送、网订店取、自助提货等末端配送模式。第二，加快推进冷链物流发展。加强冷链物流规划，鼓励有条件的企业发展冷链物流智能监控与追溯平台，建立全程冷链配送系统，鼓励大型农产品批发市场、进出口口岸等建设改造冷冻冷藏仓储设施，推广应用移动冷库、恒温冷藏车、冷藏箱等新型冷链设施设备。改善末端冷链设施装备，提高城乡冷链设施网络覆盖水平。

(四) 提升商贸物流管理水平

首先，应鼓励商贸企业、物流企业通过签订中长期合同、股权投资等方式建立长期合作关系，将物流服务深度嵌入供应链体系，提升市场需求响应能力和供应链协同效率。传统商贸企业、物流企业应积极拓展供应链一体化服务功能，向供应链服务企业转型。第二，应鼓励符合条件的商贸企业、物流企业通过兼并重组、上市融资、联盟合作等方式优化整合资源、扩大业务规模，开展技术创新和商业模式创新。在连锁商超、城乡配送、综合物流、国际货运代理、供应链服务、冷链物流等领域培育一批核心竞争力强、服务水平高、有品牌影响力的商贸物流骨干企业，带动商贸物流行业的发展，从而全面提升商贸物流的管理水平。

(五) 提升国际物流竞争力

首先，推进跨境通关便利化，深入推进口岸通关一体化改革，巩固压缩整体通关时间成效。全面推进通关申报的便利化措施，提高通关效率。推进经认证的经营者(AEO)国际互认合作，鼓励符合条件的企业向注册地海关申请成为 AEO 企

业。第二，保障国际物流畅通，支持优势企业参与国际物流基础设施投资和国际道路运输合作，畅通国际物流通道。推动商贸物流型境外经贸合作区建设，打造国际物流网络支点。

(六) 构建与环境和谐发展的商贸物流体系

要继续发展和健全绿色物流体系。鼓励使用可循环利用的环保包材，减少物流过程中的二次包装，推动货物包装和物流器具的绿色化、减量化、可循环。大力推广节能和清洁能源运输工具与物流装备，引导物流配送企业使用新能源车辆或清洁能源车辆。发展绿色仓储，支持节能环保型仓储设施建设。加快构建新型再生资源回收体系，支持建设绿色分拣中心，提高再生资源收集、仓储、分拣、打包、加工能力，提升再生资源回收网络化、专业化、信息化发展水平。

【思政园地】

"一带一路"促进香港经济转型

中国香港作为国际航运中心、国际贸易中心和全球价值链管理枢纽，需要整合传统的商贸、物流和硬件、软件的优势，打造"一带一路"的商贸物流促进平台，以适应全球供应链从单向变为多向、从线下变成全渠道以及从服务大企业到服务中小企业等变化趋势，为"一带一路"沿线企业提供全球供应链管理等高端物流服务，推动香港贸易功能向全球供应链中心的转变。

首先，构建海陆空联运物流体系。香港是亚洲主要的航空和航运枢纽，物流网络遍及全球各地。目前，香港港口航线遍达全球 510 个目的地，"一带一路"沿线中有 45 个国家与中国香港有海运货物往来。中国香港已与 40 个"一带一路"沿线国家签订了民航运输协定或国际民航过境协定。通过加强码头、机场和高铁等基础设施的建设和配套，把香港建设成为"一带一路"，尤其是 21 世纪海上丝绸之路重要的交通枢纽和贸易物流中心。

其次，开展"一带一路"沿线经济体的贸易便利化合作。"一带一路"沿线国家大多为发展中经济体或新兴经济体，贸易便利化水平偏低，而中国香港拥有与国际衔接的贸易规则体系，因此，通过深化沿线海关口岸合作、召开分享最佳范例研讨会、提供管理人员培训服务等方式，帮助"一带一路"沿线国家提升贸易便利化能力，这有利于中国香港更好地开拓"一带一路"沿线国际市场，扩大商贸服务的市场空间。

最后，大力发展数字化经济及电子商务。中国香港是亚洲最重要的会议展览中心、采购中心、商业配对中心，拥有庞大的商业人脉网络，结合信息资讯科技发达的优势，发挥香港国际机场的国际物流配送作用，推动数字化经济及电子商贸加快发展，应对"规模订制、全球生产、全球消费"的网络状供应链新格局，加快香港商贸服务业的转型升级。

▶任务工单

编　号	5-3-1	知识点	商贸物流模式及发展策略	日期	
团队成员姓名					
任务要求	结合任务情境，以团队形式查阅资料并讨论，提出校园餐饮配送网店创业方案，并完成任务总结				
任务目标	运用商贸物流模式及发展策略理论知识，制定商贸物流创业计划方案				
任务实施		网店名称			
		主营业务范围			
	创业背景	校园餐饮情况：			
		消费者需求情况：			
		餐饮配送的机会和挑战：			
	实施方案	网店定位	餐饮商铺定位：		
			消费者定位：		
			网店员工定位：		
		网店管理	推广管理方案：		
			配送管理方案：		
			员工管理方案：		
任务总结					

▶任务评价

评价内容		自我评价	同学评价	老师评价
知识评价	能说出商贸物流的概念、特点和模式，了解我国商贸物流的发展现状			
	能理解并掌握商贸物流发展策略			
技能评价	能分析身边的商贸物流的特点、优势及有待改进的方面			
	能运用商贸物流的相关理论知识，制定校园餐饮配送网店创业方案			
素质评价	理解"一带一路"的重要意义，关注国家大事，具有祖国荣誉感			
	踏实调研，具有勤奋向上、不怕苦、不怕累的职业品质			
	具有团队协作精神，合理分工，完成创业方案			

 【拓展资料】

中欧商贸物流合作园区

　　中欧商贸物流合作园区是根据国家商务部统一部署，由山东省政府承建、山东帝豪国际投资有限公司具体实施，按照"一区多园"的模式，在欧洲地区建设的首个国家级境外经贸合作区和首个国家级商贸物流型境外经贸合作区。

　　中欧商贸物流合作园区规划总面积 0.75 平方公里，总投资 2.64 亿美元，目前已基本完成了"一区三园"的规划布局建设，即在欧洲地理中心——匈牙利首都布达佩斯建设完成的"中国商品交易展示中心"和"切佩尔港物流园"，在欧洲重要的基本港——德国第二大港不来梅港建设完成的"不来梅港物流园"，完成开发面积 9.87 万平方米。

　　中欧商贸物流合作园区通过一个商贸中心(中国商品交易展示中心)和两个物流园(切佩尔港物流园和不来梅港物流园)的服务，集商品展示、运输、仓储、集散、配送、信息处理、流通加工等功能为一体，初步形成了覆盖欧洲和中国主要城市的快捷、便利、畅通的配送网络体系，并逐步建立起以现代物流配送中心和高效信息管理系统为支撑的商贸物流型园区雏形。

中欧商贸物流合作园区目前已经引入包括商贸、物流行业在内的 134 家企业入驻并生产运营，分别来自中国和欧洲国家，区内从业人数约 650 人。目前，中欧商贸物流合作园区物流强度能力达到 129.44 万吨/平方公里/年，每年带动货物进出口贸易额 2.45 亿美元。

中欧商贸物流合作园区自建立以来，通过举办中国商品展销会、贸易洽谈订货会、中国产品招商代理推介会、建立中国商品常年展示厅等营销活动和为入区企业提供货物进出口、报关商检、物流配送、仓储、金融等"一站式"服务，为中国企业寻找商机和扩大贸易额，形成产业集聚效应和规模经济，使中国企业从分散、无序、盲目地"走出去"变为集中、有序、理性地"走出去"，降低国际化运作成本和风险成本，发挥了重要载体和平台作用。

任务四　电子商务物流运作与管理

任务情境

小李在选择 B2C 网购平台购物时，除了考虑价格因素外，还想尽快收到货物。你能分析一下目前几大 B2C 电商的物流模式，并给他们一些建议吗？

任务目标

学习本任务应了解电子商务与物流的关系，理解电子商务物流管理的特点和新模式，了解电子商务物流发展的现状，掌握电子商务物流发展的对策，能结合本任务理论知识及 B2C 型电子商务企业的相关知识，对比分析 B2C 型电商企业的物流模式。

任务相关知识

一、电子商务物流的内涵

(一) 电子商务概述

《联合国国际贸易委员会电子商务示范法》认为，电子商务是指利用数据信息进行的商业活动，而数据信息是指由电子的、光学的或其他类似方式所产生、传输并存储的信息。欧洲委员会 1997 年将电子商务(Electronic Commerce，EC)定义为"以电子方式进行商务交易"。

电子商务有狭义和广义之分，狭义的电子商务(E-Commerce)是指利用互联网进行的商务交易；广义的电子商务(E-Business)是指基于互联网等计算机网络之上的在企业业务流程上用于执行与支持价值链增值的一切活动，包括市场、销售、采购、供应链管理等各类环节，它是一种以计算机网络为载体的自动商业流程，不仅包括企业内部的流程，也包括企业与企业之间、企业与家庭、企业与政府和其他社会组织之间的业务流程。

电子商务的内容包含两个方面，一是电子方式，二是商贸活动。电子商务以数据(包括文本、声音和图像)的电子处理和传输为基础，包含了许多不同的活动(如商品服务的电子贸易、数字内容的在线传输、电子转账、商品拍卖、协作、在线资源利用、消费品营销和售后服务)。它涉及产品(消费品和工业品)和服务(信息服务、财务与法律服务)以及传统活动与新活动(虚拟商场)。

(二) 电子商务与物流的关系

电子商务的任何一笔完整交易，都包含着 4 种基本的"流"，即信息流、商流、资金流和物流。信息流，是指商品信息的提供、商业单证的转移、技术支持等内容。商流是指商品交易和商品所有权转移的运动过程。资金流是指付款、转账等资金的转移支付过程。物流则是指物质实体(商品或服务)的流动过程，如商品的储存、保管、运输、配送、信息管理等活动。电子商务的基本流程如图5.4.1 所示。

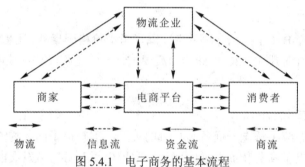

图 5.4.1　电子商务的基本流程

物流虽然只是电子商务若干环节的一部分，但它往往是商品和服务价值的最终体现。如果没有处理好，前端环节的价值就无法体现。在电子商务中，信息流、商流、资金流均可通过计算机和网络通信设备实现，但对于物流，只有诸如电子出版物、信息咨询等少数商品和服务可以直接通过网络传输进行，多数商品和服务仍要经由物理方式进行传输。电子商务生产的顺利进行需要各类物流活动支持，如果缺少了现代化的物流，电子商务给消费者带来的购物便捷等于零，消费者必然会转向他们认为更为安全的传统购物方式，因此可以说物流是实施电子商务的根本保证。

随着电子商务环境的改善，电子商务也正在使传统的物流发生变化，甚至会强化物流的作用，促使物流系统的进步和完善。电子商务作为一种网络化的虚拟企业，为物流创造了虚拟的运动空间。可以通过各种组合方式，寻求物流的合理化，使商品实体在实际的运动过程中，达到效率最高、费用最省、距离最短、时间最少的功效。物流和配送的持续时间在电子商务环境下会大大缩短，对物流和配送速度提出了更高的要求。传统物流和配送的环节极为繁琐，在网络化的新型物流配送中心里可以大大缩短这一过程。同时，电子商务要求物流从社会的角度来实行系统的组织和管理，以打破传统物流分散的状态。这就要求企业在组织物流的过程中，不仅要考虑本企业的物流组织和管理，更重要的是要考虑全社会的整体系统。

(三) 电子商务物流管理的特点

电子商务环境下物流管理的特点表现为组织结构扁平化，管理手段灵活化，信息技术化。具体而言，其特点主要有以下几方面构成：一是充分发挥互联网技术和网络平台的优势，使计算机技术成为企业发展的推动力，这是电子商务环境下物流管理的发展方向；二是进行观念的转变，结合大数据技术对相同时期的物流信息进行分析，结合相关数学模型制定预采购方案，以平缓物流运输量，减少物流系统的压力；三是搭建信息交流平台，加强物流企业与客户间的沟通交流，及时获知相关信息；四是建立现代化的物流运输系统，选择地理位置优越的地方建立仓库，并以每一个仓库为中心向四周辐射，合理规划每一条运输路线，便于货物的运输补给，减少时间成本和运输成本；五是提高仓储的信息化程度，强化仓储管理能力，优化仓储服务，为企业带来更高的收益。

二、电子商务物流的新模式

伴随着电子商务平台经营模式的不同，电子商务物流的模式也呈现出多样化的特点。除了具有商贸物流的五种模式之外，电子商务物流还具有平台整合物流资源模式以及预售下沉物流模式。

(一) 平台整合物流资源模式

平台整合物流资源模式利用智慧物流平台，搭建中国智能物流骨干网，通过全面整合社会资源，建设服务于电子商务平台的智慧物流体系，提供智慧供应链服务。采用这种模式的物流企业(以菜鸟物流为典型代表)，通过大数据建设了基于数据驱动的社会化协同平台，通过企业合作和技术创新提高了物流效率和消费者体验感，同时降低了物流成本的投入。在这一模式中，物流企业重点把控的是数据、技术和关键的网络节点，在关键的网络节点处会投资自建或者租赁仓储设施作为仓储物流中心，在物流末端建设快递站和社会自提柜。在由各个关键网络节点串联起来的整个物流网络中，物流企业则利用大数据技术进行监控和管理。把"大数据""智慧""智能"等新时代信息技术组合在一起，是大型物流企业不断突破、持续发展的动力。

(二) 预售下沉物流模式

2020 年"双十一"时期，各大电商平台推出了两轮分阶段的预售模式，而与之相匹配的预售下沉模式的电子商务物流成为主要推动力。2020 年"双十一"，各电商平台足够长的预售期以及"先付定金后付尾款"的预售模式，能够实现对消费者需求的精准预测，为物流环节订单响应速度的提高提供了有力保障。预售下沉模式是以预售订单支付定金后的相对确定性，提前将库存包装好，下沉到距消费者最近的物流网点。当系统监控到支付尾款后，再把包装好的库存交付给消费者，大幅提升配送时效，提升消费者大促体验，其流程如图 5.4.2 所示。这样一来，"尾款人"秒变"收货人"，让消费者对时效有了更深的体验，也使得物流时效转换为分钟级。

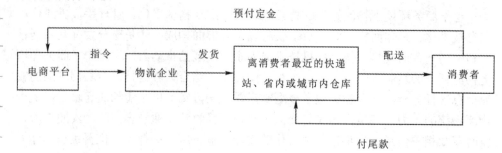

图 5.4.2　预售下沉物流模式流程图

总的来说，与传统物流模式相比，预售下沉物流模式更加灵活多变，速度更快。在消费者支付尾款之前，已完成包裹的复核打包。根据实际购买决定，仓库迅速反应，完成出库作业，通过快递站、城市配送等方式及时派件到消费者手中。巧妙地错峰发货，能够大幅度缓解大促期间分拨、运输、配送等的压力，既能帮助商家有效平衡大促流量，又能推动消费者体验升级。

三、电子商务物流现状

(一) 物流企业对信息化管理缺乏重视

目前，我国的物流公司大多是中小型企业，虽然数量比较多，但具有强劲实力的物流企业较少，大多都是缺少现代化信息技术的传统物流公司。不仅如此，物流企业对信息化人力缺乏重视。各企业应该摒弃小型企业不需要创新技术的老旧观念，对信息化人力加大资金投入，通过创新改善公司的核心技术，增加公司的经济效益，进而扩大公司规模。

(二) 无法充分使用日益完善的物流设施

物流行业基础设施的建设力度逐年增加，物流网络的建设已初见成效，这为物流行业的发展打下了良好的基础。然而就目前的建设情况而言，由于物流管理机制缺乏统一标准，地区间的基础设施建设缺乏统一的规划，在对物流基础设施进行建设时忽视了搭建连接相关设施的平台，缺少了对设施衔接性的重视，导致基础设施相对独立，分散化特征明显，存在重复建设的现象，这不仅降低了物流设施的使用效率，也在一定程度上增加了企业的成本。因为发展的不平衡，地区间无法提供配套的物流服务，导致行业无法形成规模化、产业化。分散的基础设施不仅增加了物流运输的投入成本，也在一定程度上使得物流管理变得更加困难，行业整体的市场效益较低。

(三) 整体管理效率较低

尽管电子商务已经得到了一定的发展，物流领域的信息技术的成熟程度也有所提高，但是电子商务在物流领域所占的比重仍较低，部分物流企业仍没有将电子商务作为重点的发展方向，忽视了对相关信息平台的搭建，对电子商务的发展造成了不利的影响，也在一定程度上降低了物流管理的效率。忽视对内部网络管理系统的搭建也是导致管理效率低下的原因之一。电子商务环境下，数据的记录量和传输量是过去的几倍甚至几十倍，信息的处理需要涉及多方面，缺乏一个完善的内部网络管理系统进行信息的输入和管理，不仅增加了时间成本，也增加了信息错误的概率。此外，物流企业的管理协调性较低也是影响整体管理效率的一大因素。随着行业的快速发展，部分物流企业不仅着眼于国内市场的竞争，更将开拓国外市场列入阶段的发展规划。由于国内外市场的发展存在明显的差异性，企业管理不能一概而论，管理工作如果缺乏协调性不仅不利于企业规划的制定而且会影响到企业的发展。

(四) 缺乏专业复合型人才

我国的物流行业在近几年才得到较快的发展，发展时间相对较短，这就导致行业内的人才储备不足，从业者的整体素质相对较差。无论是物流企业还是开设相关专业的高校在人才培养方面均处于起步阶段，缺乏具备专业能力的人才。尤其是在电子商务的背景下，物流行业需要的是掌握企业管理、信息技术、电子商务、经济贸易、物流等专业知识，同时也具备一定英语能力的复合型人才。传统的教育模式并不能培养出企业急需的关键人才，阻碍了企业物流管理策略的创新。在企业培训方面，多数的企业尚未建立系统的人才培训、储备政策，也就无法培养出相关的技术型人才，行业内从业者的整体素质有待提高。

四、电子商务物流发展策略

(一) 充分利用现代化信息技术，建设企业物流管理系统平台

与发达国家物流行业相比，当前我国的物流管理对现代化技术的利用有待提高。电子商务环境下的物流管理需要充分利用现代化技术带来的优势，利用现代化技术解决物流管理所遇到的各类问题。例如，在仓储阶段利用物流机器人代替人工进行货物的搬运和归类，能够减少人工成本和失误率，提高工作效率；电子识别跟踪系统的利用能够监控物流的每一个环节，保证每一件货物都在追踪范围内，确保物流管理的安全性。

建立企业物流管理系统是提升企业物流管理效率的重要保障，也是物流企业管理创新的关键性因素。建立企业物流管理系统不仅需要大量资金作为前期投入，还需要物流信息技术专业人员对其进行管理和维护，这对于中小型物流公司的发展既重要又有一定压力。管理系统的创新是必要的，创新带来的压力也是巨大的。因此，物流企业可以参考国外企业的运行方式，以政府为主导进行物流企业融资，通过创新设施投资产生的经济效益回报到体系中，以此减少投入的运行成本。

(二) 加强政府引导，完善管理体系

物流管理的发展需要完备的物流体系和科学的管理模式为基础，物流体系的建设和管理模式的发展需要政府部门的帮助，政府部门应当给予物流企业政策上的支持，加强对行业的引导，为其发展奠定坚实的基础。完善物流行业的相关法律法规，为物流行业的发展创造良好的营商环境。这就要求政府增强立法力度，进一步明确各个部门的权力和责任，加强部门间的合作，确保制定的相关政策、规范符合市场的规律，能够真正地为物流管理的发展保驾护航，充分激发物流企业的活力，增强其创新策略的主动性和能力。制定合理的信息采集、处理标准，丰富管理机制的内容，并以此为基础构建全面的物流配送网络，通过现代化的信息管理为物流管理创新提供推动力。推动管理模式的创新，通过对各类资源进行有效的整合，加强生产企业、物流公司和零售企业间的合作，实现商品从生产线直达销售区，减少中间仓储环节，这样有利于同时满足参与物流活动的各方的利益诉求，充分利用现有的资源，提高整个物流过程的运作效率。

(三) 转变管理模式，提高整体效率

随着物流企业的发展，物流网络相较于之前也变得更加复杂，这不仅在一定程度上增加了物流企业工作的难度，甚至会影响到整个行业的发展进程。因此，应当从我国物流市场当前的基本情况出发，进行管理模式的转变，对各个组织进行统一调度，实现统一发展，达到整合资源的目的，并根据物流过程中各阶段的实际特点进行资源分配，提高物流管理的整体效率。

经济发展极大地增加了物流系统的压力，市场也对物流企业提出了新的要求。物流企业必须加快构建智能化物流管理模式，充分发挥该体系信息化、智能化的特点，实现快速的信息录入和读取、运输车辆的实时跟踪、配送路径的优化等功能，最大程度上减少物流运输所需要的时间成本和经济成本，提高物流企业的经济效益。同时，要想使物流行业有所发展，物流企业的整体效率有所提高，需要加强对国外先进物流管理理念和管理模式的学习，并以此为基础加以创新，找到最适合自身发展的模式，以实现降低成本、提高效率、增强企业竞争力的目的。

(四) 培养电子商务物流复合型人才

物流管理策略的创新需要以专业人才为支撑，对专业物流管理人才的培养是企业发展的重中之重，只有保证员工的专业性，才能从根本上改变当前物流管理行业所暴露的问题，才能优化服务的品质、提高工作的效率、增强企业的竞争力。物流企业可以提供优厚的福利待遇吸引国内外优秀的创新型、复合型人才，并充分发挥他们的带头作用，增强企业的活力。同时要注意企业内部人才的培养，加强对工作人员电子商务、物流、贸易等专业知识、能力的教育和锻炼，给予优秀员工更多上升的空间，激发员工创新的积极性和工作的热情，为企业的发展奠定基础。企业还可以与学校合作，有目的地进行人才的培养，为企业的发展做好人才储备。

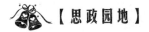【思政园地】

邮政快递行业疫情防控措施

当前，德尔塔变异毒株在全球引发的新一轮疫情来势凶猛，疫情防控形势严峻。根据疫情防控工作需要，为切实加强邮政快递行业疫情防控工作，进一步防范疫情输入，阻断寄递渠道疫情传播风险，全力保障人民群众生命安全和身体健康，现通告如下：

一、各寄递企业要对来自境外、境内中高风险地区的邮件、快件建立待检区，实行分区存放，委托核酸检测机构对寄递物品进行检测，消除疫情隐患。

二、对境外、境内中高风险地区寄递邮件、快件实行"先消毒、后分派"制度。各寄递企业要切实做好快递处理场所、营业场所、运输工具、内部办公场所消毒、通风，所有寄递邮件、快件都严格进行全面消毒。

三、规划建设与交通运输局、邮政公司要督导寄递企业建立寄递邮件快件供应链全链条、可追溯、一体化管理体系，全程登记寄递物流道路货运车辆信息、驾驶员信息及邮件、快件流向。

四、收寄查验。各寄递企业收寄快件时，应核实收寄物品的种类和来源，收寄物品为进口冷链食品时，应严格查验海关报关单和《新冠病毒核酸检测合格证明》，无安全证明的一律不予收寄。

五、开展从业人员新冠肺炎疫情防控知识培训，定期组织从业人员开展新冠病毒核酸检测，落实15天一次核酸检测频次。严格要求从业人员坚持佩戴口罩，注意手卫生，禁止手消毒前触摸脸、鼻子、眼睛等部位，并避免与其他人员不必要的接触。严格落实新冠病毒疫苗"应接尽接"，从业人员均需完成新冠病毒疫苗接种后方可上岗。

六、鼓励采取无接触投递模式。设有智能快件箱的小区，配送人员经登记并测量体温合格，佩戴口罩、手套后投放至智能快件箱；无智能快件箱的小区，由配送人员与收件人确定接收方式。如面对面交付，收件人须佩戴口罩，保持安全距离，方可接收物件。

七、居民寄递邮件、快件要实名寄递，开箱验视。对快递物品内外包装进行全面消毒，做好个人防护。谨慎从境外和境内中高风险地区网购冷冻冷藏食品。

八、居民妥善接收邮件、快件，收件查验。收到快件、包裹后，应立即用流动水、肥皂或者洗手液清洗双手。如收到来自境外、境内中高风险地区的快件、包裹等，还应先进行消毒，查收时戴好口罩、手套。若不是急需物品，最好在阳台等室外空旷处放置一段时间再打开。处理完后，应立即用流动水、肥皂或者洗手液清洗双手至少20秒。快递的废弃纸盒、废弃物不要让儿童和宠物接触玩耍，要尽快清理干净，按生活垃圾分类要求处理好。收取网购物品后，如发现发热、咳嗽、乏力等不适症状，要佩戴好医用口罩，避免乘坐公共交通，及时到医疗机构就诊，就诊时要主动告知医生有接触不洁网购物品史。

▶任务工单

编　号	5-4-1	知识点	电商物流模式及发展策略	日期	
团队成员姓名					
任务要求	根据本章知识点，结合任务情境，学习知识锦囊 5-4-1，参考资料拓展，以团队形式查阅资料，选择两家具有典型代表的 B2C 型电子商务企业，根据其产品特点、业务范围、销售情况等，对比分析其物流模式，并完成任务总结				
任务目标	运用电商物流模式及发展策略以及 B2C 型电子商务企业的相关知识，对比分析 B2C 型电商企业的物流模式				

任务实施	B2C 型电商企业的特点		
	B2C 电商企业 A	经营产品特点	
		业务范围	
		销售情况	
		物流模式	
	B2C 电商企业 B	经营产品特点	
		业务范围	
		销售情况	
		物流模式	
	两家电商企业物流模式对比		

任务总结	

> 任务评价

评价内容		自我评价	同学评价	老师评价
知识评价	能说出电商物流的概念、特点，了解我国电商物流的发展现状			
	能理解电商物流的新模式，并掌握电商物流的发展策略			
技能评价	能分析各电商物流模式的特点、适用范围、优势及有待改进的方面			
	能运用电商物流相关理论知识，对比分析 B2C 型电商企业的物流模式			
素质评价	掌握快递物流行业的防疫举措，具备物流行业的防疫能力素养			
	实事求是，联系实际，进行电商企业调研分析			
	具有团队协作精神，合理分工，完成任务			

【知识锦囊】

知识锦囊 5-4-1　B2C 型电商企业物流运作模式

【拓展资料】

京东和菜鸟物流模式分析

一、京东物流模式的优缺点分析

1. 京东物流模式的优点

(1) 物流服务品质高、消费者体验感好。目前，京东物流已在全国各地建设仓储设施群，并通过智能大数据技术在全国建立了六大物流网络，包括中小件网、冷链网、大件网、B2B 网、跨境网和综包网。京东物流通过智慧供应链物流网络可以实现商品的快速调配，为顾客提供高效的物流服务。例如，在 B2C 电子商务端，京东为消费者推出了"当日达""次日达"等物流产品，大大缩短了物流时间，提高了消费者网上购物的物流和购物体验。

(2) 自建物流体系，形成品牌效应。京东通过自建物流体系，拥有自己的物流运输、配送人员和运输车辆。当京东物流在配送商品时，统一印有京东 Logo 的车辆在城市中穿梭，起到了品牌的宣传作用。同时京东物流的配送人员都配有专门的配送车辆和印有京东 Logo 的工作服，在配送商品的同时，间接地为京东做宣传，提高了人们对京东的熟知度。

2. 京东物流模式的缺点

(1) 建设资金高昂，资金回收风险大。以平台自建物流模式为代表的京东物流从 2007 年建立开始，在基础设施建设、人才招聘、技术研发等方面投入了大量的资金，这对于京东来说是一个巨大的财政负担。京东物流财报的数据显示，自 2018 年以来投入的研发资金近 46 亿元。从利润的角度看，2020 年京东物流前三季度的毛利率相较于 2018 年增长了 8%，但 2020 年前三季度利润除税前仍亏损 360 万人民币。从发展角度来看，京东物流逐渐开始扭转亏损的局面，转向盈利，但其资金回收期长、回收风险大。

(2) 物流体系不断扩大，管理难度增加。京东物流自建设以来一直在不断扩大其基础设施群和员工数量。截至 2020 年底，京东物流拥有 30 座"亚洲一号"智能物流园区、7 个大型物流配送中心、900 多个仓库，其企业员工达 36 万人，是一个劳动密集型企业。庞大的企业规模给京东物流在设施管理、员工管理以及客户关系维系上带来了巨大的挑战。在设施管理方面，京东物流在偏远地区建设的基础设施因交通、环境等因素，很难达到高水平化的统一管理；在员工管理方面，由于京东物流员工基数大，员工素质水平参差不齐，管理难度增加；在客户关系维护上，京东物流目前在全国建立的物流网络体系可以达到全国近 99% 的覆盖，但仍有少数偏远地区无法送达，需要与第三方物流合作，这对客户信息的维护造成了一定的影响与威胁，不利于企业的管理。

二、菜鸟物流模式的优缺点分析

1. 菜鸟物流模式的优点

(1) 企业资金雄厚，可分摊资金风险。以平台整合物流资源模式为代表的菜鸟物流是 2013 年由阿里巴巴集团联合多家物流企业和金融机构共同建立的，相较于京东物流的平台自建物流模式，在资金方面具有雄厚的实力。同时多家企业可以平摊资金风险，为菜鸟物流平台的平稳运行增加了安全保障。

(2) 智能化服务，提高包裹安全性。菜鸟物流由多家快递公司整合而成，在资源、信息和技术等方面实现了开放共享，使得菜鸟物流在包裹信息智能化处理方面表现突出。相较于京东物流包裹信息呈现明显供应链特征、很多商品的原产地信息等模糊的状况，菜鸟物流在包裹信息处理上则更加透明，可以对包裹进行实时追踪，提高了包裹的安全性，同时给予消费者更多的安全感。

2. 菜鸟物流模式的缺点

(1) 缺乏专业化团队，物流服务质量低。菜鸟物流由多家物流企业整合而成，没有专业化的物流团队，在包裹的仓储、运输、配送等方面的服务难以实现统一的标准，其物流服务的质量与效率呈现参差不齐的状况。而对于 B2C 电子商务的消费者端而言，物流服务的效率和质量是影响其购物体验的重要因素之一。

(2) 合作企业多，管理难度大。菜鸟物流合作的企业众多，在运输配送管理、员工管理等方面难度大。在运输配送方面，菜鸟物流目前没有专业化的物流团队，在运输配送服务质量上的管理难以全面落实；在员工管理方面，菜鸟物流的员工来自不同物流企业，员工素质和专业化水平不统一，管理制度有待改善。

项目六

国际物流运作与管理

项目简介

本项目由两大任务组成：

任务一：国际物流认知。学习国际物流与国际贸易的关系，国际物流的概念、特点和分类。

任务二：国际物流业务。学习国际物流中商品检验、报关业务、国际货运代理的内容和作用。

项目目标

知识目标

1. 了解国际贸易与国际物流的关系。
2. 理解并掌握国际物流的概念、特点、分类以及国际物流网络的构成。
3. 了解国际物流的业务环节。
4. 理解并掌握进出口商品检验检疫、报关业务、货运代理的具体内容和作用。
5. 掌握疫情防控下商品检验和报关的注意事项。

技能目标

1. 能运用国际物流理论知识及我国"一带一路"建设情况，解决实际情况中货物的国际运输问题。
2. 能运用商品检验、报关业务的相关知识，分析实际情况中货物的国际物流流程、检验检疫及报关要求和流程。

素质目标

1. 具有良好的人际沟通、合作共事的职业素养。
2. 具有耐心、细致、严谨的学习素养。
3. 具有持之以恒、积极进取、自强不息的精神品质。

▶▶ **思政目标**

1. 能紧跟时事动态，用发展的眼光解决实际问题。

2. 掌握"一带一路"政策的意义及项目建设情况，热爱祖国，心系我国发展情况。

3. 具有诚信报关、依法进行商品检验检疫的国际物流职业品质。

4. 关注国家法律法规，具有依法经营企业、助力"中国制造"的理念。

任务一　国际物流认知

任务情境

随着国际物流的发展，许多国内企业开拓了国际贸易业务。某企业有一千吨棉花要从新疆乌鲁木齐运往德国杜伊斯堡，客户要求十五天内送达，该如何选择运输方式呢？请给该企业一些建议吧。

任务目标

学习本任务应了解国际贸易与国际物流的关系，理解并掌握国际物流的概念、特点、分类以及国际物流网络的构成，能运用本任务理论知识及我国"一带一路"建设情况，解决实际情况中货物的国际运输问题。

任务相关知识

一、国际物流与国际贸易的关系

(一) 国际贸易概述

国际贸易也称世界贸易，是指不同国家(或地区)之间的商品或劳务的交换活动。国际贸易由进口贸易和出口贸易两部分组成，故有时也称为进出口贸易。国际贸易是商品和劳务的国际转移。

在国际贸易中，买卖双方所承担的义务，会影响到商品的价格。在长期的国际贸易实践中，逐渐形成了把某些和价格密切相关的贸易条件与价格直接联系在一起，形成了若干种报价的模式。每一种模式都规定了买卖双方在某些贸易条件中所承担的义务。用来说明这种义务的术语，称为贸易术语。国际贸易术语是由三个英文缩写字母来表示商品的价格构成、说明交易地点、确定买卖双方的责任、费用、风险划分等问题的专门用语，国际贸易术语又称价格术语，由国际商会(ICC)于 1936 年起草，后经由多次修正发展至今，目前已经更新至 2020 年版本，新版已于 2020 年 1 月 1 日生效施行。

新版的国际贸易术语分成 2 类、4 组、11 个贸易术语，其名称、组别、特点如表 6.1.1 所示。

表 6.1.1　国际贸易术语分类

术语名称	特点	组别	类别
EXW(Ex works)	工厂交货	E 组 启运	适用于任何运输方式
DAT(delivered at terminal)	终点站交货	D 组 到达	
DAP(delivered at place)	目的地交货		
DDP(delivered duty paid)	完税后交货		
FCA(free carrier)	货交承运人	F 组 主运费未付	仅适用于海运
FAS(free alongside ship)	装运港船边交货		
FOB(free on board)	装运港船上交货		
CIF(cost insurance & freight)	成本加保险费加运费	C 组 主运费已付	
CFR(cost and freight)	成本加运费		
CPT(carriage paid to)	运费付至		适用于任何运输方式
CIP(carriage & insurance paid to)	运费和保险费付至		

(二) 国际物流与国际贸易的关系

国际物流是伴随着国际贸易的发展而产生和发展起来的，并已成为影响和制约国际贸易发展的重要因素。国际贸易与国际物流之间是相互促进、相互制约的关系，国际贸易是国际物流产生和发展的基础与条件。最初，国际物流只是国际贸易的一部分，但是生产的国际化和国际分工的深化促进了国际贸易的快速发展，也促使国际物流从国际贸易中分离出来，以专业化物流经营的姿态出现在国际贸易中。国际物流的高效运作是国际贸易发展的必要条件。国际市场竞争日益激烈，对国际贸易商们提出了以客户和市场为导向，及时满足国内外消费者定制化需求的要求。在这种情况下，专业化、高效率的国际物流运作对于国际贸易的发展是一个非常重要的保障。缺少高效国际物流系统的支持，国际贸易中的商品就有可能无法按时交付，并且物流成本也将提高。

随着世界经济的飞速发展和政治格局的风云变幻，国际贸易表现出一些新的趋势和特点，从而对国际物流提出了越来越高的要求。近年来，国际贸易中高附加值、高精密商品流量的增加，对物流工作质量提出了更高的要求。由于国际贸易需求的多样化，造成物流多品种、小批量化，要求国际物流向优质服务和多样化方向发展。国际贸易活动的集中表现是合约的订立和履行，而国际贸易合约的履行是由国际物流系统来完成的，因此国际物流应尽可能地提升效率，才能满足国际贸易的要求。同时，在组织国际物流活动时，应正确地选择运输方式和运输路径，要密切注意所经地域的气候条件、地理条件，还应注意沿途所经国家和地区的政治局势、经济状况等，以防止这些人为因素和不可抗拒的自然力造成货物灭失。选择最佳的物流方案，提高物流经济性，降低物流成本，保证服务水平，是国际物流企业提高竞争力的有效途径。

二、国际物流的内涵

国际物流是"跨越不同国家(地区)之间的物流活动"(GB/T 18354—2021)。

国际物流有两层含义。狭义的国际物流主要是指：当生产消费分别在两个或在两个以上的国家(或地区)独立进行时，为了克服生产和消费之间的空间间隔和时间距离，对货物(商品)进行物流性移动的一项国际商品或交流活动，从而完成国际商品交易的最终目的，即实现卖方交付单证、货物和收取货款。广义的国际物流研究的范围包括国际贸易物流、非贸易物流、国际物流投资、国际物流合作、国际物流交流等领域。其中，国际贸易物流指狭义的国际物流；非贸易物流是指未参与贸易活动的国际物流；国际物流合作是指不同国别的企业完成重大的国际经济技术项目时进行的国际物流；国际物流投资是指不同国家物流企业共同投资建设国际物流企业；国际物流交流则主要是指物流科学、技术、教育、培训和管理方面的国际交流。本项目所称的国际物流主要指狭义的国际物流，即贸易型国际物流。

国际物流的实质是根据国际分工的原则，依照国际惯例，利用国际化的物流网络、物流设施和物流技术，实现货物在国际的流动与交换，以促进区域经济的发展与世界资源的优化配置。国际物流的总目标是为国际贸易和跨国经营服务，即选择最佳的方式与路径，以最低的费用和最小的风险，保质、保量、适时地将货物从某国的供方运到另一国的需方。

国际物流是现代物流系统的一个子系统，同时又是一个相对独立、完整的复杂系统，其除了具备物流的七大功能要素之外，还涉及法律、金融、保险等各个相关领域，是一项综合系统。在国际物流系统中，很少有企业单独依靠自身力量完成包括进出口货物在内的各项复杂的国际物流业务，而必须依靠众多企业(包括国际贸易公司、货运代理公司、内陆货运公司、船公司、航空公司和报关行)，以及政府部门(海关、商检、卫检、动植检)的通力合作才能圆满完成国际物流的业务运作。

三、国际物流的特点

国际物流为国际贸易服务，为跨国企业的生产经营和对外贸易做保障。跟国内物流相比，国际物流具有以下特点。

(一) 地域、时间跨度大

相比国内物流，国际物流的范围从一个国家内部扩大到了全球范围，跨越多个国家和地区，地域跨度相当大。而由于涉及不同国家和地区，报关、商检等手续也较为复杂、时间冗长。因此，国际物流因运输路途遥远，手续环节复杂，时间跨度也非常大。国际物流组织和运营中，应选择合理的运输路线和运输方式，合理组织物流过程中的各个环节，加速商品周转并降低物流总成本。

(二) 物流环境复杂

因为物流活动的地域、时间跨度很大，国际物流的环境非常复杂。不同国家、地区的气候条件、地理环境有差异，使得国际物流的运输方式等需要及时调整；不同国家的法律规范的差异，使得国际物流的活动组织形式也要有所改变，增加了其复杂性；不同国家的经济、科技发展水平不同，使国际物流的某些技术不能全程使用，导致国际物流全系统运作水平下降；不同国家不同的物流标准，使国际物流系统难以建立一个统一的标准；不同国家的语言、风俗、人文环境之间的差异，使国际物流活动难免有阻碍。

(三) 高风险性

国际物流环境复杂，必然会导致各种经济损失风险提高。国际物流的风险主要包括政治风险、经济风险和自然风险。政治风险主要是指由于国际物流活动所经过国家的政局动荡(如罢工、战争等)可能会造成货物受损或灭失；经济风险主要是指从事国际物流活动必然会引发资金流动，从而产生汇率风险和利率风险；自然风险则主要是指在国际物流过程中，可能因自然因素，如台风、潮汐、暴雨等因素引起运送延迟及货物破损等风险。

(四) 物流标准化及信息技术要求高

如果各国物流标准统一起来，实现物流设施设备的"无缝链接"，国际物流的效率将会大大提升。目前国际标准化组织已于 2003 年对 ISO 6780《联运通用平托盘主要尺寸及公差》标准进行了修订，将托盘国际标准增加到六种。而我国从2008 年 3 月 1 日起正式选定 1200 mm×1000 mm 和 1100 mm×1100 mm 两种规格作为我国托盘国家标准，并优先推荐使用 1200 mm×1000 mm 规格，以提高我国物流系统的整体运作效率。在物流信息技术的使用方面，要积极推行条码技术及自动识别技术，提高作业效率和标准化。不仅要实现企业内部标准化，而且要实现企业间与物流市场的标准化，这将使各国之间、各企业之间物流系统的信息交换变得更加简单、有效。例如，集装箱采用几种统一的规格并结合使用条码技术等，可以降低物流作业难度，并降低物流成本。

(五) 以远洋运输为主，发展国际多式联运

国际物流地域、时间跨度大，物流环境复杂，这也要求国际物流运输方式多样化。运输方式包括海洋运输、铁路运输、航空运输、公路运输，以及由这些运

输方式组合而成的国际多式联运。考虑到运输成本，运费较低的海洋运输成为国际物流最主要的方式。考虑到缩短货运时间、满足客户在时间上的要求，由空运、陆运、海运相结合的国际多式联运的运输方式也是国际物流的一个显著特征。近年来，在国际物流活动中，"门到门"的运输组织方式越来越受到货主的欢迎，逐渐成为国际物流中运输的主流，如"中缅新通道"公铁联运方式等。

 【拓展资料】

中缅新通道专列首发

2021年8月27日，中缅新通道试通首发专列抵达终点站成都(如图6.1.1所示)，标志着临沧市融入西部陆海新通道建设取得了突破性成果。

图6.1.1　中缅新通道试通首发专列抵达成都

首个专列一共60个集装箱，装载了1500吨货物，2021年8月25号从临沧站始发，27号到达成都。7月以来，临沧市通过中缅两国企业携手合作，首次将环印度洋周边国家货物集装箱海运至仰光港，通过公路运输经缅甸到达中国孟定清水河口岸，再从临沧火车站通过铁路运输用专列发运至成渝地区。

临沧是云南省"五出境"重要通道之一。现在临沧已实现孟定清水河口岸至缅甸仰光港72小时公路到达、至成都72小时铁路到达的物流布局形态。随着中缅新通道试通首发的成功，临沧将乘势而上，把区位优势真正转变为开放优势，加快融入"大循环、双循环"新发展格局，成为中国与环印度洋经济圈的物流大通道和重要枢纽。

四、国际物流的分类

根据不同的分类标准，国际物流可以分成不同的类型。

(一) 根据货物流动的关税区域分类

国际物流可以分为国家间物流与经济区域物流。区域经济的发展是当今国际经济发展的一大特征。比如，欧盟国家由于属于同一关税区，成员国之间的物流运作与欧盟成员国与其他国家或者经济区域之间的物流运作在方式和环节上就存在着较大的差异。

(二) 根据货物在国与国之间的流向分类

根据货物在国与国之间的流向，国际物流可分为进口物流和出口物流。凡存在于进口业务中的国际物流行为被称为"进口物流"。而存在于出口业务中的国际物流行为被称为"出口物流"。鉴于各国的经济政策、管理政策、外贸体制的不同，进口物流和出口物流既存在交叉的业务环节，又存在不同的业务环节，需要物流经营管理人员区别对待。

(三) 根据跨国运送的货物特性分类

国际物流可分为贸易型国际物流和非贸易型国际物流。贸易型国际物流是指由国际贸易活动引起的商品在国际的移动，除此之外的国际物流活动都属于非贸易国际物流，如国际邮政物流、国际展品物流、国际军火物流和国际逆向物流等。本项目所称的国际物流主要指贸易型国际物流。

(四) 根据国与国领土的接壤关系分类

国际物流可以根据国与国领土接壤关系分为跨境物流和洲际物流(远洋物流)。跨境物流是指领土接壤的相邻国家或地区之间的物流，比如美国与加拿大本土之间的物流。欧洲大陆相邻国家的物流，都可称为跨境物流。洲际物流，或远洋物流，是地理上陆域不相邻的国家或地区之间的物流。

五、国际物流网络

国际贸易为提升服务质量，要求国际物流系统运作效率高且成本低。为此，建立完善的国际物流网络系统成为国际物流的发展趋势。国际物流网络系统，是由多个收发货的"节点"和它们之间的"连线"所构成的物流抽象网络以及与之相伴随的信息流动网络的集合。

(一) 国际物流节点

国际物流节点是指那些从事与国际物流相关活动的物流结点，如制造厂商仓库、中间商仓库、口岸仓库、国内外中转点仓库以及流通加工配送中心和保税区仓库、物流中心、物流园区等。国际贸易商品或货物通过这些仓库和中心的收入和发出，并在中间存放保管来实现国际物流系统的时间效益，克服生产时间和消费时间上的分离，促进国际贸易系统顺利运行。

在国际物流中，由于各个物流系统的目标不同以及节点在网络中的地位不同，节点的主要作用也往往不同。国际物流节点主要分为转运型节点、储存型节点、流通加工型节点和综合型节点，其具体职能和设施名称见表6.1.2。

表 6.1.2　国际物流节点的职能及设施名称

节点名称	主要职能	设施名称
转运型节点	以连接不同运输方式为主要职能	铁道运输线上的货站、编组站、车站，不同运输方式之间的转运站、终点站，水运线上的港口、码头，空运中的空港等
储存型节点	以存放货物为主要职能	如储备仓库、营业仓库、中转仓库、口岸仓库、港口仓库、货栈等。国际货物在这类结点上停滞的时间较长
流通加工型节点	以组织货物在系统中运动为主要职能，并根据需要对货物施加包装、分割、计量、组装、刷标志、商品检验等作业的节点	如流通仓库、流通中心、配送中心等
综合型节点	多功能的国际物流节点，往往表现为一个大区域	如国际物流中心、出口加工区、国际物流园区、自由经济区等。

其中，综合性节点是为适应国际物流大量化和复杂化的趋势而产生的，它使国际物流更为精密准确。在一个节点中要求实现多种转化而使物流系统简化，是国际物流系统节点的重点和发展的方向之一。综合型节点设施里，国际物流中心最具代表性。国际物流中心是指国际物流活动中商品、物资等集散的场所。就大范围国际物流而言，某些小国家或地区可能成为物流中心，如中国香港、新加坡等就具有国际物流中心的地位。而自由贸易区、保税区、出口加工区、保税物流园区、保税港区等则具有一般意义上的物流中心的功能。就小范围而言，港口码头、保税仓库、外贸仓库或者超级市场等都可以成为物流中心。

(二) 国际物流连线

国际物流连线是指连接国内外众多收发货节点间的运输线，如各种海运航线、铁路线、飞机航线以及海、陆、空联合运营航线。这些网络连线是库存货物的移动(运输)轨迹的物化形式；每对节点间有许多连线，以表示不同的运输路线、不同产品的各种运输服务；各节点表示存货流动的暂时停滞，其目的是更有效地移动。

国际物流连线实质上也是国际物流流动的路径。它主要包括国际远洋航线及海上通道、国际航空线、国际铁路运输线与大陆桥、国际主要输油管道等。

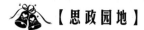【思政园地】

中欧班列成"一带一路"上"新邮差"

中欧班列(CHINA RAILWAY Express，CRexpress)是由国家铁路集团组织，按照固定车次、线路、班期和全程运行时刻开行，运行于中国与欧洲以及"一带一路"沿线国家间的集装箱等铁路国际联运列车，是深化我国与沿线国家经贸合作的重要载体和推进"一带一路"建设的重要抓手。

最新数据显示，截至 2020 年 11 月 5 日，中欧班列开行达 10180 列，已超过上一年全年开行量，运送货物 92.7 万标箱，同比增长 54%，往返综合重箱率达到 98.3%，再次创造新纪录。新冠肺炎疫情暴发以来，在国际客运航线停飞、公路受阻、水运停滞等情况下，中欧班列成为中外企业进出口的主要运输通道。

新冠肺炎疫情防控期间，全球海运、空运受阻，中欧班列成为国际邮件应急疏运新通道，在维护全球供应链稳定方面，交出一份出色的答卷。

如今，以国际邮件应急疏运为契机，中欧班列运邮已实现常态化，成为"一带一路"上的"新邮差"。其背后，是中国邮政、海关和重庆市等各方历时多年的创新探索——依托中欧班列突破国际铁路运邮禁令，构建国际铁路运邮新规则，改写国际铁路运邮历史。

2020 年初，突如其来的新冠肺炎疫情，让中欧班列成为国际邮件应急疏运的"生命线"。

"以前，国际邮件主要通过空运和海运运输，但疫情造成海运、空运受阻，全国国际邮件一度积压超过 1500 吨。"中国邮政集团公司重庆市分公司总经理周新峰说。

紧急时刻，中国决定利用中欧班列，对原计划通过北京、上海、深圳三大国际互换局以空运方式寄出的邮件进行紧急疏运。

重庆市与中国邮政、海关总署合作，依托中欧班列(渝新欧)，率先为疏运积压国际邮件开辟出一条新通道。

"中国邮政与海关总署、重庆市等各方合作，在天津、义乌、南昌、长沙、南宁等 8 个口岸建立临时转关邮路。"周新峰说，各方制定中欧班列(渝新欧)转关新流程，将原计划通过北京、上海、深圳三大国际互换局以空运方式寄出的邮件改道重庆，利用中欧班列(渝新欧)紧急疏运。

2020 年 4 月 3 日，全国首列国际邮包专列——中欧班列(渝新欧)"中国邮政号"在重庆正式发车。它搭载着 42 箱国际邮件，约 10 天后抵达立陶宛，再分拨至西班牙、丹麦、瑞士、法国等欧洲国家。

学 中 做 做 中 学

◆ 任务工单

编　号	6-1-1	知识点	"一带一路"建设、国际物流的内涵及网络	日期	
团队成员姓名					
任务要求		根据本任务知识点，结合任务情境，学习知识锦囊6-1-1，参考思政园地及资料拓展，以团队形式查阅资料，分析任务情境中货物特性、运输起点和终点的地理特点、交通路线，选择合适的运输方式，并完成任务总结			
任务目标		运用我国"一带一路"建设及国际物流内涵及网络相关知识，解决实际情况中货物的国际运输问题			

任务实施	国际物流的概念及特点		
	选择国际运输方式时应注意的问题		
	选择运输方式时应考虑的因素	货物特性	
		运输量	
		运输距离	
		运输时间	
		运输费用	
	"一带一路"建设项目	"一带一路"建设项目的意义及主要内容	
		"渝新欧"国际铁路项目介绍	
	选择的国际物流运输方式及原因		
任务总结			

▶**任务评价**

评价内容		自我评价	同学评价	老师评价
知识评价	能说出国际物流与国际贸易的关系及国际物流的概念、特点			
	能理解并掌握国际物流的分类及网络，掌握"一带一路"项目建设情况			
技能评价	能分析国际物流的特点及运输方式选择注意事项			
	能运用"一带一路"建设知识、国际物流理论知识，选择实际情况中货物的运输方式			
素质评价	掌握"一带一路"政策的意义及项目建设情况，热爱祖国，心系我国发展情况			
	紧跟时事动态，用发展的眼光解决实际问题			
	具有团队协作精神，合理分工，完成任务			

 【**知识锦囊**】

知识锦囊 6-1-1 "渝新欧"铁路通道

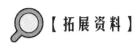【拓展资料】

我国"一带一路"建设进展

2013 年 9 月和 10 月，中国国家主席习近平在出访哈萨克斯坦和印度尼西亚时先后提出共建"丝绸之路经济带"和"21 世纪海上丝绸之路"的重大倡议。中国政府成立了推进"一带一路"建设工作领导小组，并在中国国家发展改革委设立领导小组办公室。2015 年 3 月，中国发布《推动共建丝绸之路经济带和 21 世纪海上丝绸之路的愿景与行动》；2017 年 5 月，首届"一带一路"国际合作高峰论坛在北京成功召开。中国还先后举办了博鳌亚洲论坛年会、上海合作组织青岛峰会、中非合作论坛北京峰会、中国国际进口博览会等。5 年多来，共建"一带一路"倡议得到了越来越多国家和国际组织的积极响应，受到国际社会广泛关注，影响力日益扩大。

共建"一带一路"倡议源自中国，更属于世界；根植于历史，更面向未来；重点面向亚欧非大陆，更向所有伙伴开放。共建"一带一路"跨越不同国家地域、不同发展阶段、不同历史传统、不同文化宗教、不同风俗习惯，是和平发展、经济合作倡议，不是搞地缘政治联盟或军事同盟；是开放包容、共同发展进程，不是要关起门来搞小圈子或者"中国俱乐部"；不以意识形态划界，不搞零和游戏，只要各国有意愿，都欢迎参与。共建"一带一路"倡议以共商共建共享为原则，以和平合作、开放包容、互学互鉴、互利共赢的丝绸之路精神为指引，以政策沟通、设施联通、贸易畅通、资金融通、民心相通为重点，已经从理念转化为行动，从愿景转化为现实，从倡议转化为全球广受欢迎的公共产品。

"一带一路"项目建设以来，基础设施互联互通水平大幅提升。"道路通，百业兴"。基础设施投入不足是发展中国家经济发展的瓶颈，加快设施联通建设是共建"一带一路"的关键领域和核心内容。

——铁路合作方面。以中老铁路、中泰铁路、匈塞铁路、雅万高铁等合作项目为重点的区际、洲际铁路网络建设取得重大进展。泛亚铁路东线、巴基斯坦 1 号铁路干线升级改造、中吉乌铁路等项目正积极推进前期研究，中国—尼泊尔跨境铁路已完成预可行性研究。中欧班列初步探索形成了多国协作的国际班列运行机制。中国、白俄罗斯、德国、哈萨克斯坦、蒙古、波兰和俄罗斯等 7 国铁路公司签署了《关于深化中欧班列合作协议》。截至 2018 年底，中欧班列已经联通亚欧大陆 16 个国家的 108 个城市，累计开行 1.3 万列，运送货物超过 110 万标箱，中国开出的班列重箱率达 94%，抵达中国的班列重箱率达 71%。与沿线国家开展口岸通关协调合作、提升通关便利，平均查验率和通关时间下降了 50%。

——公路合作方面。中蒙俄、中吉乌、中俄(大连—新西伯利亚)、中越国际道路直达运输试运行活动先后成功举办。2018 年 2 月，中吉乌国际道路运输实现常态化运行。中越北仑河公路二桥建成通车。中国正式加入《国际公路运输公约》（TIR 公约）。中国与 15 个沿线国家签署了包括《上海合作组织成员国政府间国际道路运输便利化协定》在内的 18 个双多边国际运输便利化协定。《大湄公河次区域便利货物及人员跨境运输协定》实施取得积极进展。

　　——港口合作方面。巴基斯坦瓜达尔港开通集装箱定期班轮航线，起步区配套设施已完工，吸引 30 多家企业入园。斯里兰卡汉班托塔港经济特区已完成园区产业定位、概念规划等前期工作。希腊比雷埃夫斯港建成重要中转枢纽，三期港口建设即将完工。阿联酋哈利法港二期集装箱码头已于 2018 年 12 月正式开港。中国与 47 个沿线国家签署了 38 个双边和区域海运协定。中国宁波航交所不断完善"海上丝绸之路航运指数"，发布了 16＋1 贸易指数和宁波港口指数。

　　——航空运输方面。中国与 126 个国家和地区签署了双边政府间航空运输协定。与卢森堡、俄罗斯、亚美尼亚、印度尼西亚、柬埔寨、孟加拉国、以色列、蒙古、马来西亚、埃及等国家扩大了航权安排。5 年多来，中国与沿线国家新增国际航线 1239 条，占新开通国际航线总量的 69.1%。

　　——能源设施建设方面。中国与沿线国家签署了一系列合作框架协议和谅解备忘录，在电力、油气、核电、新能源、煤炭等领域开展了广泛合作，与相关国家共同维护油气管网安全运营，促进国家和地区之间的能源资源优化配置。中俄原油管道、中国—中亚天然气管道保持稳定运营，中俄天然气管道东线将于 2019 年 12 月部分实现通气，2024 年全线通气。中缅油气管道全线贯通。

　　——通信设施建设方面。中缅、中巴、中吉、中俄跨境光缆信息通道建设取得明显进展。中国与国际电信联盟签署《关于加强"一带一路"框架下电信和信息网络领域合作的意向书》。与吉尔吉斯斯坦、塔吉克斯坦、阿富汗签署丝路光缆合作协议，实质性启动了丝路光缆项目。

任务二　国际物流业务

任务情境

　　某跨境电商企业准备出口一批防疫医疗物资，国际物流环节需要经过哪些流程呢？在疫情防控期间，又需要如何进行检验检疫和报关呢？请帮助该企业进行解答吧！

任务目标

　　学习本任务，应了解国际物流业务环节，理解并掌握进出口商品检验检疫、报关业务、货运代理的具体内容和作用，掌握疫情防控下商品检验和报关的注意事项。分析实际情况中货物的国际物流流程、检验检疫及报关要求和流程。

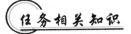

一、国际物流系统流程

国际物流系统中，通过实现商品的国际移动，创造空间和时间价值，满足经济活动的需求。总体来说，国际物流的环节包括发货、国内运输、出口报关、国际运输、进口报关、配送等，其中，国际运输是国际物流的关键和核心业务环节。国际物流的普遍流程如图 6.2.1 所示，整个流程可以委托货运代理企业完成，也可以分别由仓储企业、运输企业等完成。

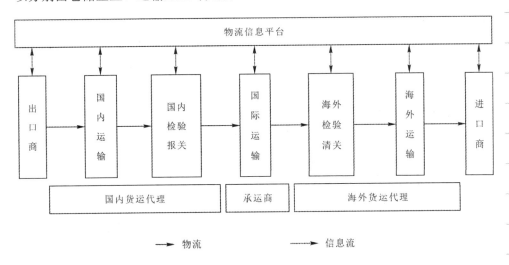

图 6.2.1　国际物流普遍流程

二、进出口商品检验检疫

(一) 进出口商品检验检疫的含义及作用

进出口商品检验检疫是指在国际贸易活动中对买卖双方成交的商品由商品检验检疫机构对商品的质量、数量、重量、包装、安全、卫生以及装运条件等进行检验并对涉及人、动物、植物的传染病、病虫害、疫情等进行检疫的工作，在国际贸易活动中通常简称为商检工作。商检工作是使国际贸易活动能够顺利进行的重要环节，也是各个国家为保障国家安全，维护国民健康，保护动植物和环境而采取的技术法规和行政措施。

对进出口商品进行检验，通常是国际货物买卖合同中的一个重要内容。对此，许多国家的法律或行政法规都有规定。我国的有关法律规定：进口商品未经检验的，不准销售、使用；出口商品未经检验合格的，不准出口。《联合国国际货物销售合同公约》第 38 条规定：买方必须在按实际情况可行的最短时间内检验货物或由他人检验货物；如果合同涉及货物的运输，检验可推迟到货物到达目的地进行。以上规定说明，除双方另有约定外，对货物进行检验是买方的一项基本权利。尽管如此，为明确起见，双方仍应在合同中做出具体规定。但是必须指出，买方对货物的检验权并不是他接受货物的前提条件，假如买方没有利用合理的机会对货物进行检验，就是放弃了检验权，因此也就丧失了拒收货物的权利。

出入境检验检疫的工作成果主要表现为检验检疫机构出具的各种证书、证明，一般称之为商检证书或检验证书。检验检疫工作的作用通过检验证书的实际效能体现出来。在国际贸易活动中，进出口商品的检验检疫主要表现为经济效用，具体有以下几个方面：作为报关验放的有效证件；作为买卖双方结算货款的依据；作为计算运输、仓储等费用的依据；办理索赔的依据；计算关税的依据；作为证明情况、明确责任的证件；作为仲裁、诉讼举证的有效文件。

(二) 进出口商品检验检疫的项目

检验检疫机构对于进出口商品检验鉴定的具体内容，根据商品的不同特性。法律、法规规定的不同内容，或是根据合同中的具体规定，有关技术标准的规定，以及根据申请委托人的意愿而不同，主要有以下几种项目。

1. 进出口商品质量检验

质量检验也称品质检验，是检验工作的主要项目。质量检验的内容主要包括外观质量、内在质量、特定质量检验项目等。检验机构在完成进出口商品的质量检验后签发品质检验证书或专项检验证书，如检疫证书，兽医证书等。

2. 数量和质量检验

商品的数量或重量是贸易合同中的重要内容，因其直接涉及该笔贸易的成交金额与最终结算，与双方利益的关系最为直接。因此，数量或重量检验是检验工作的主要内容之一。

3. 包装检验

进出口货物包装检验是根据进出口贸易合同、标准和其他有关规定，对进出口商品的外包装和内包装以及包装标志进行检验。商检机构对进出口商品的包装检验，一般抽样或在当场检验，或进行衡器计重的同时结合进行。

4. 出入境检疫

出入境检疫包括出入境动植物检疫和出入境卫生检疫。根据《中华人民共和国进出境动植物检疫法》的规定，对进出境的动植物、动植物产品和其他检疫物，装载动植物、动植物产品和其他检疫物的装载容器、包装物以及来自动植物疫区的运输工具，依法实施检疫。按照我国《国境卫生检疫法》及其实施细则的规定，出入境的人员、交通工具、集装箱运输设备、尸体、骸骨及可能传播检疫传染病的行李货物邮包等都必须接受卫生检疫，经卫生检疫机关许可，方准入境或者出境。

(三) 出入境检验检疫机构及其职责

我国的商品检验检疫机构是国家质量监督检验检疫总局(通常简称为国家质检总局)及其设在全国各口岸的出入境检验检疫局。其主要职责有三项，即对进出口商品实施法定检验检疫、办理进出口商品鉴定业务、对进出口商品的质量和检验工作实施监督管理。

1. 法定检验检疫

法定检验检疫是根据国家有关法令的规定，由国家质量监督检验检疫总局对大宗的、关系国计民生的重点进出口商品、容易发生质量问题的商品、涉及安全卫生的商品以及国家指定由检疫机构统一执行检验的商品等实施强制性检验检疫，以维护国家的信誉及利益。

2. 办理鉴定业务

对外贸易鉴定是凭对外贸易关系人(贸易合同的买方或卖方，运输、保险、仓储、装卸等各方)的申请或委托，由第三方公证检验鉴定机构对申请的有关内容进行检验鉴定，出具权威的鉴定证书，作为对外贸易关系人办理进出口商品交接、结算、计费、理算、报关、纳税和处理争议索赔的有效凭证。

3. 监督管理

监督管理即检验检疫机构依据国家法规，对进出口商品通过行政和技术手段进行控制管理和监督。

三、进出口报关

(一) 报关的概念及范围

报关是指进出口货物的收、发货人，进出境运输工具负责人，进出境物品的所有人或者他们的代理人向海关办理货物、物品运输工具进出境手续及相关海关事务的全过程。

按照法律规定，所有进出境运输工具、货物、物品都需要办理报关手续。进出境运输工具是指用以载用人员、货物、物品进出境，并在国际运营的各种境内或境外船舶、车辆、航空器和驮畜等。进出境货物是指一般进出口货物，保税货物，暂准进出境货物，特定减免税货物，过境、转运和通运及其他进出境货物。进出境物品是指进出境的行李物品、邮递物品和其他物品。以进出境人员携带托运等方式进出境的物品为行李物品；以邮递方式进出境的物品为邮递物品；其他物品主要包括享有外交特权和豁免权的外国机构或人员的公务用品和自用物品等。

(二) 一般货物的进出口报关

1. 一般进出口货物概述

一般进出口货物是在货物进出境环节缴纳了应征的进出口税费，并办结了所有必要的海关手续，海关放行后不再进行监管的进出口货物。

除特定减免税货物以外的实际进出口货物都属于一般进出口货物，主要包括：不享受特定减免税或不准予以保税的一般贸易进口货物；转为实际进口的原保税货物；转为实际进口或者出口的暂准进出境货物；易货贸易、补偿贸易的进出口货物；不准予以保税的寄售代销贸易货物；承包工程项目实际进出口货物；外国驻华商业机构进出口陈列用样品；外国旅游者小批量订货出口的商品；随展览品进出境的小卖品；实际进出口货样广告品；免费提供的进口的货物。

2. 一般进出口货物报关程序

报关程序是指进出口货物的收、发货人，运输负责人，物品的所有人或其代理人按照海关的规定，办理货物物品、运输工具进出境及相关海关事务的手续及步骤。按照海关监管程序，进出境货物应经过申报、查验、征税、放行四个环节，货物进出境应包括进出口申报、陪同查验、缴纳税费和提取或装运货物等手续。

进出口货物申报是指报关单位在规定的期限内按照海关规定的形式和要求向海关报告进出口货物的情况，申请海关按其申报的内容放行进出口货物的行为。申报是进出口货物通关的第一个环节，也是关键的环节。

根据《海关法》第28条的规定，进出口货物，除经收、发货人申请，海关总署特准可以免验外，都应当接受海关的查验。查验是指海关在接受报关单位的申报并以已经审核的申报单证为依据，通过对进出口货物进行实际的核对和检查，以确定货物的自然属性(物理性质和化学性质)以及货物的数量、规格、价格、原产地等是否与报关单所列的一致的活动的全过程。

征税是指海关根据国家的有关政策、法规对进出口货物征收关税，代征国内环节税和其他海关费用。征税是海关在行使监管活动中的一个具有实质性意义的环节。关税，是指国家授权海关对出入关境的货物和物品征收的税种。关税在各国一般属于国家最高行政单位指定税率的高级税种，对于对外贸易发达的国家而言，关税往往是国家税收乃至国家财政的主要收入。

(三) 进出口货物报关单

进出口货物报关单是指进出口货物的收、发货人或其代理人，按照海关规定的格式对进出口货物的实际情况作出的书面申明，海关以此对其货物按适用的海关制度办理报关手续的必要法律文书。

报关单的填报必须真实，要做到"两个相符"。一是单、证相符，即所填报关单各栏目的内容与合同、发票装箱单等相符；二是单、货相符，即所填报关单各栏目的内容与实际进出口货物的情况相符。

根据《中华人民共和国海关行政处罚实施条例》第十五条规定，进出口货物的品名、税则号列数量、规格、价格、贸易方式、原产地、运抵地、最终目的地或者其他应当申报的项目未申报或者申报不实的，分别依照规定予以处罚，有违法所得的，没收违法所得。

四、国际货运代理

(一) 国际货运代理的概念及性质

国际贸易中的跨国货物运输和配送可以由进出口双方自行组织，也可以委托跨国第三方物流企业组织完成。其中，国际货运代理是方便、节约地执行国际物流不可或缺的一个重要环节。

根据《物流术语》(GB/T 18354—2021)，国际货运代理是接受进出口货物收货人或发货人的委托，以委托人或自己的名义，为委托人办理国际货物运输及相关业务的服务方式或经济组织。国际货运代理协会联合会(FIATA)制定的国际货运代理的定义是：国际货运代理是根据客户的指示，并为客户的利益而揽取运输的人，其本身并不是承运人。国际货运代理也可以依据这些条件，从事与运送合同有关的活动，如储货(也含寄存)：报关、验收、收款等。

从国际货运代理的定义不难看出，"货运代理"一词具有两种含义：其一是指货运代理业；其二是指货运代理人。因此，国际货运代理的性质也应从两方面来理解。从货运代理人的角度看，国际货运代理主要是接受委托人的委托，就有关货物运输、转运仓储、保险以及与货物运输有关的各种业务提供服务的一个机构。其本质就是货物中间人，在以发货人和收货人为一方，承运人为另一方的两者之间行事，也即货运代理人既代表货方，保护货方的利益，又协调承运人进行承运工作。

从货运代理行业的角度看，国际货运代理在社会产业结构中属于第三产业，性质上属于服务行业，是科学技术、国际贸易结构、国际运输方式发展的结果。在社会信息高度发展的趋势下，由于信息不受任何行业、区域、国界的限制，只要掌握信息，就能提供为委托人所需要的优质服务。传统的装卸公司、运输部门、仓储等也纷纷摆脱其局限性，转向或参与转运服务，并有效地使用自身拥有的设施和条件，从中获取附加价值或附加收益。而现在某些国际货运代理通过建立自己的运输组织并以承运人身份承担责任的方式来谋求更广阔的业务范围。

(二) 国际货运代理行业组织

1. 国际货运代理协会联合会(FIATA)——国际货运代理的国际组织

国际货运代理协会联合会是世界国际货运代理的行业组织,其法文缩写是"FIATA",被称为"菲亚塔",并被用作该组织的标识。

FIATA由16个国家的货运代理协会于1926年5月31日在奥地利维也纳成立,总部设在瑞士黎世,是一个非营利性的组织,其宗旨是保障和提高国际货运代理在全球的利益。我国对外贸易运输总公司作为一般会员的身份,于1985年加入该组织。2000年9月中国国际货运代理协会成立,次年作为一般会员加入FIATA。目前FIATA在我国还拥有联系会员170多个,其中中国大陆有20多个联系会员,中国香港特区有105个联系会员,中国台湾地区有48个联系会员。

2. 中国国际货运代理协会(CIFA)——中国国际货运代理的行业组织

为协调货代行业发展中的全局性问题,促进我国国际货代业的健康发展,在政府有关部门的支持和国内外同行的关注下,2000年9月6日,中国国际货运代理协会(China International Feight Forwarders Associaton,CIFA)获准筹备,在北京成立。

CIFA是由中国境内各地方国际货运代理行业协会、国际货运代理企业、与货运代理相关的企事业单位自愿参加组成的社会团体,亦吸纳在中国货代、运输、物流行业有较高影响的个人。CIFA的会员分为团体会员、单位会员和个人会员三类。目前CIFA拥有会员近600家。

(三) 国际货运代理的业务范围

国际货运代理的业务范围有大有小,大的兼办多项业务,如海陆空及多式联运,货运代理业务齐全;小的则专门办理一项或两项业务,如某些空运货运代理和速递公司。较常见的货运代理主要有以下几类:

(1) 租船订舱代理。这类代理与国内外货主企业有广泛的业务关系。

(2) 货物报关代理。有些国家对这类代理应具备的条件规定较严,必须向有关部门申请登记,并经过考试合格,发给执照才能营业。

(3) 转运及理货代理。其办事机构一般设在中转站及港口。

(4) 储存代理。其包括货物保管、整理、包装及保险等业务。

(5) 集装箱代理。其包括装箱、拆箱、转运、分投以及集装箱租赁和维修等业务。

(6) 多式联运代理。多式联运代理即多式联运经营人或称无船承运人,是与货主签订多式联运合同的当事人。不管一票货物运输要经过多少种运输方式,要转运多少次,多式联运代理必须对全程运输(包括转运)负总的责任。无论是在国内还是国外,对多式联运代理的资格认定都比其他代理要严格一些。

(四) 国际货运代理的作用

国际货运代理企业通晓国际贸易环节,精通各种运输业务;熟悉有关法律、法规，业务关系广泛，信息来源准确、及时；与各种承运人、仓储经营人、保险人、港口、机场、车站、堆场、银行等相关企业，海关、商检、卫检、动植检、进出口管制等有关政府部门存在着密切的业务关系；不论对于进出口货物的收、发货人，还是对于承运人和港口、机场、车站、仓库经营人都有重要的桥梁和纽带作用。国际货运代理不仅可以促进国际贸易和国际运输事业的发展，而且可以为国家创造外汇来源，对于本国国民经济发展和世界经济的全球化都有重要的推动作用。对委托人而言，国际货运代理可以起到组织协调、提供专业服务、沟通控制、咨询顾问、降低物流成本、进行资金融通的作用。

【思政园地】

海关大力查处违法违规出口口罩行为

2021 年以来，海关查获了大量瞒报、夹藏方式出口口罩的案件。

此前，海关总署官网公告称，3 月 31 日以来，海关共查获非清单企业生产或无医疗器械产品注册证书的医疗物资 1120.5 万件，其中口罩 994.1 万只，防护服 15.5 万套，新冠病毒检测试剂 108.5 万份，红外测温仪 2.4 万件。其具体情况如下：

(1) 天津海关查获了一批瞒报方式出口的口罩，包括 N95 口罩 21600 个、一次性口罩 90000 个以及带滤嘴的防尘口罩 50 个，出口目的地为非洲国家几内亚。海关部门已经对这批口罩采取了滞留措施。

(2) 宁波海关(4 月 2 日)查获夹藏口罩的 15 箱，共计 40500 只。

(3) 厦门海关(4 月 1 日)在查验一票出口到意大利的防疫物资时，发现申报品名为"非医疗用无牌无型号一次性口罩"的物资，实际上却是 4000 个艾美牌 KN95 和鑫胜康牌 KN95 口罩。

对于海关查获的出口医疗物资违法违规行为，将依法依规对涉事企业进行严肃处理：

一是对于以伪瞒报方式逃避海关监管的，海关将没收走私货物及违法所得，可以并处罚款；构成犯罪的，视情节处有期徒刑或者拘役，并处或者单处罚金。

二是对于出口医疗物资掺杂掺假、以假充真、以次充好、以不合格商品冒充合格商品的，海关将责令停止出口，没收违法所得，并处货值金额 50% 以上 3 倍以下罚款。

三是上述被海关处罚的违法行为将作为海关认定企业信用状况的参考依据。构成走私行为或者走私犯罪的，海关将企业信用等级直接降为失信企业，并实施提高查验比例、加大稽核查频次、全额收取担保金等严格管理措施。同时，海关总署还将与国家有关部门对该企业实施联合惩戒。

四是加大对被处罚企业违法情况的曝光力度，在海关总署官方网站和地方信用网站公开被处罚企业相关信息，并通过媒体曝光有关案件信息。

▶ 任务工单

编　号	6-2-1	知识点	国际物流流程、进出口商品检验检疫、进出口报关	日期	
团队成员姓名					
任务要求		根据本任务知识点，结合任务情境，学习知识锦囊 6-2-1，参考思政园地及资料拓展，以团队形式查阅资料，分析任务情境中货物国际物流流程、货物检验检疫及报关要求和注意事项，并完成任务总结			
任务目标		根据我国进出口商品检验检疫相关法律法规、我国商务部等部门发布的新要求，运用本项目知识点，分析实际情况中货物的国际物流流程、检验检疫及报关要求和流程			

任务实施	口罩特性		
	口罩商品的国际物流流程		
	口罩商品的进出口检验检疫	检验类别	
		检验标准和方法	
		检验流程	
		其他证明材料	
	口罩货物的报关	企业如何取得报关资质	
		提交哪些申请材料	
		海关审核通过后应取得哪些证书	
任务总结			

▶任务评价

评价内容		自我评价	同学评价	老师评价
知识评价	能说出国际物流的流程，理解并掌握进出口商品检验检疫、进出口报关的要求，了解国际货运代理的概念及业务			
	能理解我国医疗用品进出口检验检疫和报关的相关法律法规及流程			
技能评价	能分析货物国际物流的流程			
	能分析我国医疗用品进出口检验检疫和报关的要求及流程			
素质评价	具有诚信报关、依法进行商品检验检疫的国际物流职业品质			
	关注国家法律法规，具有依法经营企业、助力"中国制造"的理念			
	具有团队协作精神，合理分工，完成任务			

【知识锦囊】

知识锦囊 6-2-1　国家出台一系列监督措施，加强口罩出口管理

【拓展资料】

防疫关键时期，人员出入境、携带和寄递防疫物资入境注意事项

当前，出入境人员除了在旅行中保持良好的个人卫生习惯、出现症状立即就医并向医生说明近期旅行史外，还需注意以下问题：

一、主动申报健康状况

出入境人员必须如实填写《中华人民共和国出/入境健康申明卡》进行健康状况申报，在出、入境时若有发热、咳嗽、呼吸困难等不适，应当向海关主动申报，并配合海关做好体温监测、医学巡查、医学排查等卫生检疫工作。

若在交通工具运行途中发生发热、咳嗽、呼吸困难等不适症状，要及时告知交通工具乘务人员，交通工具负责人应向旅客提供个人防护用品，并及时向出入境口岸海关报告。

Tip：推荐使用"海关旅客指尖服务"微信小程序填写《中华人民共和国出/入境健康申明卡》进行健康状况电子申报。

根据《国境卫生检疫法》第十六条规定，国境卫生检疫机关有权要求入境、出境的人员填写健康申明卡，出示某种传染病的预防接种证书、健康证明或者其他有关证件。

根据《国境卫生检疫法实施细则》第一百条规定，受入境、出境检疫的人员，必须根据检疫医师的要求，如实填报健康申明卡，出示某种有效的传染病预防接种证书、健康证明或者其他有关证件。

其他法律规范有：《关于防控新型冠状病毒感染的肺炎的公告》(海关总署 国家卫生健康委员会公告 2020 年第 15 号)和《关于重新启动出入境人员填写健康申明卡制度的公告》(海关总署公告 2020 年第 16 号)。

二、主动申报携带物

出入境人员携带动植物、动植物产品、生物物种资源、濒危野生动植物及其产品以及来自疫区、被传染病污染或者可能传播传染病的行李和物品等携带物，应主动向海关申报并接受检疫。

海关实施国境卫生检疫是为了防止传染病由国外传入或者由国内传出，保护人体健康。目前，国务院已批准将新型冠状病毒肺炎纳入《国境卫生检疫法》规定的检疫传染病管理。对于涉及检疫传染病的出入境人员及携带物，海关主要采取以下措施：

(一) 对检疫传染病染疫人或染疫嫌疑人实施卫生处理

发现染疫人时，必须立即将其隔离，防止任何人遭受感染，隔离期限根据医学检查结果确定；发现染疫嫌疑人时，应当将其留验，留验期限根据该传染病的潜伏期确定。对除鼠疫、霍乱、黄热病以外的其他病种染疫嫌疑人，可以从该人员离开感染环境的时候算起，实施不超过该传染病最长潜伏期的就地诊验或者留验以及其他的卫生处理。对于来自国外并且在到达时受就地诊验的人，本人要求出境的，可以准许出境。

Tip：发现传染病病人、疑似传染病病人的出入境交通工具负责人，应当及时向当地口岸海关报告。

出入境交通工具上发现传染病病人、疑似传染病病人，其负责人应当以最快的方式向当地口岸海关报告。海关接到报告后，应当立即组织有关人员采取相应的卫生检疫处置措施。对出入境交通工具上的传染病病人密切接触者，应当依法予以留验和医学观察；或依照卫生检疫法律、行政法规的规定，采取控制措施。

根据《国境卫生检疫法》第十二条规定，入境、出境的旅客、员工个人携带或者托运可能传播传染病的行李和物品，应当接受卫生检查。卫生检疫机关对来自疫区或者被传染病污染的各种食品、饮料、水产品等应当实施卫生处理或者销毁，并签发卫生处理证明。海关凭卫生检疫机关签发的卫生处理证明放行。

根据《国境卫生检疫法》第十五条规定，在国境口岸以及停留在国境口岸的交通工具上，发现检疫传染病、疑似检疫传染病，或者有人非因意外伤害而死亡并死因不明时，国境口岸有关单位以及交通工具的负责人，应当立即向卫生检疫机关报告。

根据《国境卫生检疫法实施细则》第五条规定，卫生检疫机关发现染疫人时，应当立即将其隔离，防止任何人遭受感染，并按照本细则第八章的规定处理。卫生检疫机关发现染疫嫌疑人时，应当按照本细则第八章的规定处理。但对第八章规定以外的其他病种染疫嫌疑人，可以从该人员离开感染环境的时候算起，实施不超过该传染病最长潜伏期的就地诊验或者留验以及其他的卫生处理。

根据《国境卫生检疫法实施细则》第六条规定，卫生检疫机关应当阻止染疫人、染疫嫌疑人出境，但是对来自国外并且在到达时受就地诊验的人，本人要求出境的，可以准许出境；如果乘交通工具出境，检疫医师应当将这种情况在出境检疫证上签注，同时通知交通工具负责人采取必要的预防措施。

其他法律规范有《国境口岸突发公共卫生事件出入境检验检疫应急处理规定》（海关总署令第238号）第二十七条。

（二）对携带物实施除害处理或者卫生处理

对来自疫区的、被检疫传染病污染的或者可能成为检疫传染病传播媒介的行李、货物、邮包等物品，或对入境动植物、动植物产品和其他检疫物发现有规定病虫害的，实施消毒、除鼠、除虫或者其他卫生处理。

Tip：发现检疫传染病或者疑似检疫传染病时，除采取必要措施外，海关应立即通知当地卫生行政部门。

发现检疫传染病或者疑似检疫传染病时，除采取必要措施外，必须立即通知当地卫生行政部门，同时用最快的方法报告国务院卫生行政部门，最迟不得超过二十四小时。发现甲类传染病病人、病原携带者、疑似传染病病人时，应当按照国家有关规定立即向国境口岸所在地的疾病预防控制机构或者所在地县级以上地方人民政府卫生行政部门报告并互相通报。

根据《国境卫生检疫法》第十四条规定，国境卫生检疫机关对来自疫区的、被检疫传染病污染的或者可能成为检疫传染病传播媒介的行李、货物、邮包等物品，应当进行卫生检查，实施消毒、除鼠、除虫或者其他卫生处理。入境、出境的尸体、骸骨的托运人或者其代理人，必须向国境卫生检疫机关申报，经卫生检查合格后，方准运进或者运出。

根据《国境卫生检疫法》第五条规定，国境卫生检疫机关发现检疫传染病或者疑似检疫传染病时，除采取必要措施外，必须立即通知当地卫生行政部门，同时用最快的方法报告国务院卫生行政部门，最迟不得超过二十四小时。邮电部门对疫情报告应当优先传送。中华人民共和国与外国之间的传染病疫情通报，由国务院卫生行政部门会同有关部门办理。

根据《传染病防治法》第三十二条规定，港口、机场、铁路疾病预防控制机构以及国境卫生检疫机关发现甲类传染病病人、病原携带者、疑似传染病病人时，应当按照国家有关规定立即向国境口岸所在地的疾病预防控制机构或者所在地县级以上地方人民政府卫生行政部门报告并互相通报。

项目七

现代物流管理创新

项目简介

本项目由两大任务组成：

任务一：供应链管理。学习物流与供应链的关系、供应链的概念、供应链管理的内容。

任务二：智慧物流管理。学习智慧物流的概念、作用和结构，以及我国智慧物流的现状与发展策略。

项目目标

▶ 知识目标

1. 理解物流与供应链的关系。
2. 理解供应链及供应链管理的概念及作用。
3. 掌握供应链管理的主要内容及方法。
4. 了解供应链的发展趋势。
5. 理解智慧物流的概念及作用。
6. 了解智慧物流系统的结构。
7. 了解我国智慧物流的发展现状。
8. 掌握智慧物流的发展策略。

▶ 技能目标

1. 能分析企业在供应链中的地位及作用。
2. 能分析现实企业供应链管理的方法及效果。
3. 能分析智慧物流的作用和意义。
4. 能分析现实中智慧物流在企业和社会管理中的效益。

▶ 素质目标

1. 培养团队协作精神，通过合理分工，完成任务。

2. 培养不断探索、不断总结、不断进步的品质。

3. 培养转变思维、积极创新、与时俱进的品质。

▶ **思政目标**

1. 具有节约资源、低碳环保、可持续发展的供应链管理理念。

2. 关注国家大事，关注"中国制造2025""一带一路""脱贫攻坚"等政策。

3. 明确智慧物流在低碳环保、节约能源方面的作用，具有物流行业社会责任感。

任务一　供应链管理

任务情境

在供应链中，企业是如何进行供应链管理的？有哪些具体措施？取得了什么样的效果？你能举例说明一下吗？

任务目标

学习本任务后，应理解物流与供应链的关系，供应链及供应链管理的概念及作用，掌握供应链管理的主要内容及方法，了解供应链的发展趋势，能运用本任务知识点分析实际中供应链的管理方式、取得的效果，以及企业在供应链中的地位和作用。

任务相关知识

一、物流与供应链管理的关系

物流管理与供应链管理之间的联系体现在：供应链是物流、信息流和资金流的统一，物流管理是供应链管理体系的一个重要组成部分，也是供应链管理的起源。

物流管理与供应链管理之间的区别体现在：一般来说，物流涉及原材料、零部件在企业之间的流动，是企业之间的价值流过程，不涉及生产制造过程的活动；供应链管理包括物流活动和制造活动，涉及从原材料到产品交付给最终用户的整个物流增值过程。

供应链包括一个产品到达顾客手中之前所有参与生产、分配和销售的公司或企业。但是，供应链概念与分销渠道概念有所不同。首先，供应链在重视销售的同时，也重视储运，供应链管理的目的是管理库存及各种关系，以达到具体的销售目标。第二，供应链对上游供应商和下游消费者同样重视。第三，供应链重视所有有关的部门、企业、厂家和顾客，包括顾客的顾客以及供应商的供应商等。

二、供应链与供应链管理概述

(一) 供应链概述

我国国家标准《物流术语》(GB/T 18354—2021)将供应链(supply chain)定义为："生产及流通过程中，围绕核心企业的核心产品或服务，由所涉及的原材料供应商、制造商、分销商、零售商直到最终用户等形成的网链结构"。由定义可以看出，供应链是围绕核心企业，通过对信息流、物流、资金流的控制，从采购原材料开始，制成中间产品以及最终产品，最后由销售网络把产品送到消费者手中，将原材料供应商、制造商、分销商、零售商直到最终用户连成一个整体的功能网链结构和模式。

供应链涵盖所有成员企业，它不仅是一条从供应源到需求源的物流链、资金链、信息链，更是一条增值链，物料及产品因加工、包装、运输等过程而增加价值，给消费者带来效用，同时也给供应链其他成员企业带来收益。

供应链的概念是在发展中形成的。供应链的概念经历了传统供应链(企业内部供应链)、集成供应链(整合供应链)、协同供应链等阶段，在云计算、大数据、移动互联网、人工智能快速发展的今天，供应链已经发展到了智慧供应链的新阶段。

(二) 供应链管理概述

我国国家标准《物流术语》(GB/T 18354—2021)将供应链管理(supply chain management，SCM)定义为："从供应链整体目标出发，对供应链中采购、生产、销售各环节的商流、物流、信息流及资金流进行统一计划、组织、协调、控制的活动和过程"。供应链管理是在满足服务水平需要的同时，通过对整个供应链系统进行统一计划、组织、协调、控制和优化，最大限度地减少系统成本，实现供应链整体效率优化而采用的从供应商到最终用户的一种集成的管理活动和过程。

核心企业通过与供应链成员企业的合作，对供应链系统的物流、资金流、信息流进行控制和优化，最大限度地减少非增值环节，提高供应链的整体运营效率；通过成员企业的协同运作，共同对市场需求做出快速响应，及时满足顾客需求；通过调和供应链的总成本与服务水平之间的冲突，寻求服务与成本之间的平衡，实现供应链价值最大化，提升供应链系统的整体竞争力。

三、供应链管理的目标

供应链管理的目标是增强企业的竞争力；首要目标是提高顾客满意度；具体目标是通过调和总成本最小化、总库存最少化、响应周期最短化及服务质量最优化等多元目标之间的冲突，实现供应链绩效最大化。

总成本最低并非指供应链中某成员企业的运营成本最低，而是指整个供应链系统的总成本最低。为了控制成本，供应链管理必须将供应链系统的库存控制在最低限度。总库存最少化目标的达成，需要核心企业在集成供应链各库存点信息的基础上对供应链中的库存进行集中控制，抑或上下游企业协同对供应链库存进行控制。供应链的响应周期是指从客户发出订单到获得满意交货的总时间。加强供应链成员企业间的合作，构筑完善的供应链物流系统，最大限度地缩短供应链的响应周期，是提高顾客满意度和提升企业竞争力的关键。企业产品及服务质量的优劣直接关系到企业的兴衰与成败，因而质量最优也是供应链管理的重要目标之一。而要实现质量最优化，必须从原材料、零部件供应的零缺陷开始，经过生产制造、产品分拨，直到产品送达用户手里，涉及供应链全程的质量最优。

供应链管理同样存在效益背反现象，响应周期短及服务质量优往往伴随着库存及成本的上升。应利用集成化供应链管理思想，加强企业间的合作，优化供应链业务流程，以消除重复与浪费，降低库存水平、运营成本，提高运营效率和顾客满意度，最终在服务与成本之间找到最佳的平衡点。

四、供应链管理的主要内容

经供应链设计，集成化供应链管理以同步化、集成化的供应链计划(如供应链综合计划、销售与运作计划)为指导，以先进的制造技术、现代物流技术及云计算、移动互联网、人工智能等信息技术为支撑，围绕供应管理、生产管理、物流管理、需求管理来实施，如图 7.1.1 所示。供应链上的企业通过整合资金信息、客户需求信息以及制造、仓储、运输和配送信息等，有效实现物流、资金流、信息流、商流的共享与优化，从而在战略层次上形成竞争优势。

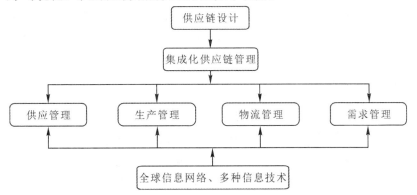

图 7.1.1 供应链管理的主要内容

不同主体在供应链中所处的地位与作用不同，具体的供应链管理内容会存在较大的差别。一般而言，供应链管理的主要内容包括以下五个方面。

(一) 供应链设计

供应链设计包括供应链成员构成、明确物料来源、生产系统设计、分销系统与能力设计、物流系统设计、信息系统设计等。供应链设计中，需要用到许多设计方法和技术，如网络图形法、计算机仿真分析法等。

(二) 供应管理

供应管理涉及对供应商(包括原材料供应商、设备及其他资源供应商、服务供应商等)的现状和历史、提供的产品或服务进行管理,并对信息交流、合同签订及相关的业务决策等提供全面的支持。

(三) 生产管理

生产管理涉及多工厂的协调管理与流程控制,包括多工厂生产计划、生产作业计划、跟踪控制和库存管理等。生产管理还包括企业在产品生命周期中对产品开发、生产等环节进行管理的业务活动,以及开发管理和库存管理等。

(四) 物流管理

供应链管理下的物流管理是集成化的物流管理,主要涉及分销渠道设计与管理,用户服务水平的确定,物流过程中信息流、资金流的管理及逆向物流的管理等。

(五) 需求管理

需求管理需要企业利用互联网技术和信息技术加强与供应链下游客户的交流,不断改善产品与服务以满足客户多样性的需求。需求管理涉及营销活动管理、客户分析、客户维护、满意度调查、合同管理、渠道管理等方面。

五、供应链管理的方法

随着供应链管理在经济活动中战略地位的增强,逐渐发展出了快速反应和有效客户反应的供应链管理方法。选择合适的管理方法,能帮助企业提高顾客满意度,提升企业竞争力。

(一) 快速反应

快速反应(quick response,QR)是指"供应链成员企业之间建立战略合作伙伴关系,利用电子数据交换(EDI)等信息技术进行信息交换与信息共享,用高频率小批量配送方式补货,以实现缩短交货周期,减少库存,提高顾客服务水平和企业竞争力为目的的一种供应链管理策略"(GB/T 18354—2021)。QR 的重点是对消费者的需求做出快速反应。供应链成员企业为了实现共同的目标而加强合作,如为了实现缩短供应提前期、降低供应链系统库存量、降低供应链运作风险、提高供应链运作效率等目标,利用 EDI 来加快供应链中信息的传递,共同重组业务活动。

QR 策略的成功实施,需要具备以下条件:供应链成员企业间建立战略合作伙伴关系,实现资源共享,避免"单打独斗";明确成员企业间分工协作的方式和范围,加强协同,消除重复作业;开发和应用现代信息技术手段,实现供应链实时信息共享,促进供应链的协同化;采用先进的物流技术和管理方法,减少物流作业环节,降低供应链库存量,实现及时补货;在供应链中建立柔性生产系统,实现多品种、小批量生产，缩短产品生产周期，满足客户的订货要求。

(二) 有效客户反应

有效客户反应(efficient customer response，ECR)是指"以满足顾客要求和最大限度降低物流过程费用为原则，能及时做出准确反应，使提供的物品供应或服务流程最佳化的一种供应链管理策略"(GB/T 18354—2021)。ECR 策略的目标是建立一个具有高效反应能力和以客户需求为基础的系统，在零售商与供应商等供应链成员企业之间建立战略合作伙伴关系，以最大限度地降低供应链系统的运营成本，提高供应链系统的运营效率，提高客户服务水平。

ECR 策略的核心是品类管理，即把品类(商品品种类别)作为战略业务单元(SBU)来管理，通过满足消费者需求来提高经营绩效。品类管理是以数据为决策依据，不断满足消费者需求的过程。品类管理是零售业精细化管理之本。

ECR 策略的实施，需要具备以下条件：供应链成员通过战略合作，最大限度地压缩物流过程的费用，以更低的成本向消费者提供更高的价值，在此基础上获利；确保供应链的整体协调，使商品流和信息流在企业内和供应链系统中顺畅地流动；为最大限度地发挥 ECR 策略所具有的优势，必须对关联行业(如制造业、批发业、零售业等)进行分析研究，对组成供应链的各类企业进行管理和协调。

(三) QR 和 ECR 的比较

QR 和 ECR 两种供应链管理方法均要求超越企业之间的界限，通过合作追求物流效率化。两者既有相同点，也存在差异。

QR 和 ECR 的相同点主要包括以下三个方面。首先，供应链成员企业实现商业信息的共享；第二，供应商进一步涉足零售业，提供高质量的物流服务；第三，供应链成员企业间的商业业务全部通过 EDI 进行，实现订货数据或出货数据的传送无纸化。

QR 和 ECR 的差异主要包括以下四个方面。首先，QR 侧重于缩短交货提前期，快速响应客户需求；ECR 侧重于减少和消除供应链的浪费，提高供应链运行的有效性。第二，QR 主要借助信息技术实现快速补发货，通过联合产品开发缩短产品上市时间；ECR 注重快速引入新产品，还实行有效商品管理及有效库存管理。第三，QR 改革的重点是补货和订货的速度，目的是最大限度地消除缺货，并且只在有商品需求时才去采购商品；ECR 改革的重点是提高供应链效率和降低成本。第四，QR 适用于单位价值高、季节性强、可替代性差、购买频率低的行业；ECR 适用于产品单位价值低、库存周转率高、毛利少、可替代性强、购买频率高的行业。

六、供应链管理的发展趋势

(一) 全球供应链管理

全球供应链管理是指企业在全球范围内构筑供应链系统，根据企业经营的需要在全球范围内选择最具竞争力的合作伙伴，实现全球化的产品设计、采购、生产、销售、配送和客户服务，最终实现供应链系统成本和效率的最优化。构筑全球供应链的策略主要包括生产专门化(规模经济)、库存集中化、延迟与本土化。构筑全球供应链应遵循决策与控制全球化、客户服务管理本土化、业务外包最大化、供应链可视化等原则。

(二) 电子供应链管理

因特网的飞速发展，改变了企业的性质及其竞争方式，基于网络技术协同的电子供应链(E-supply chain)应运而生。电子供应链建立在一体化供应链网络之上，而一体化供应链网络则通过物流网络和信息网络连接在一起。电子供应链管理(E-SCM)是核心企业将电子商务理念和互联网技术应用于供应链管理，通过电子市场将供应商、客户及其他交易伙伴连接在一起，形成电子供应链，或将传统供应链转变成电子供应链。电子市场主要有专有市场和公共市场两种类型。专有市场由核心企业开发和运作，包括电子采购(E-procurement)平台和电子销售平台。公共市场由平台服务商开发和运作，是为核心企业提供定位、管理支持以及核心企业与合作伙伴协同的平台。

(三) 绿色供应链管理

面对全球资源的枯竭以及环境污染的加剧，绿色供应链(green supply chain)作为现代企业可持续发展的模式，越来越受到关注。可以把从产品形成、消费一直到最终废弃处理作为一个环境生命周期(ELC)，通过生命周期评价(LCA)来评估整个供应链对环境的影响。如果企业及其供应链伙伴相互协作能够减少供应链活动对环境的影响，就可以逐步形成环境友好型的绿色供应链。绿色供应链管理将环境管理与供应链管理整合在一起，可以识别供应链流程对环境的影响。它倡导企业通过内外变革来对环境产生积极的影响，包括要求合作伙伴通过 ISO 14001 环境管理体系认证等。绿色供应链管理不仅可以通过确保供应链符合环境法规，将环境风险最小化，维护员工健康及采取环境保护等措施来避免额外的供应链成本，而且可以通过提高资源和能源的利用率、生产效率，促进供应链关系，加快经济增长等途径形成供应链的环境价值。

(四) 供应链金融

供应链金融(supply chain finance)是面向供应链成员企业的一项金融服务创新，主要通过将供应链核心企业的信用价值有效传递给上下游众多的中小企业，提高其信贷可得性，降低其融资成本，进而提高整个供应链的财务运行效率。供应链金融的行为主体包括核心企业、上下游企业、物流企业、商业银行、电子商务平台和保险公司和抵押登记机构等其他供应链服务成员。供应链金融包括前向物流金融和后向物流金融等模式。其中，前向物流金融模式最典型的是"厂商银"，又称买方信贷或保税仓融资模式。后向物流金融最典型的是基于应收账款的物流金融服务。基于物流产生的应收账款融资主要包括应收账款质押融资和应收账款保理融资两种方式。

 【思政园地】

上海市绿色供应链促进平台

　　上海市从 2013 年起启动了绿色供应链促进平台的构建。在硬件方面，建立了绿色供应链公共网站，为供应商、制造商、分销商、零售商和消费者提供绿色产品信息及相关技术服务支持，为多方互动交流搭建平台。在软件方面，针对供应链的环境绩效评估手段及供应链绿色改善的技术方法，为企业在开展供应链管理尤其是供应商评估方面提供支持，并通过绿色供应链案例库的形式为更多企业普及绿色供应链管理的理念和技术。目前，上海市绿色供应链促进平台已经吸纳了宜家家居、上汽通用、百联集团、苹果(中国)等大型企业和正丰易科、通标标准技术服务有限公司等环境咨询公司，并依托平台组织培训、研讨和绿色供应链案例征集评选活动，为上海市企业开展绿色供应链管理创造了条件。

▶任务工单

编　号	7-1-1	知识点	供应链管理	日期	
团队成员姓名					
任务要求	根据本任务知识点，结合任务情境，以团队形式实地调研或查阅资料，寻找一家采用供应链管理方法的企业，分析其在供应链中的地位与作用，供应链的管理方法、取得的效果，并完成任务总结				
任务目标	运用供应链管理知识点，分析供应链的管理方式、取得的效果以及企业在供应链中的地位和作用；通过实践，理解供应链管理的前瞻性和重要性				
任务实施	供应链的定义				
	供应链管理的定义、目标、内容、方法概述				
	企业供应链管理分析	企业名称			
		企业类型			
		主营业务			
		在供应链中的地位和作用			
	供应链管理分析	所处行业			
		供应链成员企业			
		供应链管理方法			
		供应链管理取得的效果			
任务总结					

▶️任务评价

	评价内容	自我评价	同学评价	老师评价
知识评价	能说出供应链及供应链管理的概念，理解供应链管理的目标、内容			
	能理解并掌握供应链管理的方法及发展趋势			
技能评价	能分析企业在供应链中的地位及作用			
	能运用本任务知识分析现实企业供应链管理的方法及效果			
素质评价	具有节约资源、低碳环保、可持续发展的供应链管理理念			
	具有转变思维、积极创新、与时俱进的品质			
	具有团队协作精神，能合理分工，完成任务			

【拓展资料】

海尔集团的全球供应链网络

从 1984 年 12 月到现在，海尔经历了六个发展战略阶段。第一阶段是名牌战略(1984—1991)，第二阶段是多元化战略(1992—1998)，第三阶段是国际化战略

(1998—2005)，第四个阶段是全球化品牌战略(2005—2012)，第五个阶段是网络化战略(2012—2019)，第六个阶段是生态品牌战略(2019至今)。

在第三阶段中，其战略创新的核心是从海尔的国际化到国际化的海尔，是建立全球供应链网络，支撑这个网络体系的是海尔的现代物流体系。

海尔自1998年开始进行流程再造，围绕建立强有力的全球供应链网络体系，采取了一系列重大举措。一是优化供应商网络，将供应商由原有的2336家优化到978家，减少了1358家。二是扩大国际供应商的比重。当时其国际供应商的比例已达67.5%，较流程再造前提高了20%，世界500强企业中有44家成为海尔的供应商。三是就近发展供应商。海尔与已经进入和准备进入青岛海尔开发区工业园的19家国际供应商建立了供应链关系。四是请大型国际供应商以其高技术和新技术参与海尔产品的前端设计。当时参与海尔产品设计开发的供应商比例已高达32.5%，供应商与海尔共同面对终端消费者，通过创造顾客价值使订单增值，形成了双赢的战略伙伴关系。

在抓上游供应商的同时，海尔还完善了面向消费者的配送体系。截止到2002年底，海尔在全国建立了42个配送中心，每天按照订单向1550个专卖店、9000多个网点配送100多个品种、5万多台产品，形成了快速的产品分拨配送体系、备件配送体系和返回物流体系。与此同时，海尔与国家邮政总局、中远集团、和黄天百等企业合作，在国内调配车辆可达16 000辆。

海尔认为，21世纪的竞争不是单个企业之间的竞争，而是供应链与供应链之间的竞争。谁所在的供应链总成本低、对市场响应速度快，谁就能赢得市场。一只手抓住用户的需求，一只手抓住可以满足用户需求的全球供应链，这就是海尔物流创造的核心竞争力。

任务二　智慧物流管理

任务情境

2020年8月，中国物流与采购联合会与苏宁物流、江苏移动、中兴通讯、极智嘉(Geek+)、未来机器人、真机智能等公司，联合发布《5G智慧物流创新白皮书》，该白皮书首次公开了苏宁物流在南京雨花物流基地投产的首个5G无人仓的技术细节，旨为通过5G技术升级改造以及对外开放，为物流基础设施智能化发展以及供应链服务提供决策依据。

请思考：智慧物流与传统物流有什么区别？应用智慧物流的企业与传统企业在管理和效益上有什么差异？

任务目标

学习本任务后，应理解智慧物流的概念及作用，了解智慧物流系统的结构、我国智慧物流的发展现状，掌握智慧物流的发展策略，能运用本任务知识分析智慧物流在企业决策及战略制订、物流成本、企业效益等方面的优势。

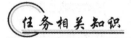

一、智慧物流概述

(一) 智慧物流的概念

根据《物流术语》(GB/T 18354—2021)，智慧物流是"以物联网技术为基础，综合运用大数据、云计算、区块链及相关信息技术，通过全面感知、识别、跟踪物流作业状态，实现实时应对、智能优化决策的物流服务系统"。智慧物流的"智慧"事实上体现了三个方面的价值。第一，感知和归纳智慧化。智慧物流系统能够基于已有的运输、仓储、装卸、包装、再加工、配送和订单等海量信息，实现数据的价值分类和智慧采集，从而使得物流产业链上的各个部门能够实时准确地掌握物流进程，形成强大的物流信息数据库。第二，自主和学习智慧化。通过预设的物流效率分析模型，智慧物流系统可以从庞大的基础数据库中自主进行分析，不断找出现有物流过程中的漏洞与低效之处，使得系统具备自我完善的能力。第三，支撑和决策智慧化。在系统自我完善的基础上，物流系统形成了 AI 级别的决策功能，不仅能够为管理层的发展战略提供信息辅助，而且能够在具体实践中给出相应的处理方案，使得物流系统的各个环节有条不紊，促进企业整体的协同运行。

(二) 智慧物流的作用

发展智慧物流有利于降低物流成本、提高企业利润，有利于推进现代信息技术在物流行业中的应用、加速物流业的发展，有利于促进企业生产、采购和销售系统的一体化智能融合，提高物流行业的生产效率，促进国家及地方的经济发展。

1. 降低物流成本，提高企业利润

供应链中的企业成员通过智慧物流相互协作，信息共享，物流企业便能更节省成本。其关键技术(如物体标识及标识追踪、无线定位等新型信息技术)的应用，能够有效实现物流的智能调度管理，整合物流核心业务流程，加强物流管理的合理化，降低物流消耗，从而降低物流成本，减少流通费用，增加利润。

2. 推进现代信息技术应用，加速物流业的发展

智慧物流集仓储、运输、配送、信息服务等多功能于一体，打破行业限制，协调部门利益，实现了集约化高效经营，优化了社会物流资源的配置。智慧物流概念的提出对现实中局部的、零散的物流智能网络技术应用有了一种系统的提升，

契合了现代物流的智能化、自动化、网络化、可视化、实时化的发展趋势，对物流业的影响是全方位的。

3. 促进企业产供销一体化智能融合

随着 RFID 技术与传感器网络的普及，物与物的互联互通，将给企业的物流系统、生产系统、采购系统与销售系统的智能融合打下基础，而网络的融合必将产生智慧生产与智慧供应链的融合，企业物流完全智慧地融入企业经营之中，打破工序、流程界限，打造智慧企业。

4. 促进国家和地方的经济发展

智慧物流的建设，在物资辐射及集散能力上同邻近地区的现代化物流配送体系相衔接，全方位打开企业对外通道，以产业升级带动城市发展，推动当地经济的发展。物流中心的建设，可增加城市整体服务功能，提升城市服务水平，增强城市的竞争力，从而有利于商流、人流、资金流向物流中心所属地集中，形成良性互动，对当地和国家社会经济的发展有较大的促进作用。

(三) 智慧物流系统结构

根据智慧物流的概念，智慧物流系统结构可分为感知互动层、平台分析层和应用服务层，如图 7.2.1 所示。

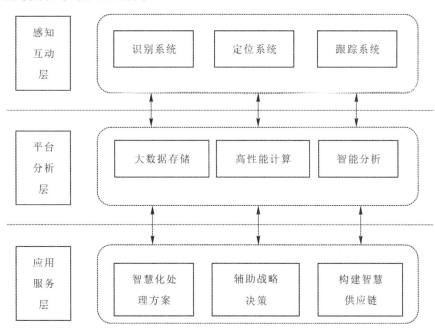

图 7.2.1　智慧物流系统结构

1. 感知互动层

感知互动层主要由识别系统、定位系统和跟踪系统组成，包括 RFID 设备、传感器与传感网等，主要完成物体信息的采集、融合处理。采用条码识别、RFID、智能图像识别、AIS、GPS 导航系统、定位跟踪系统、车辆跟踪系统等多种技术对各类物流对象进行信息采集，这种采集具有实时化、自动化、智能化、信息全面等特点。

2. 平台分析层

感知互动层采集的数据信息，通过通信系统传输到平台分析层。物流系统平台通过大数据存储、高性能计算及智能分析，对收集的客观的原始数据进行数据挖掘、模糊分析以及预测，较为深入地分析和挖掘对企业有用的数据信息，联系相关的数理统计模型分析出有助于决策的信息，可用于物流数据统计分析、最佳配送路径分析、物流经济发展趋势预测等。

3. 应用服务层

应用服务层将平台分析得出的有利信息形成实践中的处理方案，如库存及配送线路优化方案等；同时，通过数据统计分析、经济趋势分析等辅助企业管理层制订战略决策，构建企业的智慧供应链。

二、我国智慧物流的发展现状

(一) 国家一系列政策强化智慧物流产业发展

近年来，国家出台的"中国制造 2025"目标、"一带一路"倡议以及脱贫攻坚政策推动了智慧物流产业的发展。"中国制造 2025"目标背景下，智慧物流成为物流产业的新形态。"中国制造 2025"最受关注的无疑是智能制造，而智慧物流是其重要基础。通过"互联网+物联网"整合物流资源，提升现有物流资源供给效率。国家"一带一路"倡议拉开世界经济合作发展新的大幕，使关联区域直接或间接产生更大的物流需求。智慧物流为"一带一路"互联互通提供了基础保障。强化沿线区域海陆空基础设施互联互通是"一带一路"建设的重中之重，智慧物流通过建立实体物理世界的互联互通，实现物流人员、装备设施以及货物彼此之间的互联互通。实现脱贫攻坚目标的主要路径是不断发展农村经济，精准扶贫，增加贫困区农民收入。农村物流市场具有小批量、附加值较低、空间分布广等特点，在"互联网+"时代，农村经济的发展，新型城镇化的发展，不能仅仅依靠粗放、落后的大物流来支持，而应当通过构建完善的农产品智慧物流体系来推进农村电商物流发展。

(二) 智慧物流建设推动物流业向技术驱动型产业转型

从我国当前的物流业智慧系统发展情况来看，针对关键物流环节的自动化改造成为重点，包括实现运输环节的车货自动分拣匹配、无人驾驶，仓储环境的智慧货架、自动信息采集，配送环节的无人机配送、智能快递柜等。交通运输部科学研究院与菜鸟网络提供的《中国智慧物流大数据发展报告》中提供了我国关键物流环节自动化比重数据，截至 2020 年我国关键物流环节自动化比重已经接近 80%，这说明我国物流核心环节的自动化水平实现了突破式增长，智慧物流系统的作用逐步增强，物流业正从劳动密集型产业转向技术驱动型产业，智慧物流建设成效明显。

(三) 智慧物流技术效率水平有待提升

我国智慧物流技术效率偏低，关键智慧物流技术有待突破。从中国互联网协会和中国信息通信研究院发布的《中国"智能+"社会发展指数报告(2019)》来看，我国智慧物流发展水平仍处于落后地位，物流分拣技术、路由分单技术、电子面单技术和末端配送技术仍需要大幅创新突破。从国际智慧物流的发展来看，以人工智能为代表的物流技术应用广泛，无人分拣、无人机配送和智能分单系统已经相对成熟，但我国物流行业广泛依赖劳动密集投入，对人员的需求总量较高。

(四) 智慧物流企业基础设施建设滞后

物流企业的基础设施建设不足，是制约相关企业实施信息化及智慧化发展的主要障碍，大部分物流企业主体规模较小、整体布局分散，因此在进行基础设施投入过程中缺乏资金，难以承受较大比重的智慧化转型负担。而对于已经具备一定规模的大中型物流企业而言，由于企业内部组织架构复杂，各个部门的智慧化进程并不一致，缺乏有效的统一组织和管理，造成企业智慧化发展不尽如人意。此外，我国物流业内部竞争情况严峻，企业间的资源共享意愿并不强烈，尚未出现头部企业引领的标准制定，因此物流行业始终没有实现资源整合共享。总的看来，我国智慧物流产业基础薄弱，相关行业标准建设滞后，企业之间缺乏联动，使得基础设施投入不足。

(五) 智慧物流专业人才供应不足

尽管智慧物流致力于降低物流产业的劳动密集型情况，但对于高端技术人才的需求却大幅提高，而目前我国物流人才供应数量远低于社会需求，尤其是高端从业人员数量比重极低，缺乏推动物流产业智慧化转型的核心人才。此外，智慧物流还需要实现网络技术、数字技术、分析技术、经济技术等多类技术的共同突破。物流业对复合型人才的需求十分旺盛，我国在此类人才的培育上存在短板。这些无疑会对我国未来智慧物流发展增添障碍。

三、我国智慧物流的发展策略

(一) 明确智慧物流发展的战略目标

在物流领域广泛运用云计算、大数据、"互联网+"等先进技术，明显提升物流智能化水平，显著提高物流效率，进一步降低物流成本；进一步规范物流技术标准，突破关键技术研发及应用；确立智慧物流成为行业发展的新动力，建立与智慧物流发展相适应的行业管理政策体系；立足于支撑供给侧结构性改革，构建完善中国重点产业的智慧供应链体系，发挥智慧物流降本增效、供需匹配和产业转型升级中的重要作用。当前中国物流产业正值重要的战略机遇期。随着中国产业结构、发展方式的调整与转变，物流产业在国民经济中的基础性、战略性地位日益凸显。智慧物流是提升中国制造发展质量和水平的重要举措，是实现中华民族伟大复兴的必然选择。

(二) 实现智慧物流产业多维创新升级

实现我国智慧物流产业升级，需要提升物流信息技术及基础设施建设水平。第一，实现物流平台化升级。智慧物流系统需要从资源主导型发展模式转向平台主导型发展模式。不同规模的物流企业间需要加强技术联系，维持我国物流行业供应链核心技术的统一性。政府需要辅助头部企业制定物流技术标准，加强行业内部价值共创，通过平台经济推动物流企业资源共享，弥补小微物流企业资源匮乏的问题，同时通过小微企业的技术创造为中大型物流企业提供支持。第二，推动智慧无人化发展。我国制造业智能化发展经验表明，重复性工作可以逐渐由机器完成，实现无人化替代，这样不仅能降低人工作业风险，而且能实现规模效应，降低企业投入。从物流作业的各个环节来看，生产、流通和销售等诸多环境均存在无人化替代的内容，通过无人化转型，智慧物流系统将更加适应未来仓储、运输、配送等一体化的物流服务需求。

(三) 完善智慧物流产业发展支持政策

对接精准扶贫、"一带一路"倡议，完善智慧物流产业发展支持政策。要尽早实现智慧物流国家的目标，就必须构建和完善现有的物流业政策体系。一是基础支持政策，要从税收政策体系、用地政策体系、金融支持政策体系、资本市场政策体系入手，面向精准扶贫、"一带一路"倡议，强化对智慧物流产业发展提供系统性的有效支撑。二是技术进步支持政策，要实现智慧物流的快速发展和普及，需加大对智慧物流软硬件资源领域的研发投入，大幅提高智能物流设备研发投入所占的比例；强化建立知识产权服务机制、技术创新成果保护力度，推动知识产权共享；加强产学研结合，建立长期稳定的产学研相结合的创新体系；加快转换科研成果，鼓励应用性技术研究，提升科研人员开展自主创新和科研成果转化的积极性。三是新兴业态支持政策。完善无人驾驶、无人机、人工智能等新兴领域的监管政策；政府对智慧物流这种新兴业态应包容性监管，鼓励新兴业态企业创新创业，鼓励政府部门带头购买新兴业态企业产品和服务；完善适应新就业形态特点的用工和社保制度；为智慧物流新兴业态发展创造宽松的市场环境，以大开放促新业态创新，实现新兴业态带来的社会福利增长效应。

(四) 扩大智慧物流创新人才供应

从我国社会对物流行业的总体认知来看，大部分民众认为从事物流行业属于低技术的劳动力行业，这也制约了我国物流行业高端人才的进入。要发展和培育物流高端智慧人才，必须以政府为牵引，与学校或相关机构达成共识，逐步改变社会公众认知。对此，可以借鉴发达国家的运行机制，建立智慧物流专业学科及专业院校，对相关专业及院校的学生给予优惠引进政策，优化市场配置。为了进一步培育智慧物流相关人才，我国各大院校要主动出击，实现院校和企业、物流协会、社会机构的相互协作，制订适合我国智慧型人才的培养方案，培养出一批真正具备智慧物流思维的复合型人才。对政府有关部门而言，需要尽快制定并出台相关政策文件，鼓励高校或机构对智慧物流人才的培养，适度增加对相关方案的经费支持。此外，目前我国物流企业还可以着力引进一批具备新型数字技术研究经验的人才，以企业实践教授这批人才相关物流知识，实现"用中学"的创新模式，促进数字技术与物流技术的相互结合。

【思政园地】

"智慧扶贫"开辟脱贫攻坚广阔天地

2020年是脱贫攻坚战的收官之年，由于新冠肺炎疫情的影响，确保夺取脱贫攻坚战全面胜利的任务更加艰巨，"扶贫先扶智""扶智须智慧"。近年来，信息化、网络化、数字化、智能化手段在经济社会发展和扶贫工作中得到了广泛应用，新型智慧城市建设与数字乡村建设推进城乡融合发展，"智慧扶贫"在助力打赢脱贫攻坚战、全面建成小康社会、加速构建智慧社会中发挥了巨大作用。

习近平总书记强调，要加大投入力度，加快农村信息基础设施建设步伐，缩小城乡差距。"要想富，先修路"，信息时代，"修路"不只是公路、铁路，还包括"网路""信息高速公路"。各地区、各有关部门结合新型智慧城市建设，着力提升信息基础设施水平，积极推进"村村通"和"电信普遍服务试点"项目建设，提升4G和宽带网络覆盖水平。截至2019年10月，我国行政村通光纤和通4G比例均超过98%，贫困村通宽带比例达到99%，实现了全球领先的农村网络覆盖；试点地区平均下载速率超过70 Mb/s，基本实现了农村城市"同网同速"，网络扶贫行动取得明显成效。

智慧农业促进农业转型升级。物联网、遥感、大数据、云计算、无人机等信息技术与农业融合，加大了农业生产的智能化。在各地农业公共服务信息平台中，整合了现有各类农业服务系统及信息资源，促进涉农数据互联互通，加强农机共享和农技交流，帮助农民增产增收、适销对路。同时建立农产品标准化体系和溯源体系，开辟贫困地区绿色食品、有机食品、地理标志农产品认证或登记的绿色通道，通过跨区域、跨领域的平台对接强化产地与消费地监管信息共享、协调对接，保障贫困地区特色农产品质量安全，也让农产品卖出好价钱。

在智慧城市建设的推动下，各地结合地方特色和产业优势，加速实现传统产业数字化转型，发展智慧农业提升农业现代化水平，创新文化旅游扶贫、电商扶贫、消费助农、直播带货等多种模式，因地制宜发展"互联网+"特色主导产业，辐射和带动乡村创业创新，切实提升了农民收入和致富技能，"智慧扶贫"开辟了脱贫攻坚奔小康的广阔天地。

▶任务工单

编　号	7-2-1	知识点	智慧物流管理	日期	
团队成员姓名					
任务要求	根据本任务知识点,结合任务情境,以团队形式实地调研或查阅资料,调研一家智慧物流企业及一家传统物流企业,分析两者在设施建设、技术应用、决策及战略制订方式、物流成本、企业效益上的差别,分析智慧物流的效益性及必要性,并完成任务总结				
任务目标	运用智慧物流管理知识点,分析智慧物流在企业决策及战略制订、物流成本、企业效益等方面的优势,确立其在企业发展中的重要地位;通过实践,理解智慧物流管理的重要性和必然性				

任务实施	智慧物流的概念、作用、结构概述				
	物流企业类型		智慧物流企业		传统物流企业
	企业信息	企业名称			
		业务范围			
	物流企业管理对比分析	设施建设			
		技术应用			
		决策及战略制订方式			
		物流成本			
		企业效益			
	对比分析总结				
	智慧物流的重要性及必要性分析				
任务总结					

任务评价

评价内容		自我评价	同学评价	老师评价
知识评价	能说出智慧物流的概念和作用，了解智慧物流的结构，了解我国智慧物流的发展现状			
	能理解并掌握我国智慧物流发展的策略			
技能评价	能分析智慧物流的作用和意义			
	能分析现实中智慧物流在企业和社会管理中的效益			
素质评价	关注国家大事，关注"中国制造2025""一带一路""脱贫攻坚"等政策			
	明确智慧物流在低碳环保、节约能源方面的作用，具有物流行业社会责任感			
	具有团队协作精神，能不断总结，不断进步			

【拓展资料】

苏宁的智慧物流

苏宁物流拥有触及全国的网络覆盖，在快速转型发展中，逐渐成长为中国零售业最大的自建物流平台。截至目前，苏宁物流全国仓储及相关配套面积 1200 万平方米，业务覆盖供应链、快递、冷链、即时配送、物流地产、售后等六大板块，建立了"区域中心仓群+前行仓群+前置仓群"三级仓网布局，末端网点超过 26 000 个，在全国 95% 以上的区域可以实现 24 小时达。

在智慧零售驱动下，苏宁物流在智能化与绿色化发展上进行了大量应用性投入和前瞻性布局。基于 5G、大数据、物联网等技术，自主研发的乐高、天眼、天机三大系统平台构建起"智慧大脑"，协同不同层级的智能化基础设施投入场景应用，智慧园区、智能仓储、智能分拨场、智能快递站的四大终端实现了全流程智能化建设，最大程度提升了运营效率和开放协同。

随着近年来苏宁线上的快速崛起而面临的快递业务量爆发式增长，其订单海量性、时效高、批量小、频次高等特点对仓储物流更高的包裹处理效率以及更低的配送成本提出了严峻挑战。尤其在 818 和双 11 电商促销期间，订单量阶段性暴涨导致物流作业需求大幅增加，需要更灵活和柔性的作业方式。同时随着苏宁"智慧零售""C2M"等各种新型商业模式不断涌现，消费者需求也从单一化、标准化向差 s 化、个性化转变，这对物流服务提出了多样化的要求。但网络技术的瓶颈限制了物流数字化、信息化和智慧化转型，阻碍了物流成本和效率的深度优化。随着人口红利的消失，如何高效率、低成本、灵活准确地进行订单履约，问题和挑战愈发突出，这也是当下物流行业共同面临的问题。

现代物流供应链具有"业务复杂、规模庞大、数据繁杂"等特点，给物流业带来了前所未有的挑战。作为以科技和效率驱动的物流企业，苏宁物流一直坚信通过科技创新才是解决办法的最好途径。

5G 将各物流系统连接在一起，实现超高计算能力的平台，并通过大数据和人工智能对生产制造过程进行实时运算控制，让物流运作相关的信息更迅捷地触达设备端、作业端、管理端，实现端到端无缝连接。

在 5G、大数据、人工智能等新技术的助力下，苏宁的智慧物流的整体架构正在形成：智慧化平台(大脑)、数字化运营(中枢)、智能化作业(四肢)和泛在化感知连通(触角)。苏宁根据自身业务特点和资源优势，依托 5G 网络以物流信息平台，通过科技赋能物流供应链；同时，依托独有的线上、线下零售场景，构建 5G+ 智慧零售、智慧物流技术架构，探索整体解决方案，依托全方位系统能力、运营服务及平台资源，助力智慧物流产业链转型升级。随着物流产业要素集聚平台智慧化的深入，高效整合并实现物流、信息流、金融流等资源联动，以降本增效，体现物流价值。

参 考 文 献

[1]　胡建波. 现代物流基础[M]. 4 版. 北京：清华大学出版社，2019.

[2]　胡建波. 供应链管理实务[M]. 3 版. 成都：西南财经大学出版社，2019.

[3]　徐国权. 物流基础[M]. 哈尔滨：哈尔滨工业大学出版社，2017.

[4]　沈正榜. 物流管理[M]. 南京：南京大学出版社，2016.

[5]　王肇英. 生产运作管理[M]. 北京：人民邮电出版社，2020.

[6]　邵贵平. 电子商务物流管理[M]. 2 版. 北京：人民邮电出版社，2016.

[7]　金明，刘盈丰. 国际物流[M]. 长沙：湖南师范大学出版社，2016.

[8]　徐东云. 商品学[M]. 2 版. 北京：清华大学出版社，2018.

[9]　韩芷若. 重大公共卫生事件下我国应急物流管理现状及对策分析[J]. 物流科技，2021，44(06)：75-77.

[10]　陆承，李智慧，邓尧. 2020 年应急物资保障能力建设及发展研究[J]. 中国应急管理科学，2021(07)：62-69.

[11]　温春娟. 我国公共卫生应急物流体系的完善思考[J]. 中国市场，2021(09)：157-158.

[12]　王智泓. 我国智慧物流发展的现实困境及战略思考[J]. 商业经济研究，2021(14)：106-110.

[13]　况漠，况达. 中国智慧物流产业发展创新路径分析[J]. 甘肃社会科学，2019(06)：151-158.

[14]　常晶. 新零售趋势下的智慧供应链物流发展研究[J]. 价格月刊，2020(09)：57-62.

[15]　邢文茜. 新零售模式下智慧物流生态圈构建[J]. 商业经济研究，2020(21)：104-106.

[16]　吴领威，高喜乐. 大数据技术对智慧物流的影响[J]. 商场现代化，2017(13)：42-43.

[17]　孟璐璐. 浅析我国农业物流发展及现状分析[J]. 商场现代化，2017(14)：69-70.

[18]　孙统超. 江苏省农产品物流模式探析[J]. 当代经济，2015(23)：94-97.

[19]　舒旭丽. 我国现代农业物流体系存在问题与思考[J]. 改革与战略，2016，32(09)：74-77.

[20]　段沛佑，李美燕，左正华. 我国工业物流发展模式创新研究[A]. 第九届中国软科学学术年会论文集(上册)[C]. 2013：414-419.

[21]　芊义，懿文. 工业物流风起时[J]. 中国工业和信息化，2020(07)：90-96.

[22]　中国物流信息中心课题组，胡焓，孟圆. 2020 年物流运行情况分析[J]. 物流

研究，2021(01)：1-4.

[23] 胡元庆. 信息化条件下我国制造业物流成本问题探析与对策研究[J]. 电子商务，2020(12)：12-13.

[24] 胡焙，高帅，吴江. 2019 年我国商贸物流运行分析及 2020 年展望[J]. 物流技术，2020，39(05)：1-6+37.

[25] 阿布都伟力·买合普拉. 新疆建设丝绸之路经济带商贸物流中心的思考[J]. 中国流通经济，2017，31(01)：23-30.

[26] 戴正宗. 商贸物流行业驶入高质量发展"快车道"[N]. 中国财经报，2021-08-26(007).

[27] 陈琦. 支持商贸物流发展 促进服务提质增效[N]. 中国城乡金融报，2021-08-23(A02).

[28] 陈宏伟. 徐州建设淮海经济区商贸物流中心的对策建议[J]. 江苏师范大学学报(自然科学版)，2018，36(01)：5-8+16.

[29] 吴延洁. 商贸物流网络中资源的优化与整合[J]. 黑河学院学报，2021，12(05)：57-58+104.

[30] 李妮，王建伟. 我国商贸物流发展现状分析及模式选择[J]. 商场现代化，2009(05)：129-130.

[31] 石崇宝. 经济新常态下我国现代商贸物流业的发展方向研究[J]. 商展经济，2021(12)：16-18.

[32] 毛艳华，荣健欣，钟世川. "一带一路"与香港经济第三次转型[J]. 港澳研究，2016(03)：50-63+95.

[33] 杨晓燕，李军祥. 国内 B2C 电子商务物流模式分析研究：以京东、菜鸟物流为例[J]. 商场现代化，2021(13)：45-47.

[34] 姚微，刘礼容. 电子商务环境下物流管理的创新策略探讨[J]. 科技经济导刊，2021，29(14)：243-244.

[35] 宋科. 电子商务环境下的物流管理创新策略探讨[J]. 中小企业管理与科技(上旬刊)，2021(04)：73-74.

[36] 朱遵宇. 电子商务时代物流管理创新发展路径研究[J]. 商业文化，2021(16)：60-61.